Francisco Constant de Figueiredo

MANUTENÇÃO DE ENTRESSAFRA

PLANEJAMENTO E CONTROLE

Manutenção de Entressafra – Planejamento e Controle
Copyright© Editora Ciência Moderna Ltda., 2014

Todos os direitos para a língua portuguesa reservados pela EDITORA CIÊNCIA MODERNA LTDA.
De acordo com a Lei 9.610, de 19/2/1998, nenhuma parte deste livro poderá ser reproduzida, transmitida e gravada, por qualquer meio eletrônico, mecânico, por fotocópia e outros, sem a prévia autorização, por escrito, da Editora.

Editor: Paulo André P. Marques
Produção Editorial: Aline Vieira Marques
Assistente Editorial: Amanda Lima da Costa
Capa: Equipe Ciência Moderna
Diagramação: Equipe Ciência Moderna
Revisão: Focal Point Traduções e Serviços Ltda.

Várias **Marcas Registradas** aparecem no decorrer deste livro. Mais do que simplesmente listar esses nomes e informar quem possui seus direitos de exploração, ou ainda imprimir os logotipos das mesmas, o editor declara estar utilizando tais nomes apenas para fins editoriais, em benefício exclusivo do dono da Marca Registrada, sem intenção de infringir as regras de sua utilização. Qualquer semelhança em nomes próprios e acontecimentos será mera coincidência.

FICHA CATALOGRAFICA

FIGUEIREDO, Francisco Constant de.

Manutenção de Entressafra – Planejamento e Controle

Rio de Janeiro: Editora Ciência Moderna Ltda., 2014.

1.Administração Estratégica – Planejamento Estratégico. 2.Administração Empresarial e Gerência.
I — Título

ISBN: 978-85-399-0571-3   CDD 658.401 2
     658.4

Editora Ciência Moderna Ltda.
R. Alice Figueiredo, 46 – Riachuelo
Rio de Janeiro, RJ – Brasil   CEP: 20.950-150
Tel: (21) 2201-6662/ Fax: (21) 2201-6896
E-MAIL: LCM@LCM.COM.BR
WWW.LCM.COM.BR

PREFÁCIO AO LIVRO

"MANUTENÇÃO DE ENTRESSAFRA PLANEJAMENTO E CONTROLE"

Foi com um misto de alegria e satisfação e por que não dizer também, com o ego um pouco inflado, que recebi o convite, feito pelo autor deste livro, Francisco Constant, para escrever este prefácio. Aceitei imediatamente como preito de gratidão pela imensa ajuda que eu e meus colegas do Grupo São Martinho recebemos do Constant, como carinhosamente sempre foi chamado por nós, por ocasião da construção da Usina Boa Vista, situada em Quirinópolis – GO. A enorme, valiosa e objetiva contribuição do Constant e sua equipe, ao sucesso do planejamento e controle do cronograma de construção e posta em marcha da Usina Boa Vista será objeto de comentários mais adiante.

A alegria e satisfação se devem ao fato de que esta é, sem dúvida, a obra que faltava na biblioteca dos profissionais, que como eu, trabalham nas indústrias sucroalcooleiras do Brasil. O ego inflado é pela gentileza do convite feito a mim que sei que vários outros colegas que conviveram e convivem com o Constant teriam condições de escrever este prefácio enriquecendo-o com suas próprias experiências.

Todo profissional que trabalha nas indústrias processadoras da cana de açúcar conhece perfeitamente quão complexo é o Planejamento da Entressafra.

O Planejamento da Entressafra abrange todas as atividades que se destinam a revitalizar todos os equipamentos que compõem a planta industrial após o término do período de processamento da cana.

Como todos sabem, a safra das usinas/destilarias brasileiras tem se tornado cada vez mais longa, a entressafra cada vez mais curta e nestas safras longas os equipamentos têm sido cada vez mais exigidos. Ao fim da safra, o desgaste natural de várias partes de equipamentos tais como, rolos das moendas, rotores de bombas e de ventiladores, válvulas, tubulações, conexões e máquinas de grande porte, tais como turbinas a vapor, motores e geradores de eletricidade de grande porte, conjuntos de destilação, etc., precisam ser meticulosamente recuperadas e retornadas às condições de funcionamento que permitam que a próxima safra se desenrole conforme metas de aproveitamento de tempo determinadas no planejamento global da safra.

Este planejamento é complexo por envolver várias especialidades e por sua execução depender de um sincronismo perfeito entre os recursos internos e externos disponíveis às equipes executoras. A adequação dos cronogramas de execução dos serviços que dependem dos recursos externos é uma tarefa por si só muito complexa, principalmente devido à falta da cultura de planejamento que ainda perdura na maioria dos prestadores de serviços.

Uma vez sumarizados estes fatos que ocupam e preocupam o dia a dia dos engenheiros e técnicos envolvidos com o planejamento da entressafra, vamos agora a um pouco da história que me levou desde o início da minha carreira a buscar soluções que ajudassem a mim e á minha equipe organizar uma entressafra cujo início, meio e fim pudessem ser perfeitamente planejados, não com a ajuda um simples cronograma, mas com uma ferramenta completa e dinâmica que pudesse ser facilmente adaptada às condições específicas das usinas/destilarias.

Eu estava assumindo em 1978 a Superintendência Industrial da Usina Da Barra, de Barra Bonita – SP e esta usina já era uma das maiores do mundo. Preocupado com o tamanho desta indústria e com a ausência da cultura do uso do planejamento racional, tão logo assumi o cargo comecei a discutir com as equipes de manutenção a possibilidade de nos organizarmos usando técnicas disponíveis em livro que eu havia adquirido em 1977. Este livro foi escrito por Henrique Hirschfeld, com o título "Planejamento com Pert CPM" e publicado pela Editora Atlas em 1970. Enquanto estudávamos a aplicabilidade desta técnica de planejamento e controle, fomos nos contentando em utilizar o Gráfico de Gantt. Embora muito pouco flexível e limitado, o Gráfico de Gantt foi uma ferramenta que nos mostrou que um mínimo de planejamento racional já trazia resultados importantes e que a previsão de quando a usina estaria pronta para iniciar uma nova safra, já permitia um acerto razoável e as surpresas diminuíam.

O próximo passo foi a introdução de fato do uso do Pert – CPM, ferramenta já mais completa e que permitia que desde o início do planejamento da entressafra, já se conhecesse o 'Caminho Crítico' e quais tarefas impactavam mais fortemente o cronograma e permitia também um controle adequado da evolução do trabalho das equipes.

Entretanto, os computadores existentes na época eram limitadíssimos e os programas disponíveis, mais ainda. Os microcomputadores eram uma raridade e de capacidade de processamento incrivelmente pequena.

Assim, utilizávamos o Pert – CPM no planejamento da entressafra na Usina Da Barra e no controle de sua execução, porém com uma limitação muito grande quanto ao número de tarefas que podiam ser planejadas e controladas, devido à precariedade dos programas de computação dos computadores disponíveis à época. Esta frustração com a inexistência de recursos mais avançados e que permitissem o planejamento e controle, tanto da manutenção de entressafra quanto a de montagem de novas fábricas, foi gradativamente se dissipando ao longo da minha carreira com o surgimento de programas específicos e de computadores cada vez mais poderosos.

Entretanto, programas e computadores de grande capacidade, sozinhos não resolvem nada. Há a necessidade de existir por traz destes recursos um profissional que consiga transformar estes recursos em um apoio dinâmico às equipes encarregadas da execução de tarefas complexas.

Tive a oportunidade de encontrar este profissional na pessoa de Francisco Constant. Constant é formado em Física, mas dedicou-se ao ensino de Informática, pois descobriu desde muito cedo que tinha muita habilidade com softwares e adorava ser professor ensinando matérias correlatas com esta sua vocação. Desde o início de sua vida profissional dedicou-se ao estudo das técnicas de planejamento e controle de tarefas com o uso de programas avançados de computação. Trabalhando com Professor e Consultor e verificando a necessidade de livros que ajudassem a compreender melhor técnicas de programação e computação dedicadas ao planejamento e gerenciamento de projetos, iniciou em 1999 a publicação de livros nos quais explicava com detalhes o uso do programa da Microsoft, o MS Project 98.

O primeiro livro foi o "MS Project 98 – Utilização na Gerência de Projetos" e a partir deste livro, graças à sua grande aceitação, publicou ainda:

"Dominando Gerenciamento de Projetos com MS Project 2002"
"Padronizando Gerenciamento com Project Office"
"Dominando Gerenciamento de Projetos com MS Project 2003"
"Dominando Gerenciamento de Projetos com MS Project 2010"

Já está preparando, mas ainda em fase de edição o "Dominando Gerenciamento de Projetos com MS Project 2013" que é a atualização da obra anterior para o MS Project 2013.

O 'achado' de Francisco Constant e sua empresa, a ControlPlan por minha equipe, quando eu já estava trabalhando no Grupo São Martinho, ocorreu em 2004, quando buscávamos alguém que fosse capaz de nos ajudar a implantar definitivamente o planejamento da entressafra e o seu controle de execução com o uso do MS Project. O engenheiro mecânico, Victor Leonel que até hoje trabalha no Grupo São Martinho, tinha sido aluno do Constant e o indicou como o profissional que buscávamos. Não é preciso dizer que a iniciativa foi muito bem sucedida. O didatismo de Constant e seu profundo conhecimento do uso do MS Project adquirido ao prestar serviços para a Petrobras, Braspetro e outras empresas de grande porte, em planejamentos complexos e de grande responsabilidade aplicados à manutenção de plataformas de exploração de petróleo e gás mostraram-se perfeitamente adaptados às necessidades que tínhamos ao planejar e executar a reparação de entressafra das usinas no tempo exíguo de que dispúnhamos.

Foi um sucesso o uso das técnicas da ControlPlan nesta primeira contribuição ao planejamento bem sucedido e bem controlado da entressafra e após a safra de 2004, nos deparamos com outro desafio de planejamento que era uma grande reforma da Usina Iracema, também do Grupo São Martinho. Esta reforma envolveu a retirada de uma moenda, a ampliação da capacidade e modernização da outra moenda existente, adequação da fábrica de açúcar à nova capacidade moagem, implantação da automação de vários equipamentos e criação do COI – Centro de Operações Industriais – e adequação do sistema de recepção e alimentação de cana. O prazo era tremendamente limitado, mas graças ao Constant e à sua equipe, tudo ocorreu conforme planejado e o início da safra 2006/2007 aconteceu exatamente no dia que tinha sido planejado com antecedência de cinco meses.

Para estes dois primeiros projetos executados pela ControlPlan, o Constant executou o planejamento, treinou as equipes envolvidas e preparou-as de modo que se tornassem independentes de sua consultoria para as entressafras que se seguiriam.

Em 2005 o Grupo São Martinho decidiu construir uma nova unidade industrial para o processamento da cana e destinada à produção de etanol e de energia elétrica produzida pelo processo de cogeração. O local escolhido foi na cidade de Quirinópolis – GO. O desafio passado à equipe que foi montada para a fase de construção e que também seria responsável pela operação da nova unidade foi um cronograma apertado de 28 meses, ou seja, a construção se iniciaria em Janeiro/2006 e a planta deveria estar operando em Maio/2008.

Novamente nos socorremos da ControlPlan e é por isso que no início deste prefácio já fiz menção à contribuição do Francisco Constant no sucesso que tivemos em colocar a Usina Boa Vista em operação com um atraso de apenas 15 dias em relação à data planejada. E é preciso ressaltar que este atraso se deveu única e exclusivamente a um fornecedor que sem aviso prévio comprometeu uma tarefa essencial para aposta em marcha da usina.

Este sucesso colocou definitivamente em evidência a capacidade da metodologia do Constant e da ControlPlan em planejar e controlar o cronograma de execução de grandes projetos e também em preparar equipes da empresa para se tornarem autossuficientes neste tipo de planejamento.

No caso da Usina Boa Vista o planejamento com o MS Project utilizou mais de 4.300 linhas de programação e controle de atividades. O sucesso se deveu não só à capacidade de executar o planejamento, mas contou principalmente com o envolvimento pessoal do Constant que a cada quinze dias, passava cinco dias conosco, no canteiro de obras, verificando se o que acontecia no campo estava devidamente transportado para o programa que rodava nos computadores. Nesta ocasião o Constant mostrou ainda uma outra faceta da sua personalidade que é a capacidade de liderança e o dinamismo de seu trabalho no campo de obras.

Agora comentando o livro: trata-se de uma obra de valor inestimável realmente para todos os técnicos de diferentes formações que sejam responsáveis por planejamento e controle de uma tarefa tão complexa como é a organização das operações compreendidas que constituem a entressafra. Reúne toda experiência do autor e de sua equipe constituída pela empresa ControlPlan.

O livro é interativo, pois permite que o leitor, na fase de auto treinamento, possa acessar o site da ControlPlan, no qual bancos de dados e programas de treinamento elaborados com a mesma base que a contida no MS Project, permitem uma interação completa com a metodologia desenvolvida e explicada em detalhes no livro.

Tenho certeza de que este livro se tornará presença obrigatória em todas as bibliotecas técnicas que usinas modernas mantêm e também no acervo de livros técnicos que cada profissional comprometido com sua profissão deve ter.

Boa leitura e bom proveito!!!

Ericson Marino.

Francisco Constant de Figueiredo, coordenador da obra

Para minha familia, minha adorada esposa, Marlene, meus netos Allison, Ramon, Ronam e Nathan e filha Monalisa, todos que sentem minha ausência , a eles dedico a minha vida.

PLANO DA OBRA

COMO MELHOR APROVEITAR ESTE LIVRO

A manutenção de entressafra, em termos de planejamento e controle é um assunto muito complexo, assim os exemplos que trazemos à vocês são complexidade significativa com arquivos exemplos extensos, sendo essencial ao aproveitamento da obra, que você disponha de acesso internet para baixar esses arquivos-exemplo do nosso site.

Você necessita uma conexão de Internet mesmo que eventual de boa velocidade, de um amigo ou uma lan-house que permita você fazer downloads.

Tais arquivos-exemplos estão disponibilizados e organizados em uma página específica do nosso site em uma tabela organizada na forma dos capítulos deste livro.

Assim para cada capítulo onde existe o emprego desses exemplos você encontrará também organizado por capítulos, em inúmeros diferentes salvamentos o exercício exemplo em toda a sua evolução, porem salvo passo a passo relacionado ao gradual desenvolvimento do detalhamento do projeto na mesma forma que é desenvolvido no livro.

O endereço onde você encontra tais arquivos é a partir da página WEB em:
http://www.controlplan.com/publicacoes/manutencao-de-entressafra-planejamento-e-controle

Durante o discorrer do livro o leitor vai encontrar referência a dois tipos de prática, o primeiro tipo de referência chamamos de "evolução do trabalho" que é a linha mestra de explanação que irá evoluir exercício a exercício, prática a prática para que fique clara a coerência e objetividade dos procedimentos, e quando houver a necessidade de apresentar um tema de relevante importância, mas que os autores não desejaram incluir na linha mestra dos procedimentos, para não exacerbar sua complexidade, esses exemplos acessórios mas que não fazem parte da linha mestra da obra, então são denominamos de "exemplos extras". Caso o leitor depare com alguma exemplificação onde não esteja patente se "evolução do trabalho" ou "exemplo extra", no caso dessa omissão o leitor deve entender que se trata de "evolução do trabalho".

Síntese do conteúdo dos capítulos

Capítulo 1 - Apresentamos os fundamentos da manutenção de entressafra, o porque ela se dá, quando ela deve ser executada e o que ela objetiva.

Capitulo 2 - Apresentamos uma curta história do que vem a ser Administração Científica, sua evolução para no ramo de Gerenciamento de Projetos e como ela se encaixa dentro dos objetivos da manutenção de entressafra.

Capitulo 3 - Apresentamos as técnicas e meios de gerenciamento de projetos aplicados em software e como usa-los em manutenção de entressafra, essa base de conhecimento será útil na compreensão das práticas a seguir.

Capitulo 4 – Desenvolvemos um primeiro exemplo de gerenciamento de projetos por software aplicado a um cenário bem simples de manutenção (uma manutenção corretiva programada) para que o leitor tenha um primeiro contato com a combinação das ideias Manutenção e Gerenciamento de Projetos. Mesmo aqueles que sejam experts em um desses 2 conceitos (Manutenção ou Gerenciamento de Projetos) devem fazer essa prática com detida atenção pois o entendimento da interação dos conceitos é fundamental para o prosseguimento das práticas . Neste capítulo também é apresentada a configuração do software para o desenvolvimento de todas as práticas que se seguem e assim é essencial.

Capitulo 5 - Apresentamos mais alguns termos e conceitos típicos do setor sucro-energético e as principais questões e desafios para um planejamento de qualidade.

Capitulo 6 - São apresentadas as características dos recursos humanos de uma usina: suas funções; como são definidos e quantificados; como se agrupam para trabalho dentro do entendimento necessário de um software de gerenciamento de projetos; como e porque devem ser planejadas suas férias; e outros temas de relevante importância sobre as bases da gestão de recursos.

Capitulo 7 - São apresentadas as formas como são criadas as ordens , como integrar o MS Project com outro software que você empregue para sua gestão de manutenção do dia-a-dia, como coletar tais dados e importar para o MS Project e a melhor forma de alocar os recursos necessários.

Capitulo 8 - Estabelecimento das precedências, viabilidade e resolução de conflitos, redistribuição de recursos, plano de ação, perspectivas de avanço ou curva S, linha de base e publicação do cronograma referência, concluindo a fase de planejamento com a reunião de kick-off.

Capitulo 9 - Objetivos do controle, etapas do processo, como acontece; objetivos dos principais relatórios de controle; finalidade dos relatórios de controle e emissão e preparação da planilha de monitoramento.

Capitulo 10 - Apontamento na planilha de monitoramento, recebimento e atualização das planilhas no MS Project, reagendamento do plano, como compreender os principais desvios na execução do projeto; como reagir ao risco de atrasos para a operação, analise dos demais relatórios para a melhoria da gestão; deliberação de medidas de ajuste, e a documentação dessas análises no plano de ação.

Sobre os exercícios

Como o MS Project 2013 foi lançado muito recentemente, atualmente a versão mais empregada do MS Project ainda é a 2010, assim decidimos usar tal versão como a base de todos os exemplos e exercícios do livro. O MS Project 2010 pode interagir com o Excel e neste livro, em diversas oportunidades, tiramos proveito dessa funcionalidade, porém o MS Project 2010 interage bem com o Excel versão 97. Assim independente da versão de Excel que você use, caso você abra uma planilha enviada no nosso exercício, você deve sempre salva-la como Excel versão 97.

Não temos a ambição de que os exemplos aqui apresentados possam cobrir todas as particularidades da manutenção de entressafra. Um arquivo real de planejamento e controle de entressafra, dentro da metodologia aqui exemplificada, varia em torno de 2000 a 12000 linhas de detalhe.

Os nossos exercícios têm objetivo didático, assim as tarefas quanto a precedências e alocação de recursos podem ser diversas do cenário que você tem na sua usina, porém o que apresentamos é um cenário onde possam ser caracterizados e explicados os objetivos metodológicos, usando como base algo próximo à realidade.

Como o exercício é bastante extenso, em alguns momentos, principalmente no desenvolvimento de alguns desses exercícios, fora de uma disciplina de sala de aula pode ficar um pouco maçante. Colocamos então o exercício salvo por etapas; cada etapa representa a conclusão de um processo importante que se você pular aquela prática pode baixar o exercício resolvido e continuar a partir dali.

Aconselhamos que, mesmo que você resolva pular uma dessas práticas extensas (como por exemplo, a alocação de recursos nas tarefas, pois a mecânica de alocar em uma tarefa é repetida para todas as tarefas do projeto), você deve pelo menos realizar algumas das práticas daquela etapa do processo a fim de fixar seu conhecimento.

Sumário

CAPÍTULO 1

1. MANUTENÇÃO DE ENTRESSAFRA...1
    1.1 SAFRA E MANUTENÇÃO 3
    1.2 DEFINIÇÃO DE MANUTENÇÃO DE ENTRESSAFRA 3
    1.3 OPORTUNIDADE 4
    1.4 PERÍODO LIMITADO 4
    1.5 ESTIMATIVA PRELIMINAR DOS SERVIÇOS.................................4
    1.6 PRINCIPAIS RISCOS DO PLANEJAMENTO DE ENTRESSAFRA 5

CAPÍTULO 2

2. CONCEITOS DE ADMINISTRAÇÃO CIENTÍFICA APLICADOS À ENTRESSAFRA 7
    2.1 ADMINISTRAÇÃO E PROJETOS 9
        2.1.1 Administração Científica e Gerenciamento de Projetos............9
        2.1.2 O Que é um Projeto 10
        2.1.3 Definição 10
    2.2 CARACTERÍSTICAS DE UM PROJETO...11
        2.2.1 Temporário..12
        2.2.2 Específico..12
        2.2.3 Mensurável..13
        2.2.4 Dinâmico...13
    2.3 CICLO DE VIDA 14
        2.3.1 Concepção 15
        2.3.2 Detalhamento 15
        2.3.3 Execução 15
        2.3.4 Encerramento 15
    2.4 O QUE É GERENCIAMENTO DE PROJETOS 15
        2.4.1 Definição...15
        2.4.2 Ciclo de vida 16
    2.5 OBJETIVOS..19
        2.5.1 No Planejamento estratégico 19
        2.5.2 No Planejamento tático 19
        2.5.3 Na Determinação de metas 19
        2.5.4 No Controle...19
        2.5.5 Na Análise de resultados..19
        2.5.6 Na Comunicação...20

2.6 PDCA E PLANO DE AÇÃO 20
    2.6.1 Na Fase de Planejamento 20
    2.6.2 Na Fase de Controle 21
2.7 AS PARTES ENVOLVIDAS 21
    2.7.1 Identificação dos envolvidos no projeto 21
2.8 O GERENTE DE PROJETOS 22

CAPÍTULO 3

3. TÉCNICAS DE GERENCIAMENTO DE PROJETOS APLICADAS À ENTRESSAFRA 25
3.1 ORGANIZAÇÃO E PRINCIPAIS VISUALIZAÇÕES 27
    3.1.1 Estrutura Analítica do Projeto (EAP) 27
    3.1.2 Gráfico de Gantt 28
    3.1.3 PERT/CPM 31
3.2 ELEMENTOS BÁSICOS DO GERENCIAMENTO DE PROJETOS 32
    3.2.1 Tarefas 32
    3.2.2 Duração 33
    3.2.3 Unidades de duração 33
    3.2.4 Critérios para Estimativas 34
    3.2.5 Precedência 35
    3.2.6 Ligação 37
    3.2.7 Latência 38
    3.2.8 Folga 39
    3.2.9 Caminho Crítico 40
    3.2.10 Restrição 40
    3.2.11 O Mecanismo Provável ,Meta e Real 42
3.3 RECURSOS 45
    3.3.1 Os Diferentes Tipos de Recursos 46
3.4 CUSTOS 47
    3.4.1 Formas de Custeio 47
    3.4.2 Formas de Apropriação 47
3.5 CONFLITO DE RECURSOS 48
    3.5.1 Nivelamento de Recursos 49

CAPÍTULO 4

4. CONFIGURAÇÕES BÁSICAS E PRIMEIRO EXERCÍCIO 53
4.1 CONFIGURAÇÕES MSPROJECT 2010 55
    4.1.1 Configurações Gerais 55

4.2 CRIAÇÃO DE PROJETO DE MANUTENÇÃO EM UM SOFTWARE DE GERENCIAMENTO DE PROJETOS 59
    4.2.1 Cenário 59
    4.2.2 Visão Esquemática do Trabalho 59
    4.2.3 Recursos Disponíveis para o Projeto 60
    4.2.4 Cadastro de Recursos 60
    4.2.5 Estruturação (organização das tarefas) do Projeto 60
4.3 O PLANEJAMENTO 60
    4.3.1 Informações sobre o Projeto 60
    4.3.2 Lançamento das Tarefas 61
    4.3.3 Duração das Tarefas 62
    4.3.4 Lançamento das Precedências 62
    4.3.5 Caminho Crítico 64
    4.3.6 Exemplo Extra - Considerações e Análise do Caminho Crítico 65
    4.3.7 Atribuição de Recursos às Tarefas 66
    4.3.8 Finalização do Plano (negociação e estabelecimento do cronograma-referência) 67
        4.3.8.1 Visualização de Conflitos 67
        4.3.8.2 Nivelamento (redistribuição) 68
        4.3.8.3 Conclusão do Planejamento e Determinação das Metas 69
4.4 O CONTROLE 73
    4.4.1 Princípios de Controle 73
    4.4.2 Medições, Controle Sistemático e Repetido 74
    4.4.3 Linha de Grade - Reagendamento 74
    4.4.4 Lançamento do Realizado 75
    4.4.5 Reagendamento do Projeto 77

CAPÍTULO 5

5. MARCOS, REINDUSTRIALIZAÇÕES E COGERAÇÃO 81
    5.1 DEFINIÇÃO DE MARCOS 83
        5.1.2 Controle Necessário da Conclusão dos Trabalhos por Área da Usina 83
        5.1.3 Entrega para Operação e Final de Entressafra 84
        5.1.4 Principais Marcos da Metodologia 84
        5.1.5 Detalhes de Algumas Características dos Marcos 84
        5.1.6 Exemplo Extra - Marco de Atividades Precursoras 85
5.2 REMESSAS PARA REINDUSTRIALIZAÇÃO 85
    5.2.1 Cuidados Especiais no Planejamento e Controle de Remessas para a Reindustrialização 86
5.3 COGERAÇÃO (Paradas de manutenção) 87
    5.3.1 Novas Áreas como Etanol de Segunda Geração 88

CAPÍTULO 6

6. PLANEJAMENTO – RECURSOS 89
   6.1 PESSOAS SÃO A CHAVE DO SUCESSO 91
   6.2 ORGANIZAÇÃO DO PESSOAL ENVOLVIDO.. 91
      6.2.1 Cargos 91
      6.2.2 Grupos de Trabalho 93
      6.2.3 Equipe... 93
   6.3 ARQUIVO MODELO 94
      6.3.1 Habilitar Macros 94
   6.4 JORNADAS DE TRABALHO 96
      6.4.1 Jornada de Trabalho Padrão da Empresa............................ 96
      6.4.2 Calendários 96
      6.4.3 Calendário – Jornada de Trabalho 96
      6.4.4 Passos para Configuração do Calendário 97
      6.4.5 Semanas de Trabalho... 98
      6.4.6 Exceções... 99
      6.4.7 Calendário de Horas Extras.. 100
   6.5 CADASTRAMENTO DE RECURSOS 101
      6.5.1 Criação da Planilha de Levantamento de Recursos............... 102
      6.5.2 Organização dos Dados da Planilha de Levantamento de Recursos 102
          6.5.2.1 Subtotais de recursos por função e férias 102
      6.5.3 Cadastramento de Recursos no MS PROJECT 103
      6.5.4 Campos para Cadastramento: 104
      6.5.5 Caracterização de Férias e outras Indisponibilidades............ 107
          6.5.5.1 Exemplo Extra - Recurso sem Férias no Período da Entressafra 108
          6.5.5.2 Exemplo Extra - Caracterização de Período de Treinamento 108

CAPÍTULO 7

7. PLANEJAMENTO DE TAREFAS E ALOCAÇÃO DE RECURSOS 111
   7.1 ABERTURA (CRIAÇÃO) DAS ORDENS DE MANUTENÇÃO 113
      7.1.1 Conexão das Informações entre Diferentes Sistemas............ 113
      7.1.2 Necessidade de Levantamento Prévio pelos Supervisores..... 113
      7.1.3 Levantamento das Tarefas de Entressafra 113
      7.1.4 Planilha de Ordens e Descrição dos Campos...................... 113
   7.2 IMPORTANDO AS INFORMAÇÕES PARA O MS PROJECT................. 115
      7.2.1 Exemplo Extra - Parada de Cogeração fora do Período de Entressafra 116
      7.2.2 Importação de Ordens pelo Mapa Próprio........................... 118
   7.3 ALOCAÇÃO DE RECURSOS 127

    7.3.1 Alocação de Recursos - Passo á Passo 127
  7.4 DEFININDO OS MARCOS DE ENTRESSAFRA 130

CAPÍTULO 8

8. CONCLUSÃO DO PLANEJAMENTO 133
  8.1 LANÇAMENTO DAS PRECEDÊNCIAS 135
  8.2 VIABILIDADE DO PLANO 139
    8.2.1 Redistribuição de Recursos 139
    8.2.2 Meios para a Resolução de Atrasos 142
    8.2.3 Resolução dos Atrasos no Software 143
    8.2.4 Plano de Ação 151
    8.2.5 Perspectivas de Avanço 152
        8.2.5.1 Avaliação da Perspectiva de Avanço do Projeto (base da curva S) 155
        8.2.5.2 Exemplo Extra – Emprego de Restrições 155
    8.2.6 Como Salvar a Linha de Base 157
  8.3 REUNIÃO DE KICK-OFF 159
    8.3.1 Responsabilidades Assumidas 159

CAPÍTULO 9

9. OBJETIVOS DA FASE DE CONTROLE 161
  9.1 FINALIDADE DO CONTROLE 163
  9.2 PROCESSO DE CONTROLE 163
  9.3 FINALIDADE DE CADA UMA DAS DIMENSÕES DO CONTROLE 165
    9.3.1 O Relatório de Riscos de Atrasos (CP - RISCOS DE ATRASOS) 165
    9.3.2 O Acompanhamento de Aderência (curva "S") 166
    9.3.3 O Relatório de Controle Detalhado (CP-CONTROLE DETALHADO) 166
  9.4 REUNIÃO DE COORDENAÇÃO 167

CAPÍTULO 10

10. CICLO COMPLETO DO CONTROLE 169
  10.1 EMISSÃO DOS DOCUMENTOS DE CONTROLE 171
    10.1.1 Nome para a Planilha de Monitoramento 171
    10.1.2 Monitoramento 175
    10.1.3 Preparação da Planilha em Excel 175
    10.1.4 Cuidados no Apontamento das Planilhas de Monitoramento 175
    10.1.5 Sobre o Monitoramento 176

10.2 RECEBIMENTO DAS PLANILHAS DE MONITORAMENTO E ATUALIZAÇÃO DO CRONOGRAMA **176**
      10.2.1 Atualização das Planilhas no Cronograma - Passo á Passo .. 177
10.3 IDENTIFICAÇÃO DE RISCOS DE ATRASOS NO PROJETO **181**
      10.3.1 Reagendamento 181
10.4 SOLUÇÃO DOS CONFLITOS (NIVELAMENTO DE RECURSOS) **183**
      10.4.1 Resolução de Riscos de Atraso 184
10.5 DELIBERAÇÃO DAS MEDIDAS CORRETIVAS **187**
10.6 ATUALIZAÇÃO DE REALIZADO OU CURVA S **188**
      10.6.1 Melhorias no Controle da Entressafra 189
10.7 TEMAS PARA A REUNIÃO DE COORDENAÇÃO **190**
      10.7.1 Solução dos Riscos de Atrasos 190
      10.7.2 Melhorias na Gestão 190

CAPÍTULO 1

MANUTENÇÃO DE ENTRESSAFRA

Uma introdução necessária, principalmente para aqueles que têm o seu primeiro contato com o tema. Apresentamos os fundamentos da manutenção de entressafra, o porquê ela se dá, quando ela deve ser executada e o que ela objetiva.

1.1 SAFRA E MANUTENÇÃO

A safra da cana-de-açúcar é sazonal (o período de colheita da cana-de-açúcar na região Centro-Sul ocorre entre os meses de abril e novembro e, para a região Norte-Nordeste, entre setembro e abril - fonte Embrapa). Nesses períodos ocorre o amadurecimento das diversas variedades de cana, devido a fatores climáticos, pouca incidência de chuvas, baixa luminosidade e temperatura. Com base na maturação, a cana passa a ser cortada de forma planejada, de modo que se tenham áreas com canaviais a serem colhidos, nos quais canas de diversas variedades estarão próprias para corte em momentos diferentes.

Em uma usina padrão do setor, por causa da tipicidade de seus projetos, o fluxo de processo é linear e sem redundâncias (não existindo linha de processo paralela que permita que uma linha tenha seu funcionamento interrompido e passe por manutenção, enquanto a outra linha de processo atende às necessidades de produção, sem prejuízo da capacidade operacional da usina). Assim, até mesmo a quebra de um pequeno equipamento pode obrigar toda a usina a parar. Uma parada forçada (não planejada) compromete gravemente a produção.

Em alguns casos, dependendo da duração dessa interrupção, do equipamento que teve o funcionamento interrompido ou da reserva de bagaço, essa parada de produção pode até exigir o desligamento de caldeiras.
Essas interrupções não previstas são chamadas de corretivas não programadas e executadas dentro do período da safra.

Em outros casos, quando a falha não chega a comprometer gravemente a produção, esse reparo é postergado para uma data oportuna (corretiva programada) ou, dependendo da complexidade e do tempo de reparo, poderá ser então executado na entressafra (manutenção de entressafra).

Tradicionalmente, as indústrias sucroalcooleiras realizam a maior parte de sua manutenção durante o período de entressafra, que dura em média quatro meses, como intervalo entre cada safra e conforme cada região. Os meses variam, pois os períodos de safra/entressafra são diferentes em função da sazonalidade das chuvas.

Pela combinação de fatores, como o término da colheita da cana e também a chegada do período de chuvas, tem-se uma pausa de produção que é chamada de entressafra.
A colheita é planejada em função do período de chuva, logo não é uma combinação. Se iniciar o período de chuvas e ainda tiver cana no campo, ela não será colhida, pois as chuvas não permitem a entrada das máquinas no campo molhado. As chuvas diminuem o conteúdo de açúcares da cana.

1.2 DEFINIÇÃO DE MANUTENÇÃO DE ENTRESSAFRA

Podemos, então, entender como manutenção de entressafra um projeto típico em indústrias do setor do agronegócio quando essas indústrias são revitalizadas para retornarem a 100% da sua condição operacional, trabalho esse realizado fora do período da safra.

1.3 OPORTUNIDADE

O projeto típico é oportuno e necessário por causa de duas condições características dessas indústrias.

A primeira é a chegada da época de chuvas, quando fica inviável o transporte da cana pelos carreadores que são estradas rurais, internas entre os talhões de cana nas plantações, que nessa época ficam intransitáveis, principalmente para os pesados caminhões de transporte da cana, com o risco das colhedoras atolarem, compactarem o solo, comprometerem a soqueira, o que prejudicaria a produtividade do canavial nas próximas safras.

A segunda é o forte desgaste que os equipamentos dessas indústrias sofrem quando operantes na produção. Um exemplo típico é constituído pelas "Moendas" destinadas à extração do caldo da cana, nas quais diversos componentes com frequência sofrem desgastes, trincas ou até mesmo quebra dos rolos de extração e, assim, são obrigatoriamente enviados na entressafra a um fornecedor apropriado, para passarem por recuperação completa. Há outros fatores, como abrasão, ataques químicos, pressão etc. que desgastam outros equipamentos, também necessitando de intervenções externas. Esse assunto será abordado mais profundamente no capítulo 5 (no tema Reindustrializações).

1.4 PERÍODO LIMITADO

Assim, a entressafra é um período limitado por uma prioridade maior, que é a safra e, portanto, o melhor aproveitamento desse período limitado é fundamental, para não haver o risco de prejudicar o início da safra seguinte.

Logo, a manutenção de entressafra fica limitada em tempo pelo término da safra anterior e pelo início da safra seguinte. Esse tempo restante é ainda mais escasso do que uma primeira impressão pode supor, pois temos que considerar possíveis férias dos funcionários, feriados e também a utilização desse período para treinamentos. Isso piora a relação "serviço necessário/horas disponíveis". No seu planejamento você precisa considerar tais incidentes de calendário o mais próximo possível da realidade, para poder ponderar a relação "serviço necessário/horas disponíveis".

1.5 ESTIMATIVA PRELIMINAR DOS SERVIÇOS

Estimativas de serviços: tendo identificado a duração da entressafra e a necessidade de uma manutenção focada em devolver os equipamentos às condições para as quais eles foram construídos e projetados, o próximo passo é identificar quais equipamentos sofrerão manutenção dentro do período.

Algumas das manutenções são rotineiras, ou seja, elas se repetem ou se fazem necessárias de ano para ano. Um caso é representado por equipamentos em que no manual é orientada a revisão/substituição de determinadas peças anualmente; outro caso é a desmontagem da moenda que sempre ocorre pelos motivos já descritos de desgastes. Essas tarefas devem ser reavaliadas continuamente, pois embora se repitam sempre, há condições de adaptá-las à realidade do momento, pois alguns dos componentes podem requerer cuidados especiais ou condições de se melhorar o método executivo do serviço, a fim de redução de tempo e/ou de custo. Novas técnicas de manutenção ou o emprego de ferramentas mais adequadas também devem ser estudados.

O levantamento dos serviços necessários deve vir de três fontes diferentes:

- **Histórico:** documentação de serviços já realizados em entressafras passadas. Esse histórico de manutenção representa uma grande parcela da totalidade da manutenção de entressafra. Existe um ponto que as gerências têm de examinar com atenção que é o limite de escopo de serviços entre manutenção/melhoria/modernização. Via de regra, modernizações são tratadas por projeto à parte, por causa dos seus custos, e, em contrapartida, há necessidade de atenção, pois tarefas desse projeto de melhoria podem influir nas datas do final da manutenção de entressafra.

- **Preditiva:** trata-se de um estudo mediante os instrumentos de análise de vibração, termografia e outros instrumentos, com o equipamento em funcionamento, durante a safra, para termos condições de predizer o quanto um equipamento em específico está sujeito à falha em curto prazo. Aqueles equipamentos que apontarem alto risco de falha em curtíssimo prazo sofrem manutenção ainda durante a safra nas corretivas programadas. Aqueles não tão urgentes vão se somar à lista dos equipamentos que serão reparados durante a entressafra. O relatório da preditiva para subsidiar o planejamento da manutenção de entressafra deve ser entregue com uma antecedência viável, para que suas informações possam ser analisadas a tempo para a preparação de um cronograma de qualidade.

- **Preventiva:** é a substituição de componentes que devem-se encontrar próximos do final de sua vida-útil média (de acordo com orientações do manual de manutenção do fabricante/fornecedor), antes que esses venham a falhar durante a operação.

- **Relatório de análise de falhas:** importante procedimento da "Gestão de Manutenção". É um relatório técnico padronizado e estruturado para a resolução de problemas crônicos nos equipamentos, analisando a criticidade das causas e seus efeitos, de forma ordenada procurando encontrar todas as soluções dentro de uma mesma linha de raciocínio e evitando reincidências. Para aqueles equipamentos em que durante a safra foram identificadas falhas no seu funcionamento que não prejudicam de todo sua funcionalidade, o reparo poderá ser postergado, quando então esses também deverão se somar à lista de equipamentos que serão reparados durante a entressafra.

1.6 PRINCIPAIS RISCOS DO PLANEJAMENTO DE ENTRESSAFRA

- Por modificações nas datas limites: atrasos do término da safra em que se está ou antecipação da próxima afetam em muito o planejamento, ainda mais se forem quantidades significativas de dias.

- Por surpresas pela condição de um equipamento: alguns equipamentos são "fechados", ou seja, só se tem uma vaga ideia de sua manutenção, por não poderem ser averiguados criteriosamente, e quando abertos podem evidenciar a necessidade de outra operação a ser realizada com maior tempo de manutenção. A esses pode ser traçada uma nova estratégia, inclusive terceirizando esse serviço. Nesse caso devemos ter uma grande atenção para analisar as condições de tais equipamentos, para haver tempo útil caso seja necessária alguma contratação de serviço.

- Por não atendimento de prazos de um fornecedor de serviço: peças ou equipamentos que sofrerão manutenção externa, mas o fornecedor contratado não cumpre os prazos estabelecidos. A esses, deve-se manter uma constante vigilância durante a execução dos trabalhos, como visitas periódicas (inspeção) ao estabelecimento onde está ocorrendo à manutenção, para que não haja nenhuma surpresa que possa impactar prazos e custos.

- Por mau emprego dos próprios recursos: quando os serviços ou os executores são estimados de forma errônea. Os planejadores devem conhecer a fundo seus profissionais e ter bem delineado o que cada recurso tem como competência e habilidade de trabalho, para melhor aproveitamento de sua mão de obra interna.

Planejar uma entressafra não é simplesmente listar equipamentos e suas necessidades de reforma, ou dizer quem vai trabalhar aonde, ou quais são as datas de entressafra. Planejar uma entressafra requer que as unidades tenham uma metodologia de planejamento voltada a resultados e benefícios, que seus recursos sejam empregados da melhor forma possível dentro de um tempo viável e exequível de trabalho, que seus equipamentos recebam tratamento adequado para estarem disponíveis quando for necessário.

Vale ressaltar que todo projeto deve ser estudado, apresentado e validado pelo maior número de pessoas que se fizer necessário, no prazo de que se dispõe para o planejamento. Os supervisores/coordenadores e muitas vezes até líderes experientes são as pessoas-chave para o sucesso; eles contribuem com informações importantes para o planejamento, que vão desde datas que ainda não foram divulgadas, trabalhos extras que entrarão no planejamento, a custos apropriados para cada equipamento. Eles também serão os responsáveis que irão administrar a utilização dos recursos que serão empregados durante a manutenção de entressafra.

Como é crucial em qualquer planejamento, o ideal é que o plano seja elaborado ou pelo menos revisado/validado por aqueles que serão responsáveis pela sua execução. Só assim poderemos elaborar cronogramas realmente honráveis.

CAPÍTULO 2

CONCEITOS DE ADMINISTRAÇÃO CIENTÍFICA APLICADOS À ENTRESSAFRA

Apresentamos uma curta história do que vem a ser Administração Científica, conceitos Gerenciamento de Projetos e como se encaixam com os elementos e objetivos da manutenção de entressafra.

2.1 ADMINISTRAÇÃO E PROJETOS

2.1.1 Administração Científica e Gerenciamento de Projetos

Os projetos como vistos modernamente são, via de regra, empreendimentos complexos no tocante à quantidade de tarefas e as relações entre elas. Hoje em dia, não existe como trabalharmos profissionalmente em projetos dessa magnitude sem um software de gerenciamento de projetos. Tais programas representam a aplicação, em uma ferramenta informatizada, dos métodos e funcionalidades da Administração Científica.
Neste trabalho empregamos o MsProject, pois dentro da relação "curva de aprendizado x custo" é o que temos de mais eficiente e prático no mercado.

Com a chegada da revolução industrial no final do século XVIII, houve a necessidade que o trabalho pudesse ser organizado, medido e controlado. Assim, os engenheiros F. W. Taylor (pai da Administração Científica) e J. H. Fayol (fundador da Teoria Clássica da Administração) realizaram diversos estudos, medições e análises publicando-os no início do século passado. Tais trabalhos abriram caminho para que o engenheiro Henry Gantt inventasse o Gráfico de Gantt, que conhecemos como cronograma. Estes gráficos de Gantt foram empregados ainda antes da metade do século XX em grandes projetos de infraestrutura, incluindo a represa Hoover e o sistema de rodovias interestaduais, ambos os projetos executados nos EUA, e continuam a ser uma ferramenta importante na gestão de projetos.

Necessidades mais complexas surgiram e a genialidade humana desenvolveu técnicas mais apuradas e aprimoradas, originando até a sistematização de uma técnica conhecida como PERT/CPM, que tem como suas aplicações mais práticas os conceitos de folga e caminho crítico.

Um projeto pode exigir poucos recursos técnicos de gestão, como, por exemplo, a construção de uma nova casa própria, mas também há obras que requerem as melhores práticas de gerenciamento, como a construção de uma hidrelétrica, um grande plano de manutenção de entressafra ou a construção de uma nova usina de etanol. . Em geral, encontramos projetos de gestão sofisticada com desde poucos dias até anos de duração.

O que se destacam em um projeto, dentro da moderna conceituação, são sua técnica de concepção e planejamento e o nível de sucesso alcançado. Alguns projetos parecem desde seu início que são predestinados ao fracasso - os prazos não são cumpridos, os custos são estourados, os problemas aparecem de forma imprevisível. Outros projetos apresentam índices de sucesso que provocam orgulho em qualquer gestor, com os problemas resolvidos antes mesmo que ocorram, os índices de qualidade atingidos e o cliente satisfeito. Como isso acontece? Na maioria das vezes, a diferença entre o sucesso e o fracasso de um projeto se dá por dois fatos: planejamento e controle bem feitos, de forma responsável e coerente.

2.1.2 O Que é um Projeto

Para entender e aplicar bem as técnicas de gerenciamento de projetos é necessário, antes de qualquer ação, conhecer o que é um projeto, para que serve como funciona, suas características marcantes. É o que faremos neste tópico.

2.1.3 Definição

Projeto é um conjunto de tarefas inter-relacionadas que tem como objetivo gerar um produto predefinido em um prazo limitado.

As empresas têm em comum o fato de produzir bens ou serviços para serem ofertados a seus clientes, os quais, por sua vez, fazem exigências em relação às características do produto que desejam consumir, como também em relação ao custo que desejam pagar. Para uma empresa ser vitoriosa, não basta produzir algo e ofertar ao mercado. O produto deve atender a determinadas especificações, ter um valor compatível com o mercado, ou estar pronto para entrar em operação em uma data estabelecida por uma diretoria. Para que isso aconteça, é necessário planejar, executar e controlar cada etapa da sua realização, empregando meios para que os três quesitos que geram impacto diretamente no produto fiquem o mais próximo possível dos anseios dos clientes, os quais, determinam a existência das empresas.

O gerenciamento de um projeto tem três principais dimensões (quesitos) combinadas tão intrinsecamente como um triângulo: escopo, prazo e custo. O PMI (Project Management Institute) denomina esse triângulo de triângulo do projeto. Assim, para podermos alterar uma dessas dimensões, temos que invariavelmente atuar em outra. O resultado da mudança dessas dimensões influi no espaço interior do triângulo que é a qualidade do projeto.

O elemento fundamental do projeto é a dimensão escopo, pois essa é a que define as características físicas do trabalho que será feito. Normalmente é feito um levantamento inicial de escopo chamado de projeto básico, e, em torno desse, são produzidos o cronograma básico e um orçamento preliminar (custo).

Devemos estar atentos para a diferença entre especificação ou escopo de produto e escopo de projeto. O escopo de produto determina claramente o que será produzido, apontando as características e funcionalidades esperadas. O escopo de projeto indica a combinação de todos os objetivos e tarefas do projeto, representada pelo trabalho necessário para concluí-los, ou seja, o trabalho necessário para gerar o produto final, de acordo com suas características e funcionalidades, contemplando cada um dos processos e subprodutos necessários.

E a qualidade? A preocupação com a qualidade deve estar presente como foco principal em toda e qualquer empreitada e o Triângulo do projeto a situa como seu elemento central. O prazo, o custo e o escopo do projeto – os lados do triângulo – existem para dar forma à qualidade – o corpo do triângulo. A qualidade não é um fator do triângulo, mas o resultado do que fazemos com o tempo, o custo e o escopo.

Figura 2.1 - O Triângulo do projeto

Assim, temos claramente identificadas as componentes que representam o dimensionamento do projeto de manutenção, no qual tudo se concentra em como podemos conceber a necessidade de "encaixar" o serviço a ser realizado (escopo) dentro do prazo de entressafra (prazo) e o orçamento (custo).

Projetos se apresentam como a ferramenta ideal para gerenciar a implementação dos planos estratégicos das organizações, visto que planos estratégicos nada mais são do que um conjunto de objetivos a serem atingidos. Cada um desses objetivos pode ser representado por um ou mais projetos que, por sua vez, são desenvolvidos por um ou mais níveis da organização, envolvem uma ou milhares de pessoas, duram poucas horas ou vários anos, podendo empregar uma única unidade organizacional ou até várias organizações trabalhando em conjunto para a realização do objetivo. Não importa o tamanho ou a abrangência de uma empreitada, todo objetivo a ser atingido pode ser gerenciado por projeto.

Podemos citar como exemplos de projetos a construção de um prédio, a construção de uma usina hidrelétrica, a construção de um navio, a construção de usina, a realização de uma operação militar, o desenvolvimento de um novo produto, a realização de um evento, a produção/lançamento/veiculação de uma campanha educativa, a implementação de um novo sistema organizacional, um plano de entressafra etc.

No nosso caso, o produto predefinido é a usina de volta às suas condições operacionais ideais, e o prazo limitado é o período imposto para essa manutenção de entressafra.

2.2 CARACTERÍSTICAS DE UM PROJETO

Determinadas características devem estar sempre presentes em um projeto, para que ele seja definido como tal. A seguir, discutimos as principais características dos projetos.

2.2.1 Temporário

Todo projeto deve ter necessariamente um início e um fim muito bem definidos, tanto no aspecto físico quanto no aspecto cronológico.

Durante o ciclo de vida do projeto, não só o marco de início como também o de término podem sofrer deslocamentos no tempo, de forma a representar adiantamentos ou adiamentos. O projeto pode ainda ser interrompido, por não ser mais possível ou necessário cumprir o objetivo projetado, sendo o marco de término, neste caso, deslocado para o momento da interrupção da operação. Temos bem clara essa característica de temporalidade no período de entressafra; em tese, começamos logo após o final da safra e devemos devolver a usina em perfeitas condições operacionais em tempo para o início da safra seguinte. Os eventos e fatos que determinam esses instantes serão mais detalhados posteriormente no capítulo 5 (onde abordamos o tema marcos).

No caso da manutenção de entressafra, como já comentamos no capítulo 1, o risco de que os marcos de início e término sofram alterações é inerente às características e objetivos dos projetos, uma vez que existem fatos que podem influir diretamente nessas datas, que são as metas de moagem e produção em face da influência de fatores climáticos (chuva), cana disponível, mercado, ampliação e/ou montagem de novos equipamentos.

2.2.2 Específico

Um projeto deve determinar um objetivo final específico.

Um objetivo específico deve esclarecer não apenas o produto final que está sob foco, mas também o alcance ou extensão do projeto, parâmetros de magnitude, grupos afetados e tantos outros detalhes quantos forem possíveis.

Um objetivo é específico – único – mesmo quando já foram desenvolvidos inúmeros projetos com objetivos semelhantes, pois cada um desses projetos produziu um produto único, pois foi um projeto próprio, com um momento de produção único e/ou uma localização única e/ou um consumidor único e/ou um código de identificação único e assim por diante. Por exemplo, projetos de instalação de redes de computadores podem parecer todos iguais – computadores, cabos, roteadores e interligações – porém, cada um deles tem datas de início e de fim distintas, e/ou diferentes quantidades de computadores afetados, e/ou diferentes distâncias entre os pontos.

No caso da manutenção de entressafra de uma usina, por mais que seja similar à do ano anterior, sempre existem modificações significativas, como em datas limite (e os prazos decorrentes delas), nas condições dos equipamentos que irão sofrer manutenção, na disponibilidade de recursos da unidade etc., e de outros fatores que podem exigir modificações significativas.

O que realmente vai determinar a qualidade do escopo é a abertura das ordens de manutenção dentro do justo tempo necessário para que a unidade industrial restabeleça em 100% sua capacidade operacional e o consciente desdobramento dessas ordens em operações, para que sejam definidos de forma bem minuciosa detalhes do trabalho a ser executado. Assim, o histórico é importante, mas tem de ser visto e interpretado à luz do que a realidade atual aponta, pois cada entressafra é um novo desafio. Por essa característica é comum em inglês dizer que são *"one-time goal objective"*.

O objetivo final, o retorno da usina a suas condições operacionais ideais, tem como síntese obrigatória a correta definição e cumprimento de todas as ordens de manutenção envolvidas.

2.2.3 Mensurável

Por permitirem medições de grandezas concretas e análises baseadas nessas medições, dizemos que projetos são mensuráveis.

Diversas variáveis podem ser medidas em um projeto, tais como prazo, custo, percentual de andamento físico, quantidade de trabalho e quantidade de unidades de material. A partir dessas medições é possível determinar desde valores absolutos, como custo total do projeto e prazo de uma etapa, até números relativos, como variação entre prazo realizado e prazo projetado, índice de sucesso e, ainda, percentual de trabalho extra sobre trabalho planejado.

De todas as características naturais de um projeto, é exatamente esta propriedade, a do projeto ser, por definição, mensurável, que nos permite estabelecer todas as bases de estimativas, medições e cálculos do processo de gerenciamento de projetos, segundo a perspectiva do cronograma e do orçamento.

É essa característica que torna os planos de manutenção de entressafra em projetos gerenciáveis.

"Tudo que é importante tem de ser medido, porque somente o que é medido pode ser gerenciado". (Kaplan & Norton)

A grande base de medições na evolução de uma entressafra é a comparação da medida básica para estimativas de trabalho H/H (homem/hora) planejada ao H/H real quando da execução dos serviços. Será principalmente essa base, o H/H, que será administrada para o sucesso da entressafra, principalmente para a gestão dos trabalhos executados com recursos próprios (não terceiros).

2.2.4 Dinâmico

Projetos estão sempre sujeitos a alterações. Por isso, são dinâmicos.

Não existe um projeto que, durante todo o seu ciclo de vida, se desenvolva sem sofrer alterações de escopo ou prazo ou custo. Durante a fase de planejamento, o projeto sofre alterações conforme se adequa às circunstâncias que vão se apresentando. Durante a execução do projeto, na qual acontece a fase de controle, o projeto sofre alterações porque é comum ocorrerem imprevistos que produzem impactos sobre prazos, custos e trabalho, imprevistos estes que vão gerar a necessidade de medidas corretivas que, por sua vez, gerarão mais alterações.

Projetos são dinâmicos porque o mundo em que existem é dinâmico, porque as pessoas que com eles interagem são dinâmicas, porque é necessário se adequar a todo esse dinamismo que os envolve.

"Não existe planejamento que permaneça inalterado após o primeiro contato com o inimigo"
(Von Moltke)

Talvez seja o dinamismo a característica mais crítica em um projeto de entressafra, em função de mudanças de última hora, como surpresas nas condições de equipamentos e contingências por causa de contratações em curtíssimo prazo.

Inclusive, o fato, em tese indesejável, mas inevitável na prática, de abertura de ordens de manutenção já com o projeto em execução é um aspecto claro desse dinamismo, que vai afetar o escopo alocação e disponibilidade de recursos e consequentes custos de manutenção.

O gerenciamento de projetos é a aplicação de métodos, ferramentas, técnicas e competências para a integração das fases do ciclo de vida do projeto.

2.3 CICLO DE VIDA

Todo projeto, por ser temporário, possui um ciclo de vida muito bem definido, o qual indica claramente o ponto de início e o ponto de término do projeto. De forma semelhante aos seres vivos, um projeto nasce quando se apresenta na forma de uma ideia traduzida mais como uma esperança do que como uma realidade, cresce tomando uma forma bem delineada que indica claramente onde deverá chegar, produz bens palpáveis ou não para a sociedade, ensina o conhecimento armazenado durante sua existência e acaba, na maioria das vezes, resistindo a esse final.

Cada fase do Ciclo de vida de um projeto mostra-o sob um determinado enfoque.

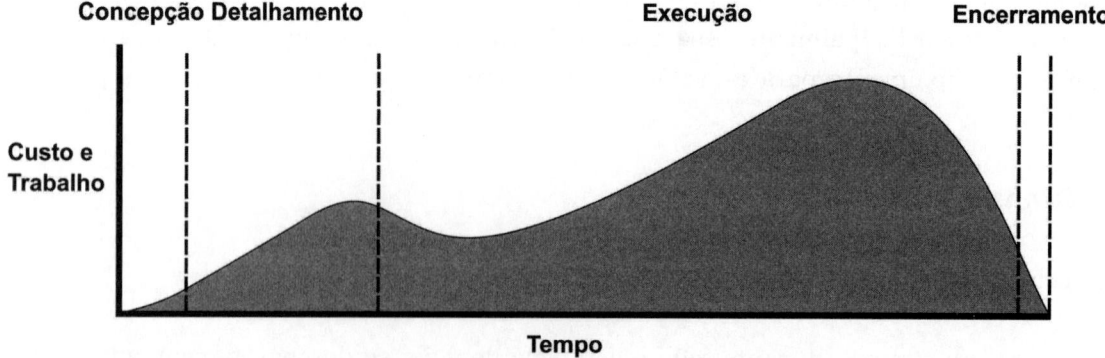

Figura 2.2- O ciclo de vida do projeto

2.3.1 Concepção

Essa fase mostra um projeto desenhado a partir de informações técnicas que se baseiam em um ambiente ideal de trabalho no que diz respeito a métodos produtivos, disponibilidade de recursos e produtividade, podendo seu nível de detalhamento se limitar a representar etapas, sem detalhar as tarefas que as compõem.

2.3.2 Detalhamento

Nessa fase o projeto evolui para sua forma mais elaborada, apresentando um nível de detalhamento que seja suficiente para embasar todos os procedimentos de análise e de controle do projeto e reflita não apenas as informações técnicas, mas também os fatores contingenciais específicos de um determinado objetivo a ser alcançado.

2.3.3 Execução

Durante a fase de execução o projeto mostra a realidade da sua implementação e as consequências dessa realidade sobre o objetivo final planejado, exigindo constantes operações de replanejamento para fazer frente aos desvios de rumo que inevitavelmente se apresentam, podendo esses desvios impactar prazos, custos e o escopo.

2.3.4 Encerramento

O projeto é concluído contrapondo a expectativa do planejamento e a realidade da execução. Nessa fase o projeto mostra as informações necessárias para a entrega e respectiva aceitação do produto final pelo cliente, além dos índices, aprendizados e relatórios finais, os quais vão transformar toda a informação gerada durante as diferentes fases do ciclo de vida do projeto em *business intelligence.*

2.4 O QUE É GERENCIAMENTO DE PROJETOS

Tendo entendido o foco das atenções que é o projeto, passemos agora à análise do que seria Gerenciamento de Projetos, algo que todos fazemos espontaneamente no dia a dia, mas com um enfoque empírico ou pouco técnico. O gerenciamento de projetos, assim como o projeto, tem ciclo de vida e objetivos muito bem definidos, e quanto mais aperfeiçoadas as ferramentas, melhores serão os resultados.

2.4.1 Definição

Gerenciamento de projetos é a aplicação de métodos de planejamento e controle para coordenar tarefas e recursos visando obter sucesso no objetivo maior, o projeto.

O gerenciamento de projetos tem por finalidade essencial municiar o gerente de projetos com todas as informações necessárias para habilitá-lo a fazer análises de viabilidade e de exequibilidade, na fase de planejamento, e a tomar medidas de contingência necessárias à correção de distorções que ocorram durante a fase de acompanhamento, pois, por via de regra, os projetos não são executados conforme o planejado. É uma disciplina que parte do bom-senso de que nem tudo acontece conforme o previsto, portanto, o objetivo fundamental não é acertar passo a passo todo o projeto, mas sim, tê-lo sob rígido controle, pois, dessa forma, os problemas se apresentam concretos e palpáveis e acertar o objetivo final torna-se consequência do bom gerenciamento desses problemas. Valendo aqui uma frase da sabedoria popular que diz que "para as coisas darem errado basta que você não faça nada".

Nossas empreitadas podem ter duas conotações distintas: podem ser aventuras ou projetos. O que nós aqui tratamos como gerenciamento de projetos é uma ação extremamente sistematizada e racional, quando temos como principal intenção reduzir ao mínimo a questão mais crucial na gestão de um projeto, que é a questão da imponderabilidade do futuro. Isso não quer dizer que queremos ser profeta, adivinhando o que irá acontecer, porém como já disseram alguns ilustres pensadores:

"Se quiseres conhecer o invisível abra bem os olhos para o visível", por Helena Petrovna Blavatsky em "A doutrina secreta";

"O pior dos erros é não prever", por Sun Tzu em "A arte da guerra".

Essa forma de procedimento racional denominado gerenciamento de projetos está ligada a diversas questões de ordem técnica, mas todas extremamente razoáveis, tanto que vamos nos surpreender quando nos dermos conta que já imaginamos ou até já utilizamos muitos dos tópicos ilustrados aqui, porém de forma inconsistente, devido à falta de embasamento técnico.

2.4.2 Ciclo de vida

Sendo o gerenciamento de projetos uma técnica direcionada a projetos, ele apresenta um ciclo de vida que reflete o ciclo de vida do projeto-alvo. Gerenciamento de projetos é uma atividade que se inicia imediatamente após decidirmos realizar um objetivo e termina no momento da concretização desse objetivo, ou, em alguns casos, infelizmente, da desistência.

É indispensável a perfeita compreensão do quadro que se segue, pois ele descreve o que vem a ser a atividade de gerenciamento de projetos: em que fases se divide, quais as ações típicas de cada fase e qual o objetivo formal de cada uma.

Para que a realização de uma empreitada possa decorrer da forma mais sistemática possível, é necessário cumprir duas etapas distintas.

> 1 – Planejar: antes de nos comprometermos em assumir qualquer compromisso relacionado ao custeio de atividades ligadas à concretização de um determinado objetivo, é necessário estimar os prazos e custos envolvidos com a execução dessa empreitada, da maneira mais consciente possível, para que com esses parâmetros possamos avaliar a viabilidade e a exequibilidade

(qualidade do que pode ser executado) da iniciativa, pois é sabido que só devemos nos comprometer com aquilo que podemos cumprir. A isso chamamos de planejamento, logo, planejamento é uma ação realizada antes do início da execução física de um projeto, com a finalidade de estimar os prazos e custos, que serão advindos quando de sua execução, e, consequentemente, avaliar se o projeto é viável e exequível.

2 – Controlar: toda a problemática do gerenciamento de projetos está baseada no fato que, por melhor que seja um planejamento, nada garante que os acontecimentos se darão conforme o planejado. Na maioria das vezes, infelizmente, os eventos não ocorrem tal como foram planejados e de nada adianta nos determos no que já aconteceu. O que precisamos é de meios para compensar os fatos negativos já acontecidos em tarefas que estão previstas e ainda não ocorreram, de forma que possam ser executadas com maior rapidez e/ou com menor custo. Lembre-se da frase usual - Gerenciamento de projetos não é para chorar o leite derramado, e sim, para correr atrás de metas. Assim, é necessário medir periodicamente, se possível em intervalos regulares, os prazos e custos realizados da execução do projeto, para que esses prazos e custos reais sejam comparados aos prazos e custos estimados na fase de planejamento, o que vai permitir não somente a identificação das distorções, como principalmente a decisão sobre as medidas eficazes a adotar para diminuir ou solucionar as quebras nesses custos e prazos. A isso chamamos de Controle, podendo ser definido como uma ação de nível gerencial quando, pela medição de fatos relacionados a prazos e custos acontecidos durante a execução de um projeto, são constatadas distorções face ao planejado e é decidido onde serão aplicadas medidas corretivas.

Neste ponto fica clara a máxima importância do planejamento, pois são seus dados referentes a prazos e custos que servirão como elementos balizadores para a aferição do controle. Assim, o resultado final do planejamento deve ser documentado para que sejam atestados esses dados balizadores. Essa documentação, a última ação do planejamento, é chamada de Determinação de metas, quando os gestores do projeto concluem que já realizaram da melhor forma possível a estimativa dos prazos e custos que serão advindos da execução física do projeto e concluíram que o projeto a esse instante se mostra viável e exequível, publicando nesse momento o cronograma-referência do projeto e seu orçamento.

São o cronograma-referência e o orçamento do projeto, tal qual ratificados na cerimônia denominada de Determinação de metas (conclusão do planejamento de entressafra), que servirão como parâmetros balizadores do acompanhamento ou controle para a identificação de distorções, ou seja, os fatos reais serão comparados com os que foram determinados como Metas.

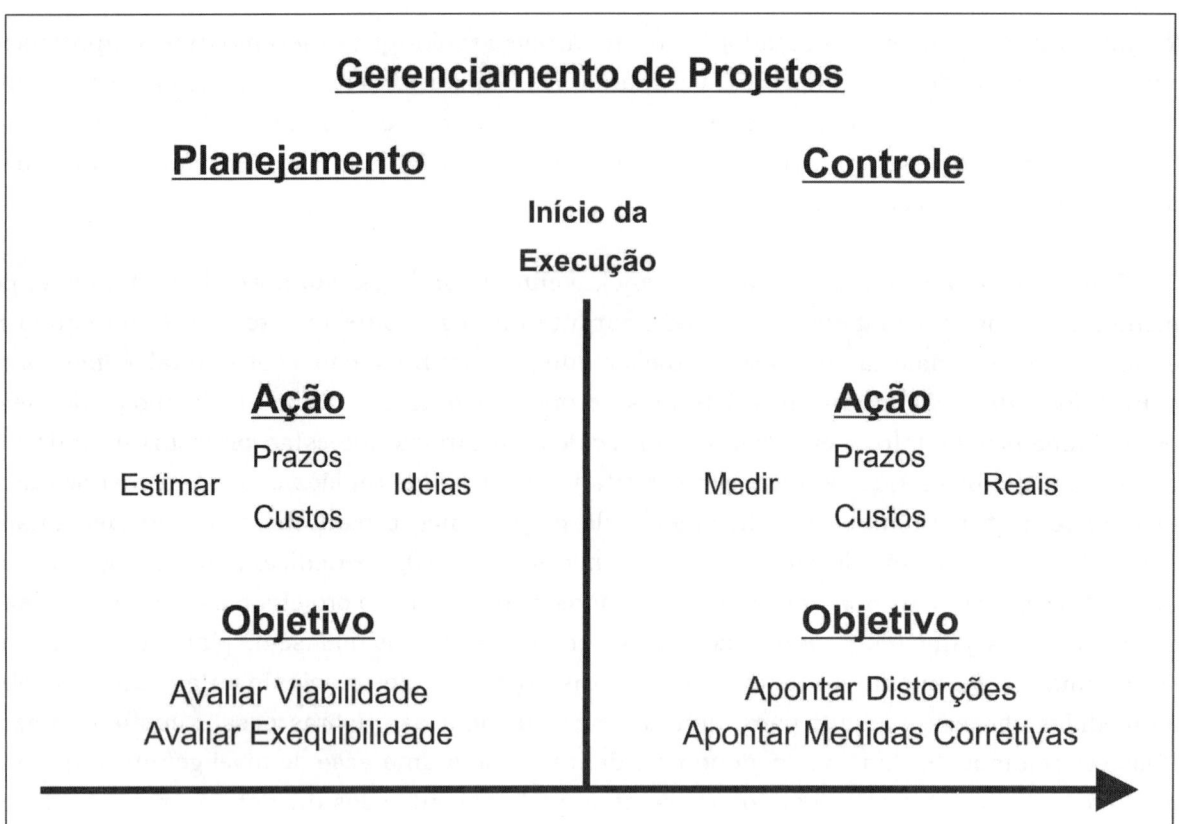

Figura 2.3 - Gerenciamento de projetos

Assim, podemos dizer em uma primeira instância que o Gerenciamento de um projeto se divide em dois períodos distintos, cada um com ações típicas e diversas: o Planejamento e o Controle. Além disso, temos um instante de importância crucial servindo como linha limítrofe entre os dois períodos, a Determinação de metas.

O Planejamento e o Controle podem ainda ser subdivididos.

Planejamento estratégico: é a criação a partir de uma ideia inicial de um projeto ideal que, dando suporte à fase Concepção do ciclo de vida do projeto, não leva em conta qualquer fator circunstancial no que diz respeito à alocação de recursos, a prazos de entrega ou à limitação de custos, visando fundamentalmente a viabilidade técnica de projeto.

Planejamento tático: é a adequação do modelo ideal produzido durante o Planejamento estratégico, quando os dados resultantes dessa fase se mostrarem favoráveis às características específicas e circunstanciais do projeto em questão, visando fundamentalmente o estudo de exequibilidade do projeto. O Planejamento tático é encerrado com a determinação das metas e a consequente definição do cronograma-referência e orçamento do projeto.

Controle: é o monitoramento da realidade da execução de um projeto e o controle dos reflexos dessa realidade sobre as metas a serem atingidas.

Análise de resultados: é a comparação das metas determinadas pelo planejamento com os índices atingidos pela execução, após o término do projeto.

2.5 OBJETIVOS

Com o gerenciamento de projetos procuramos atingir os objetivos descritos a seguir.

2.5.1 No Planejamento estratégico

Determinar a viabilidade da implementação de um projeto em termos de prazos e custos, descrevendo da forma mais completa e sistemática possível as tarefas necessárias para que o objetivo final seja alcançado, apontando para cada tarefa o prazo de execução (duração histórica), a ordem de execução (precedência), os recursos necessários (elementos físicos típicos) e os custos consequentes desses recursos, se baseando em parâmetros normalmente usuais para tais operações.

2.5.2 No Planejamento tático

Determinar a exequibilidade da implementação de um projeto em termos de prazos e custos, para ajustar a ideia original e o planejamento estratégico à realidade que esperamos enfrentar nas condições do projeto; encaixar os prazos e custo estimados aos que a situação atual aponta, adequando, quando necessário, métodos produtivos e quantidades de recursos alocados aos interesses do requisitante do projeto (com avaliação do emprego de recursos terceiros ou próprios) e à realidade circunstancial do requisitado, através de processos de detalhamento e refinamento sucessivos.

2.5.3 Na Determinação de metas

Preestabelecer valores intermediários de prazos e custos que sirvam para ciência e aprovação do projeto pelos requisitantes, para aceitação pelos executores dos cronogramas estabelecidos, servindo também de pontos de aferição do ritmo de execução do projeto pela comparação desses elementos balizadores com as informações lançadas e/ou recalculadas pelo acompanhamento.

2.5.4 No Controle

Dispor de todas as informações necessárias que permitam deliberar sobre iniciativas a serem tomadas, pela comparação do real com as metas estabelecidas, para que a execução do projeto possa se adequar às contingências e incidentes operacionais.

2.5.5 Na Análise de resultados

Gerar informações capazes de mostrar os objetivos traçados pelo planejamento, as distorções ocorridas durante a execução e o grau de sucesso obtido pelo projeto depois de finalizado.

2.5.6 Na Comunicação

Manter os planejadores, os requisitantes e os executores informados sobre os prazos, durações, quantidades e custos planejados, projetados e realizados tanto do projeto como um todo quanto de cada tarefa componente.

2.6 PDCA E PLANO DE AÇÃO

PDCA é um processo de gestão baseado em 4 etapas Planejar , Desenvolver, Controlar , Administrar (Vem do inglês **plan–do–check–act** ou **plan–do–check–adjust**). Este processo foi popularizado pelo Dr. Edward Deming e à princípio mais divulgada sua aplicação para o moderno controle de qualidade, mas este processo de gestão tem uma vasta aplicação em todos os ramos de atividade onde sejam estabelecidas metas de um propósito, que com medições este desenvolvimento possa ser avaliado e que condições da empresa devam ser ajustadas para melhorar o resultado final daquele trabalho. Inclusive em manutenção é muito comum o emprego do PDCA em apoio à implantação de MPT (Manutenção Produtiva Total). No nosso caso de Manutenção de Entressafra, dentro da metodologia aqui exemplificada, o PDCA também é muito útil e aplicável como descrito a seguir.

2.6.1 Na Fase de Planejamento

O instante (P), Planejamento, inicia-se sempre que existe uma modificação no escopo com a criação de um novo lote de ordens de manutenção, ou com modificações nas datas limite da entressafra ou modificações no quadro de recursos; primeiro ciclo inicia-se com a com a definição dos recursos próprios que devem participar da entressafra. Primeira definição das datas limite e com chegada do primeiro lote de ordens.

Dai inicia-se a execução ou desenvolvimento da atualização dessas modificações dentro cronograma como a colocação de precedências, alocações de recursos nas novas tarefas, datas e a imposição de restrições se for caso.

Isto feito observa-se os pontos de controle (C) redistribuindo recursos e identificando dificuldades de exequibilidade principalmente pela relação demanda x disponibilidade e datas de término não satisfatórias.

Com base na identificação dessas não conformidades estudam-se as melhores soluções para administrar/ajustar (A) resolver tais questões identificadas anteriormente com a contratação de mais recursos ou aplicação de horas extras, uso do trabalho de terceiros e etc, tais decisões de ajuste devem ser reportadas em um plano de ação.

O reinicio do ciclo do PDCA se dá com a chegada de cada novo lote de ordens de manutenção, modificações nas datas limite e modificações no cenários dos recursos s assim se repete e até que o plano esteja com todo o seu escopo perfeitamente definido, viável e exequível para a publicação de um cronograma referência de qualidade.

Ações do plano que não tenham chegado a uma solução de contento podem tornar até necessária uma nova planificação dai um novo ciclo PDCA até que o resultado seja alcançado.

2.6.2 Na Fase de Controle

O processo de controle também é uma gestão por ciclos com etapas definidas da mesma forma que o PDCA, ocorre um ciclo com instantes claros para as etapas de planejar (ou replanejar), desenvolver o trabalho, controlar (identificando distorções entre o desejado e o que acontece na realidade) e administrando e ajustando para procurar fazer com que o projeto ao seu final tenha sido executado o mais próximo possível do que foi planejado.

Nesta obra, na fase de controle temos uma customização do PDCA relacionando os passos a etapas nítidas do nosso trabalho.

Todas as ações, modificações e ajustes necessários à gestão devem ser transcritas em um documento chamado de plano de ação, que empregamos sistematicamente. É essencial que tenhamos em um só documento, simples e objetivo todas as modificações e ajustes necessários a executados para a clareza e a correta delegação objetivos e responsabilidades.

2.7 AS PARTES ENVOLVIDAS

Em um projeto, invariavelmente nos deparamos com o envolvimento de diversas partes. São pessoas, grupos de pessoas ou organizações juridicamente estabelecidas, podendo o envolvimento delas se dar através de laço direto com o gerenciamento ou com a produção do projeto, ou através de laço indireto, criado pelo fato de sofrerem algum tipo de consequência relacionada ao projeto ou, também através de laço indireto, pelo fato de possuírem algum tipo de poder de influência sobre a execução e/ou sobre o objetivo final do projeto.

2.7.1 Identificação dos envolvidos no projeto

É de suma importância a identificação, ainda na fase de iniciação ou durante a primeira etapa do planejamento, das partes envolvidas no projeto, assim como o levantamento de suas necessidades e expectativas, visto que podem provocar alterações de escopo, prazo, custo e qualidade, influenciando de forma decisiva no sucesso do projeto.

A seguir, identificamos algumas partes envolvidas em projetos que apresentam diferentes níveis de interferência no projeto ou no produto final gerado pelo projeto, ressaltando que não existe qualquer obrigatoriedade de ocorrência simultânea de todas as partes citadas.

Patrocinador: pessoa, grupo ou organização que custeia o projeto (Conselho de acionistas ou Diretoria).

Gerente de projeto: pessoa responsável pela gerência do projeto (Gerente da unidade industrial).

Equipe de gerência de projeto: grupo que realiza o trabalho relacionado aos processos de gerenciamento dos projetos de entressafra: os Supervisores/Coordenadores e o PCM (cargo técnico industrial de profissional de Planejamento e Controle de Manutenção.

Equipe de execução: grupo que realiza as atividades estabelecidas pela gerência do projeto. Líderes irão comandar equipes formadas pelos técnicos e operadores que são os principais executores do plano.

Outras gerências: pessoa ou grupo lotado em outras gerências que não as diretamente envolvidas na execução do projeto, como área de pessoal e de contratações/suprimentos.

Fornecedores: pessoa, grupo ou organização que fornece bens e/ou serviços para o projeto (exemplo: empresa a cargo das reindustrializações dos rolos de moenda).

2.8 O GERENTE DE PROJETOS

"Toda realização da Administração é também a realização de um dirigente. Todo fracasso representa o fracasso de um dirigente. A visão, a dedicação e a integridade dos gerentes determinam se existe uma Administração ou um mau gerenciamento." (Peter F. Drucker).

O Gerente de projetos, também denominado Gerente de planejamento, um profissional ainda tão desconhecido, deve fazer o quê? Como deve se posicionar dentro da organização? Que metas deve perseguir? Que ferramentas deve usar?

Em primeira instância, o gerente de projetos é o profissional diretamente responsável pelo planejamento do projeto; por conseguinte, pelos estudos de viabilidade e de exequibilidade e pela mobilização e intercomunicação de todos os recursos necessários ao zelo pelas metas do projeto.

Por mais perfeita que seja qualquer técnica de gerenciamento e *software* empregado, os gerentes de projetos devem possuir alguns atributos essenciais, os quais determinam a probabilidade de que em cada organização os projetos sejam executados o mais próximo possível das metas. Porém, devemos sempre ter em mente que técnicas de administração e *software* apenas determinam e facilitam métodos de gerência, mas o que efetivamente pesa nos resultados é a real mecânica gerencial da organização, se é dinâmica e participativa ou burocrática e abúlica.

Para bem exercer sua função, um gerente de projetos deve possuir, necessariamente, alguns atributos, os quais são apresentados resumidamente a seguir.

Autoridade: "Direito ou poder de se fazer obedecer, de dar ordens, de tomar decisões, de agir etc." [Aurélio]; deve ser suficiente para estabelecer os parâmetros e métodos de execução e controle nos projetos em planejamento e, nos projetos já aprovados e em andamento, reprogramar tarefas, alterar métodos executivos, alterar agendamento de recursos, comprar, contratar e substabelecer tanto os recursos previstos quanto os emergenciais necessários ao sucesso do projeto, obedecendo a limitantes preestabelecidos e prestando contas a posteriori sobre suas deliberações.

Liderança: a capacidade de liderança envolve diretamente pessoas, estabelecendo a direção a ser seguida e as estratégias a serem implementadas, para atingir determinado objetivo, também alinhando, motivando e inspirando as pessoas, de forma a conseguir a união de esforços, a superação de limites e a participação proativa de todas as partes envolvidas.

Capacidade gerencial: segundo Kotler é a "capacidade de produzir resultados que atendam, de forma consistente, às principais expectativas das partes envolvidas"; tanto na fase de planejamento quanto nas de execução e controle são muitos e diferentes os resultados a serem produzidos e as partes envolvidas, sendo, portanto, essencial ao gerente de projetos a capacidade gerencial.

Discernimento: a capacidade de julgar de forma clara e sensata se mostra necessária quando o gerente de projetos deve decidir sobre a melhor solução para um problema, que pode ser de natureza técnica, gerencial ou interpessoal, ou ainda quando é necessário negociar escopo, custo, prazo, alocação de recursos ou qualquer outro item que provoque algum tipo de impacto no projeto ou no produto final.

Aconselhamos a todos aqueles que se interessam pelo tema de Gerenciamento de projetos que conheçam uma organização denominada *Project Management Institute (PMI- www.pmi.org)*. É um órgão não governamental de abrangência internacional, voltado para a divulgação das boas técnicas de gerenciamento de projetos, com representações no Brasil em vários estados. Acesse o site pmi.org, para obter mais informações.

CAPÍTULO 3

TÉCNICAS DE GERENCIAMENTO DE PROJETOS APLICADAS À ENTRESSAFRA

Apresentamos as técnicas e meios de gerenciamento de projetos aplicados em software e como usa-los em manutenção de entressafra, essa base de conhecimento será útil na compreensão das práticas deste trabalho.

3.1 ORGANIZAÇÃO E PRINCIPAIS VISUALIZAÇÕES

3.1.1 Estrutura Analítica do Projeto (EAP)

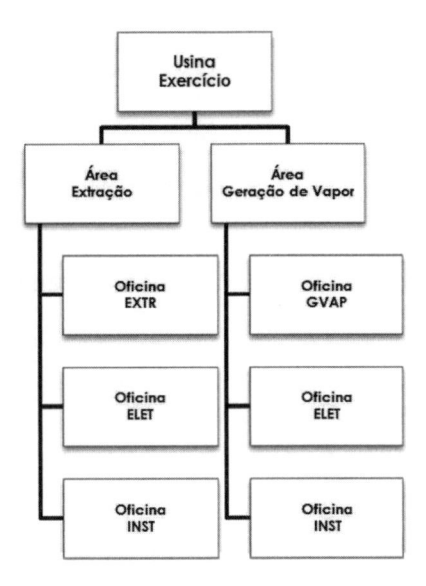

Figura 3.1 - Estrutura Analítica de Projeto

Existe em projetos uma representação gráfica, denominada Estrutura Analítica de Projeto (EAP) ou *Work Breakdown Structure* (*WBS*), que tem como principal objetivo agrupar os elementos do projeto, de forma a identificar os subprodutos componentes e, por conseguinte, representar claramente o escopo do projeto. O Departamento de Defesa dos Estados Unidos utiliza a WBS como sua principal ferramenta para definir e gerenciar projetos, descrevendo-a na norma Military Standard (MIL-STD) 881B 25 Mar 93 como "A *Work Breakdown Structure* é uma árvore genealógica orientada a produtos, sendo composta por *hardware*, *software*, serviços, dados e recursos. Exibe e define o produto ou os produtos a serem desenvolvidos e/ou produzidos e relaciona os elementos do trabalho a ser realizado entre si e com relação ao(s) produto(s) final(is)." Essa ferramenta recebe no MS Project em português a denominação de Estrutura de Divisão do Trabalho (EDT).

A EAP implementa a abordagem gerencial *top-down*, com a organização em níveis sucessivos de detalhamento desde o mais alto nível decisório, descendo pela estrutura de organização do projeto, até o nível de onde são originadas as informações, o que facilita o processo de identificação de necessidades, nas fases de iniciação e planejamento, e de gerenciamento das partes, nas fases de implementação e controle.

O MS Project não fornece diretamente essa ferramenta gráfica, no entanto, dispõe de recursos que permitem hierarquizar as tarefas, atendendo plenamente aos objetivos básicos do Gráfico EAP. Na verdade, trata-se de um Gráfico de Gantt combinado com o Gráfico EAP, pois não só serve para a identificação da subordinação das tarefas, como também a todo o mecanismo de agrupamentos, totalizações e subtotalizações baseados nessa representação hierárquica.

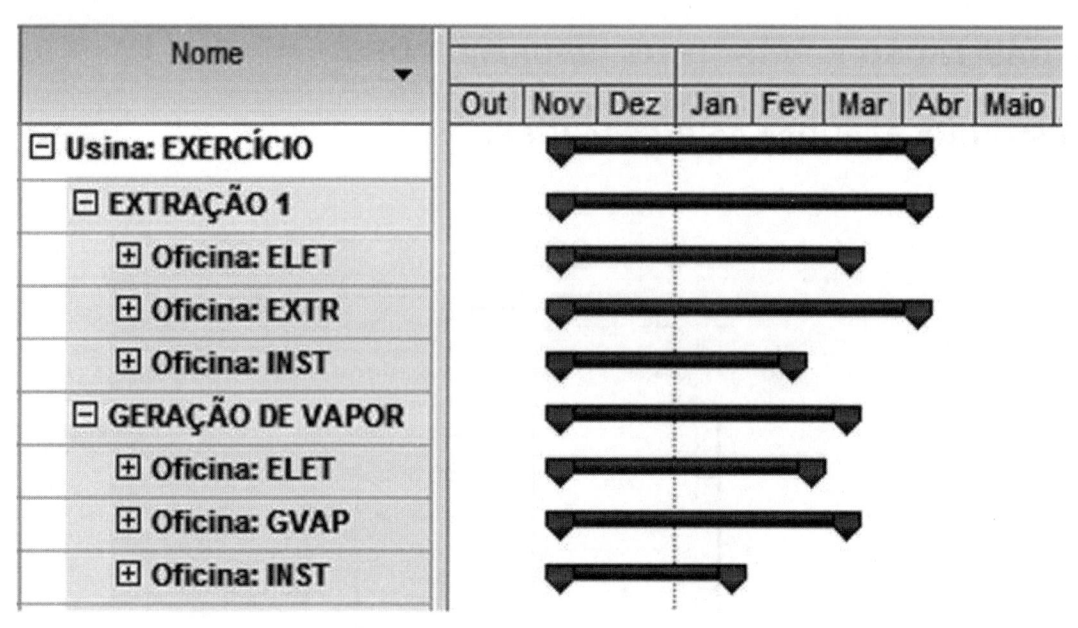

Figura 3.2 - Gráfico de Gantt hierarquizado segundo a EAP

Uma EAP deve definir e representar o escopo de um projeto. É necessário termos claramente definidos escopo de projeto e escopo de produto, dois conceitos totalmente distintos.

Escopo do projeto é somente o trabalho necessário ao cumprimento do objetivo definido para o projeto. O escopo do projeto deve contemplar clara e explicitamente cada um dos subprodutos e respectivos processos necessários para gerar o produto final do projeto, de acordo com suas características e funcionalidades e, por conseguinte, indicar todo o trabalho necessário à execução do projeto.

3.1.2 Gráfico de Gantt

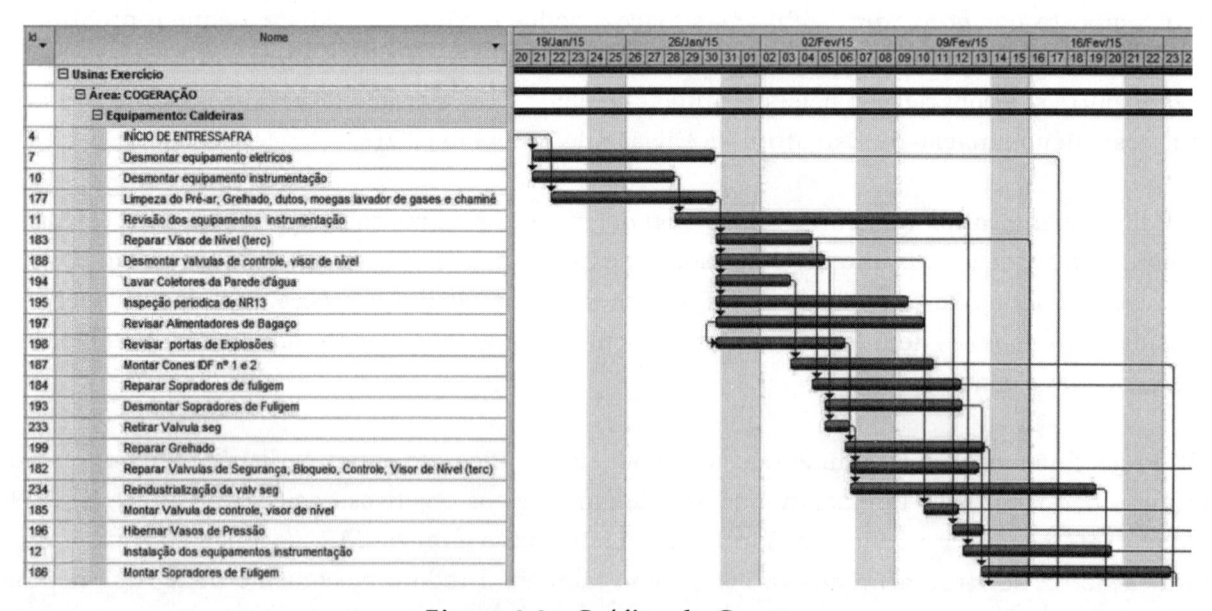

Figura 3.3 - Gráfico de Gantt

CAPÍTULO 3 TÉCNICAS DE GERENCIAMENTO DE PROJETOS APLICADAS À ENTRESSAFRA

A primeira ferramenta moderna direcionada para a gerência de projetos foi criada em 1918 por Henry L. Gantt, engenheiro industrial norte-americano. Também conhecida como Cronograma de Barras ou Diagrama de Gantt, essa ferramenta é usada para a apreciação tanto de tarefas (Gantt de Tarefas) quanto de recursos (Gantt de Recursos), sendo mais comum o de tarefas. Neste tipo, cada uma das barras horizontais representa a duração de uma tarefa e as divisões verticais representam unidades de tempo, podendo-se então deduzir que quanto maior a barra horizontal, maior será a duração da tarefa. O Gráfico de Gantt representa muito bem a ideia de simultaneidade e temporalidade das tarefas, mas, no caso de grandes projetos, é muito difícil a visualização da ordem de execução das tarefas (rede de precedência), mesmo com o uso de setas indicativas de ligação.

O objetivo fundamental do Gráfico de Gantt é apontar o aspecto cronológico das tarefas (período de execução, data de início, data de término) e auxiliar na compreensão do caminho crítico do projeto.

É bastante comum no exercício da gerência de projetos a utilização de um Gráfico de Gantt estruturado de forma a representar a hierarquia definida na EAP para o projeto. O resultado é um gráfico que apresenta simultaneamente o aspecto cronológico das tarefas, pelas barras de tarefas associadas a uma escala de tempo, características do Gráfico de Gantt, e o aspecto hierárquico do projeto, representado por uma estrutura que reflete a hierarquia definida na EAP pela organização tendo os níveis inferiores mais recuados (processo em documentação de informática chamado de indentação).

Uma das formas de organizarmos um plano de entressafra é catalogarmos as tarefas por área (localização física) e subdividir pelas oficinas, isto é, pelo conjunto de profissionais que executam os serviços de entressafras naquela área. Assim, podemos ver não apenas o estágio da evolução dos trabalhos por cada uma das áreas, como também podemos observar, dentro de cada área, o andamento oficina a oficina. Assim, no nosso exemplo, a organização que daremos por principal tem no primeiro nível as áreas e no segundo nível as oficinas.

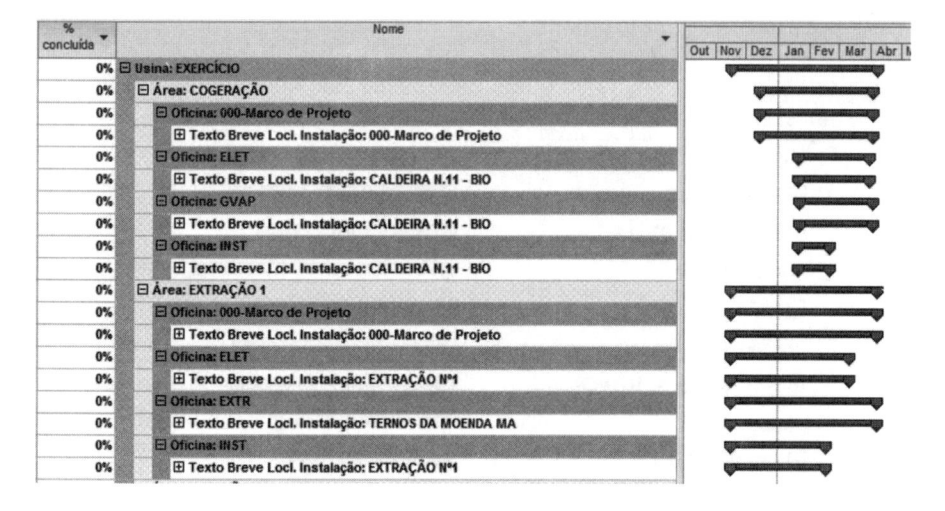

Figura 3.4 – Gráfico de Gantt

O fato de haver oficinas com o mesmo nome das áreas ocorre por existirem na usina funcionários típicos lotados em uma área ligada diretamente às estruturas e ao desenvolvimento da produção como, por exemplo, a área de extração, na qual é extraído o caldo de cana, que será convertido em açúcar e etanol; assim, na área de extração trabalham os próprios funcionários lotados na oficina extração, como também atuam lá durante a entressafra funcionários de outras oficinas, como as de elétrica e instrumentação que servem a todas as outras áreas da usina.

Entretanto, uma organização do plano vista com uma estrutura diferente pode ser interessante, principalmente para o chefe de cada uma das oficinas, pois ele verá o andamento dos trabalhos dos *recursos* da oficina que ele comanda, subdivididos por cada uma das áreas, podendo assim melhor avaliar em que segmento concentrar esforços para reduzir possíveis atrasos.

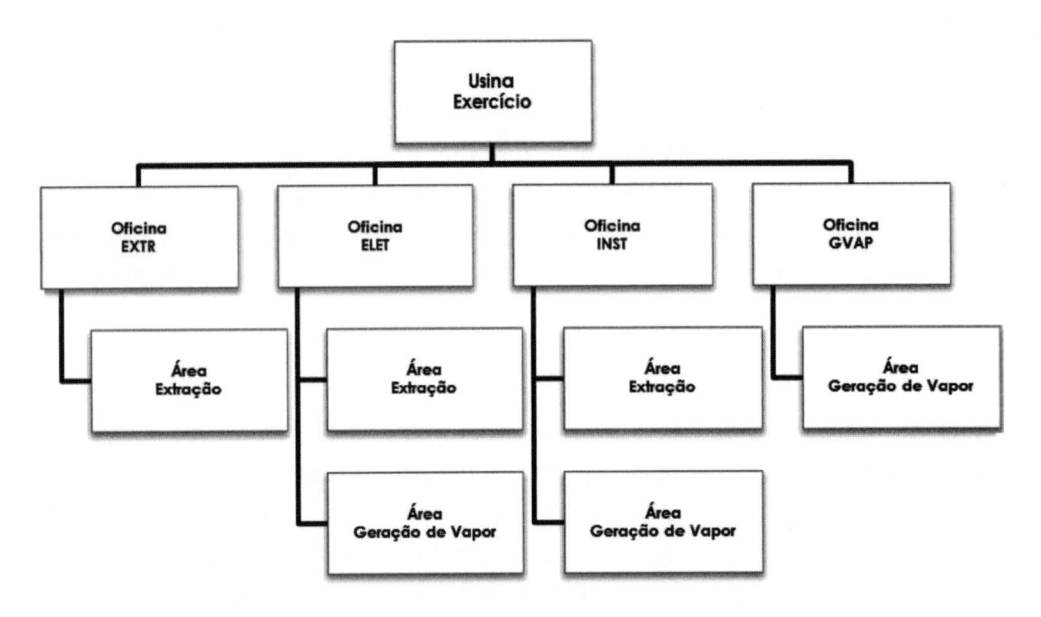

Figura 3.5 – EAP (Usina, Oficina e Área)

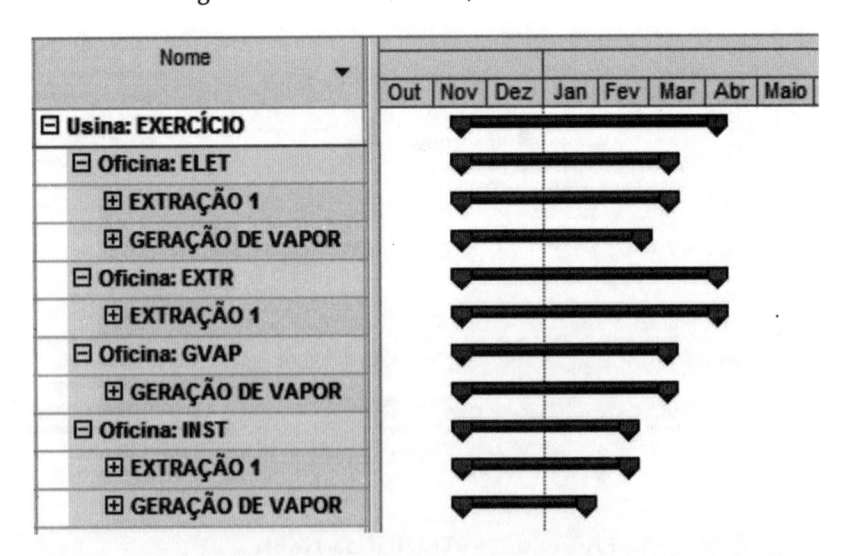

Figura 3.6 - Gráfico de Gantt hierarquizado segundo a EAP

Como poderá ser visto mais adiante na evolução do nosso exercício, o MS Project tem como mostrar um plano baseado em diferentes formas de organização, desde que se saiba como tirar proveitos dos agrupamentos e dos campos personalizados.

Esses elementos diferenciadores, que serão os elementos básicos de agrupamentos (Áreas e Oficinas), foram criados e definidos em campos personalizados que estão inseridos no nosso arquivo-modelo vazio, que o leitor pode baixar do nosso *site*.

A funcionalidade de grupos (ou agrupamentos) do MS Project possibilita que tenhamos um plano possível de ser interpretado com as duas diferentes estruturações que apresentamos.

3.1.3 PERT/CPM

Tratamos aqui de duas técnicas distintas, porém bastante semelhantes, que normalmente são utilizadas em conjunto.

PERT ou *Program Evaluation and Review Technique* é uma técnica para gerenciamento de projetos criada no final da década de 50 pela Marinha norte-americana, a fim de auxiliar no projeto do míssil Polaris, pois esse se mostrava muito extenso e de vital importância quanto ao cumprimento dos prazos estabelecidos.
A técnica PERT dá tratamento probabilístico às durações das tarefas, determinando-as pela média ponderada entre previsões pessimistas, prováveis e otimistas na qual, geralmente, as previsões pessimistas e otimistas têm peso proporcional a 1 e a provável tem peso proporcional a 4.

A técnica CPM ou *Critical Path Method* foi criada em 1956 pela Dupont, em função dos insucessos no cumprimento dos prazos para lançamento de novos produtos e recebeu inicialmente a denominação Kelley-Walkers. Por exigir muitos cálculos, em 1957 foi convertida para o uso em computadores Univac através de associação com a Remington Rand e se tornou o primeiro *software* comercial de gerenciamento de projetos, sendo desde então a metodologia mais usada em todo o mundo. Dá tratamento determinístico às durações das tarefas, baseado em uma estimativa única e introduziu um novo conceito quando definiu o caminho crítico do projeto como aquele que merece especial atenção do gerente de projeto, por ser o fator determinante da duração do projeto como um todo, pois, baseando-se no sequenciamento e duração das tarefas, aponta aquelas que têm maior ou menor flexibilidade no cronograma.

A técnica PERT/CPM possui a Rede PERT como sua representação gráfica, sendo constituída de diversas formas geométricas (geralmente retângulos) distribuídas e ligadas por setas. As figuras geométricas representam tarefas (atividades) e as setas representam a dependência cronológica (ordem de precedência) entre as tarefas.

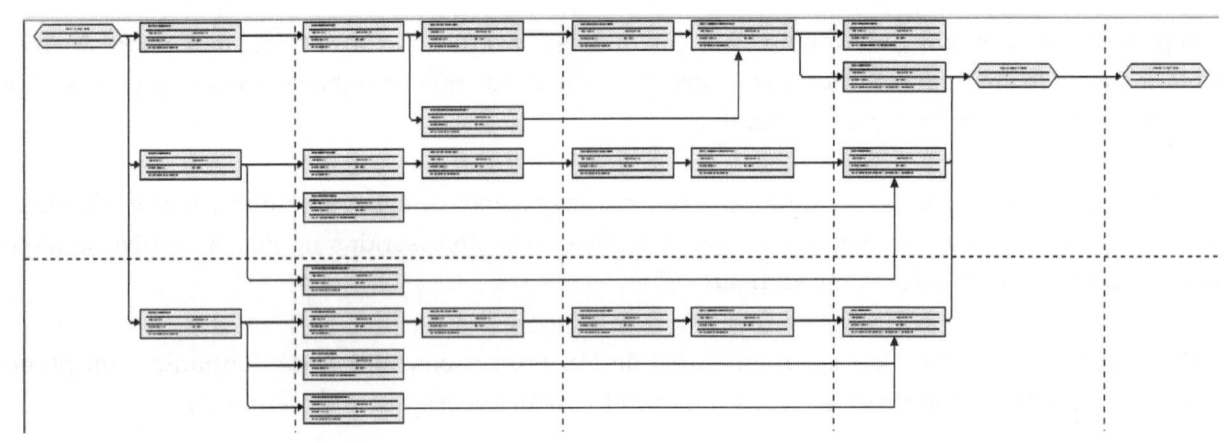

Figura 3.7 - Rede PERT

O emprego da Rede PERT, assim como do Gráfico de Gantt ou da Estrutura Analítica de Projeto, de forma alguma é a solução dos problemas do gerenciamento de projetos, pois se baseia em informações que podem trazer uma série de imprecisões, contudo, trata-se de um instrumento eficiente para a análise do administrador do projeto, que tem à mão uma forma mais clara e resumida de corrigir distorções no planejamento, identificar inconsistências nas informações, acompanhar o desenvolvimento do projeto e poder apresentá-lo de forma extremamente nítida à equipe envolvida.

Em uma visão simplista da rede PERT, podemos dizer que é a representação em que blocos denotam as tarefas de um projeto e as setas constituem a ordem de execução dessas tarefas (precedência), indicando assim uma dependência de execução. Foi a partir dessa ideia simples que foram criados os conceitos de folgas e caminho crítico. Modernamente em grandes projetos, a rede PERT sobrevive como a ideia que estabelece essa ordem de dependência/precedência entre as tarefas e estabelece os processos de cálculos dessas importantes grandezas do projeto (folgas e caminho crítico), uma vez que sua representação gráfica com milhares de tarefas (o que acontece em grandes projetos atuais) não tem caráter prático.

3.2 ELEMENTOS BÁSICOS DO GERENCIAMENTO DE PROJETOS

3.2.1 Tarefas

Tarefas são os passos necessários à execução de um projeto.
Através das tarefas devemos representar tudo aquilo que é necessário ser feito, todos os processos ou ações a serem executados, para atingir o objetivo final designado para o projeto.

É de grande importância a correta definição das tarefas, pois através delas é determinado o escopo do projeto. Pelas durações estimadas das tarefas associadas às suas relações de precedência é determinado o prazo do projeto; e a alocação de recursos às tarefas determina o custo do projeto.

De forma geral, as tarefas nos projetos devem representar ações aplicadas a um local específico com um resultado definido que libera esse local para outra ação, podendo pela especificidade das ações requerer diferentes executores (desmontar terno de moenda, reparar terno de moenda, montar terno de moenda).

As tarefas possuem como principais características duração, ordem de execução, tipo de ligação, folga, *latência*, restrição e os recursos necessários à realização. Existem tarefas que por suas particularidades merecem ser observadas/vigiadas por diferentes perspectivas.

Tarefa crítica: tarefa com folga total igual a zero ou a menor folga total admitida como risco para o projeto.

Tarefa não crítica: tarefa que pelo percurso restante dela até o caminho crítico tenha folga total maior que zero ou maior que a menor folga total admitida como risco para o projeto.

Tarefa sumário: tarefa totalizadora utilizada para montar a estrutura EAP. É tratada pelo MS Project como Tarefa de Resumo.

Marco temporal: não se trata de uma tarefa propriamente dita, pois possui duração igual a zero. Não aloca recursos e não produz nada, servindo para destacar um momento importante no projeto, normalmente uma posição-chave cronológica ou de associação de precedências (como marcos de início de entressafra e entrega para a operação). É tratado pelo MS Project como Etapa.

3.2.2 Duração

Durante a fase de planejamento, um processo importante é a definição da duração estimada de cada uma das tarefas componentes do projeto, e, para isso, devemos levar em conta o escopo do projeto, a necessidade de recursos, o método executivo a ser utilizado, premissas (suposições ou fatos considerados verdadeiros) estabelecidas e restrições, devendo nos basear no conceito de duração ideal resultante da alocação de quantidades ideais de recursos.

É comum as estimativas de duração partirem de pessoas ligadas à gerência da execução, com experiência relacionada à tarefa em questão ou, no caso de não partirem da gerência da execução, serem referendadas por essa gerência.

A duração efetiva total do projeto não é definida diretamente, mas calculada levando em conta não apenas as durações, mas também as precedências e restrições das tarefas componentes do caminho crítico. O desafio do planejador é organizar e coordenar técnicas e pessoal de tal forma que seu projeto seja executado entre as datas estabelecidas para início e término de entressafra.

3.2.3 Unidades de duração

As durações das tarefas podem ser estimadas utilizando qualquer unidade de tempo conhecida, sendo as mais utilizadas as unidades Horas, Dias e Semanas.

Normalmente, e principalmente quando utilizamos *software* de gerenciamento de projetos, as estimativas de duração são feitas em tempo útil de trabalho, por exemplo, horas úteis. Isso decorre da necessidade de fazermos frente ao dinamismo do projeto, no qual datas podem sofrer alterações e, consequentemente, as durações terem que se adaptar a um novo período de execução. Por exemplo, se uma tarefa que começa originalmente numa segunda-feira com duração estimada em cinco dias úteis sofrer adiamento de dois dias no início, seu término passará para a terça-feira da semana seguinte; se sua duração tivesse sido estimada em cinco dias corridos, na mesma situação de adiamento no início, seu término se daria no domingo, apontando trabalho no sábado e no domingo, normalmente dias de folga.

Em casos específicos podemos tratar as durações com unidades de tempo corrido, como, por exemplo, no caso de projetos inteiros ou tarefas executados sob regime especial de trabalho, sem folga. O MS Project tem mecanismos para tratar esse tipo de ocorrência, como calendários especiais e unidades de duração em tempo útil e em tempo corrido.

No caso da manutenção de entressafra é fundamental que trabalhemos usando como unidade padrão de duração a hora (H), ou mais precisamente a hora útil, pois assim é que são normalmente estimadas as atividades de manutenção.

3.2.4 Critérios para Estimativas

Existem basicamente quatro métodos para a definição da duração de uma tarefa, apresentados a seguir.

Histórico de tarefas similares: quando há ocorrência documentada de execução anterior de tarefas semelhantes à tarefa em questão, utilizamos a duração real da tarefa já executada como estimativa para a tarefa futura. É necessário analisar bem, para verificar se a similaridade é real e não apenas aparente, levando em conta inclusive circunstâncias específicas e nível de capacitação dos recursos alocados.

Quando temos várias ocorrências anteriores de tarefas similares, é necessário decidir como calcular a duração estimada a partir dessas informações, pois podemos utilizar várias fórmulas, cada uma das quais com vantagens e desvantagens, por exemplo:

A menor duração: tem como principal vantagem a possibilidade de diminuir o prazo total do projeto. Uma tarefa só impacta o prazo total se pertencer ao caminho crítico. A principal desvantagem é o aumento do grau de risco proporcional à diferença entre a menor duração e a duração média, ou seja, quanto maior essa diferença, maior o aumento do grau de risco; essa fórmula deve ser utilizada apenas quando o prazo for fundamental e o aumento do risco apresentar algum tipo de compensação, premiando os executores.

A maior duração: tem como principal vantagem a diminuição do grau de risco proporcional à diferença entre a maior duração e a duração média; quanto maior essa diferença, maior a diminuição do grau de risco. Tem como principal desvantagem a possibilidade de aumento do prazo total do projeto; essa fórmula deve ser usada quando o nível de risco for muito grande e o prazo não for componente significativo.

Média das durações: a estimativa baseada na média das durações documentadas se apresenta como uma possibilidade de consenso, balanceando bem vantagens e desvantagens, e sendo a mais indicada para casos genéricos, em que não haja necessidade de pressionar um ou outro fator específico. Deve haver atenção nas características de equipamentos específicos que façam fugir dessa média.

Outras fórmulas: existe ainda a possibilidade de tantas outras fórmulas derivadas dessas três apresentadas, como, por exemplo, cálculo PERT (probabilístico), média excluindo a maior e a menor, a segunda maior, a terceira menor etc.

Consulta a técnico especializado: mesmo com estimativas advindas de históricos, é muito conveniente que um técnico especializado, um supervisor, comente os levantamentos históricos para fazer algum ajuste quando ele entender que para um determinado equipamento, nas suas atuais condições, aquela estimativa não se aplica. Também usada quando não existe a ocorrência de tarefas similares e podemos solicitar uma avaliação especializada, feita por um profissional ou grupo de profissionais com experiência e/ou conhecimento comprovado. A informação desejada pode estar disponível em várias fontes, por exemplo, outras unidades da organização, consultores, partes envolvidas com o projeto, associações técnicas etc.

Estimativa métrica: em muitas áreas encontramos bibliografia descrevendo composições unitárias para a execução de tarefas, que indicam a quantidade necessária de trabalho para cada recurso envolvido e podem ser utilizadas no cálculo das durações estimadas. Por exemplo, produzir desenho unifilar formato A3 envolve 6h de desenhista e 30min de supervisor. Note que as composições apontam quantidade de trabalho que, para gerar duração, deve levar em consideração a estimativa de quantidade de recursos alocados. Essas composições apontam para unidades de produção, por exemplo, escavar $1m^3$ de solo, e a multiplicação de uma unidade pela quantidade necessária ao projeto pode produzir desvios bastante significativos, visto que a margem de erro sempre embutida nessas composições aumenta proporcionalmente e muitas vezes deixa de ser real.

Prática atual de mercado: é a consulta a fornecedores e prestadores de serviços dos prazos atualmente empregados por eles na realização de tarefas como as do nosso projeto. Como entre uma entressafra e outra decorre um ano, é muito comum que, em face de fatos como aquecimento/ desaquecimento do mercado dos prestadores de serviços do setor, haja significativas diferenças entre o prazo que um prestador de serviços irá dispender para, neste ano, executar o mesmo serviço que ele executou no ano passado (uma das formas de previsão para as primeiras estimativas de serviços de terceiros como reindustrializações).

3.2.5 Precedência

Uma relação de precedência entre tarefas acontece quando o início ou término de uma tarefa apresenta algum tipo de dependência técnica frente ao início ou término de outra tarefa, indicando que a realização de determinadas tarefas se constitui de alguma forma como pré-requisito essencial para a realização de outras.

O encadeamento, fruto das relações de precedência entre tarefas, determina a ordem de execução do projeto ou sua rede de precedência.

Todas as tarefas componentes de um projeto devem, necessariamente, possuir predecessora(s) e sucessora(s), com exceção da primeira tarefa do projeto que só tem sucessora(s) e da última que só tem predecessora(s).

Esse é um princípio obrigatório. Uma tarefa que não se enquadre nele não deve fazer parte do projeto, pois não é necessária ao projeto ou efetivamente não pertence a ele. Por exemplo, uma tarefa que não seja a última do projeto e que não possua uma sucessora nos leva a crer que não é necessária ao projeto, pois não há qualquer elemento no projeto que dependa da sua execução.

Note que esse preceito parte da premissa que estabelece que um projeto deve ter um único ponto de início e um único ponto de término, sendo que ambos podem ser representados por uma tarefa ou por um marco temporal.

A ordem de execução das tarefas deve ser ditada por fator de ordem puramente técnica, não devendo nunca ser relacionada com disponibilidade de recursos ou qualquer outro fator circunstancial. Por exemplo, imaginemos um projeto com as seguintes tarefas:

1. Instalar tanque A
2. Instalar tanque B
3. Conectar tanques

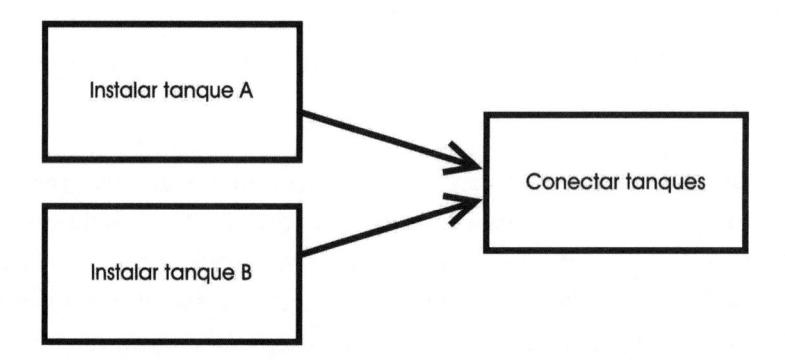

Figura 3.8 - Ordem de precedência técnica

Deve ficar claro que a única representação correta de precedência para este projeto é a mostrada na figura acima. Mesmo que desde o início do planejamento fique claro que as duas tarefas iniciais não poderão ser executadas simultaneamente devido a limitações de recursos, a solução desse fato deve ser alcançada pela operação de nivelamento de recursos, que irá postergar o início de uma das duas tarefas, acabando com a simultaneidade entre elas sem, contudo, alterar sua ordem de precedência.

De forma alguma dê a este projeto ou a qualquer outro caso análogo uma precedência na forma indicada pela figura abaixo, pois esta representação falha, não admitindo a hipótese de disponibilização de mais recursos, o que permitiria a execução simultânea daquelas tarefas, e ainda admitindo que atrasos em uma tarefa refletem sobre outra sem que existam razões técnicas para tal.

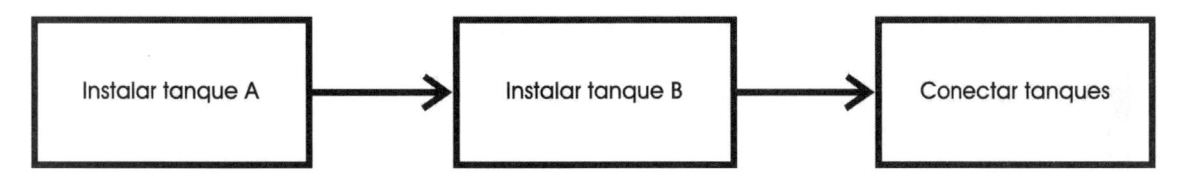

Figura 3.9 - Ordem de precedência errada

É absolutamente essencial entender que o MS Project e outros programas de *software* de gerenciamento de projetos são ferramentas e, como tal, foram projetados para operar de determinadas formas, baseados em determinados princípios. O usuário não pode, em hipótese alguma, querer que uma ferramenta trabalhe exatamente como ele deseja; ele é que tem que aprender a manejar a ferramenta de acordo com os princípios para a qual foi projetada.

3.2.6 Ligação

Para cada relação de precedência estabelecida é necessária uma apreciação sobre que tipo de pré-requisito está envolvido, com o objetivo de esclarecer o tipo de ligação que deverá ser estabelecido na relação. As relações de precedência permitem quatro diferentes tipos de ligação.

Se, para ter início, uma tarefa necessita que outra tenha sido concluída, deve ser utilizada uma ligação do tipo TI (Término/Início), na qual fica estabelecido que é necessário terminar a predecessora para ter início a sucessora. É o tipo de ligação que é a mais comum. É muito raro encontrarmos um projeto no qual esse tipo de ligação não represente pelo menos 75% das ligações empregadas.

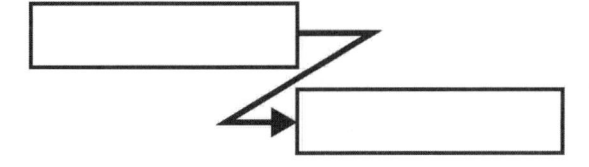

Figura 3.10 - Vínculo Término/Início

Se, para ter início, uma tarefa necessita que outra também tenha sido iniciada, deve ser utilizada uma ligação do tipo II (Início/Início), na qual fica estabelecido que é necessário iniciar a predecessora para ter início a sucessora. Depois da ligação TI (Término-Início) esse é o tipo de ligação que mais encontraremos.

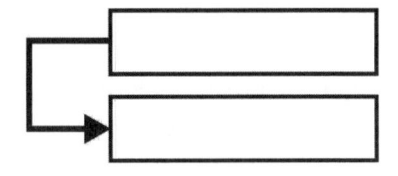

Figura 3.11 - Vínculo Início/Início

Apresentamos a seguir um esquema que pode ajudar a um primeiro entendimento do emprego desses 2 tipos de ligação:

Nome da tarefa	Duração
Reparar Grelhado	50 hrs
Revisar portas de Explosões	40 hrs
Revisar Alimentadores de Bagaço	60 hrs
Hibernar Vasos de Pressão	16 hrs
Inspeção periodica de NR13	54 hrs
Lavar Coletores da Parede d'água	16 hrs
Desmontar Sopradores de Fuligem	48 hrs

Figura 3.12 – Emprego de diferentes ligações II e TI

Para a remoção dos eixos, não é preciso que toda a tarefa de Desmontagem completa do terno esteja concluída; após o segundo dia da Desmontagem completa do terno já há condições para que a tarefa de Remoção dos eixos seja iniciada. Já a tarefa de Reparo das bases do terno requer, para ser iniciada, que a tarefa de Desmontagem completa do terno esteja 100% concluída.

Se, para ter fim, uma tarefa necessita que outra tenha sido concluída, deve ser utilizada uma ligação do tipo TT (Término/Término), na qual fica estabelecido que é necessário terminar a predecessora para terminar a sucessora.

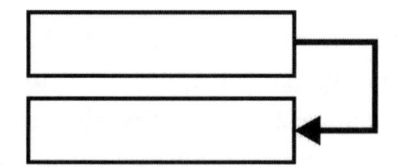

Figura 3.13 - Vínculo Término/Término

Se, para ter fim, uma tarefa necessita que outra tenha sido iniciada, deve ser utilizada uma ligação do tipo IT (Início/Término), na qual fica estabelecido que é necessário iniciar a predecessora para terminar a sucessora.

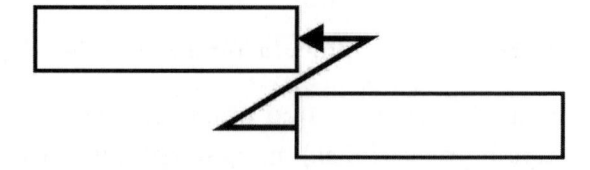

Figura 3.14 - Vínculo Início/Término

3.2.7 Latência

É um intervalo de tempo mínimo obrigatório entre duas tarefas específicas, não gerando custos para o projeto por não existir a participação de recursos e fugindo da interferência do gerente do projeto, que não tem como alterá-lo. Por exemplo, o tempo de sedimentação de uma reação físico-química (cura do concreto) ou o prazo dado por um fornecedor para a entrega de um produto encomendado (entrega de correntes).

Latência se diferencia de folga por dois aspectos distintos: primeiro, a latência é determinada explicitamente pela gerência de projetos, enquanto a folga aparece espontaneamente como resultado das durações, precedências e restrições de datas definidas para as tarefas; segundo, a duração da latência é fixa e só varia por interferência direta da gerência de projetos, enquanto a extensão da folga varia sempre que variam as durações, precedências e restrições de datas das tarefas.

3.2.8 Folga

Folga é um intervalo de tempo existente entre duas tarefas proveniente do sequenciamento estabelecido para as tarefas do projeto como um todo ou da restrição à data de início ou de término imposta a uma das tarefas. Uma tarefa está sujeita a dois tipos de folga.

Folga livre: é a quantidade de tempo que a data de término de uma tarefa pode ser adiada sem comprometer o andamento das tarefas subsequentes, calculada pela subtração entre data de término da tarefa corrente e data de início da tarefa sucessora.

Folga total: é a quantidade de tempo que a data de término de uma tarefa pode ser adiada sem comprometer o andamento das tarefas críticas subsequentes, calculada pelo somatório das folgas livres da tarefa corrente, incluindo até a primeira tarefa crítica.

Na figura a seguir, desenvolvemos uma rede de precedência na qual a Tarefa B e a Tarefa D têm início simultâneo, uma vez que ambas têm como predecessora a Tarefa A, e a Tarefa C e a Tarefa E também têm início simultâneo, uma vez que ambas têm como predecessora a Tarefa B.

Observe que entre a Tarefa D e a Tarefa E existe um intervalo de 3 dias, o que significa que a Tarefa D pode sofrer atraso de até 3 dias sem que isso comprometa a data estabelecida para o início de sua sucessora, a Tarefa E. Entre a Tarefa E e a Tarefa F existe um intervalo de 2 dias, a Tarefa E pode sofrer atraso de até 2 dias sem que isso comprometa a data estabelecida para o início de sua sucessora, a Tarefa F. Assim, a Tarefa D tem folga livre de 3 dias e a Tarefa E tem folga livre de 2 dias.

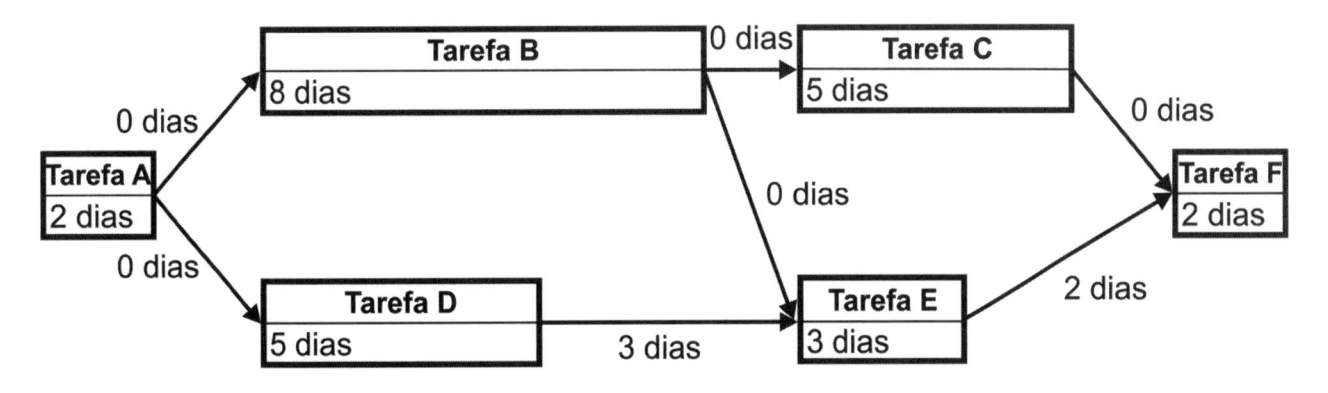

Figura 3.15 - Folga livre

Note ainda que a Tarefa D pode atrasar até 5 dias sem que isso cause impacto na data de início da Tarefa F, visto que a própria Tarefa D tem folga livre de 3 dias e a sua sucessora Tarefa E tem folga livre de 2 dias, folgas estas que absorveriam o atraso. Portanto, a Tarefa D tem folga total de 5 dias, pois ela pode atrasar em até 5 dias sem prejuízo para o final do projeto.

A Tarefa E tem folga livre igual à folga total, pois não possui sucessoras com folga livre.

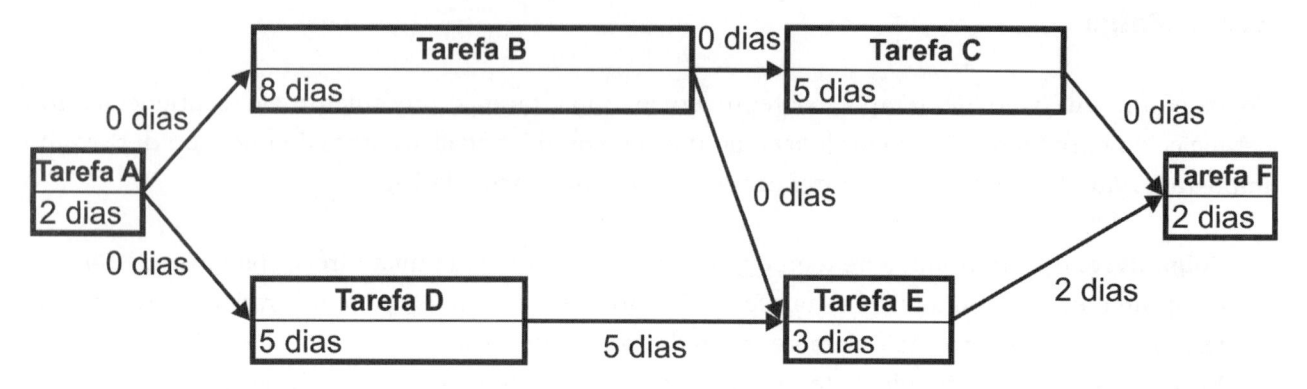

Figura 3.16 - Folga total

3.2.9 Caminho Crítico

Caminho crítico é o caminho, da primeira à última tarefa do projeto, em que o somatório das folgas livres for menor.

É extremamente importante a identificação do caminho crítico do projeto, visto que é esse que determina a duração total do projeto e, portanto, a probabilidade de um impacto em qualquer tarefa componente do caminho crítico impactar o projeto como um todo é muito grande.

Geralmente o caminho crítico é composto por tarefas críticas, porém é possível um caminho crítico com incidência de folga em uma de suas tarefas componentes, portanto, com tarefa(s) não crítica(s). Essa situação geralmente é provocada pela existência de uma ou mais datas restritivas nas tarefas componentes do caminho crítico.

3.2.10 Restrição

As restrições tratadas pelo gerenciamento de projetos podem se referir a escopo, custo ou prazo, determinando limitações, geralmente táticas, que deverão ser obedecidas pelo projeto. Vamos nos ater à discussão das restrições de datas, que são limitações aplicáveis a datas de início e/ou de término de tarefas para adequá-las a exigências circunstanciais, podendo afetar o desempenho do projeto.

Em determinadas situações a data de início ou de término de uma tarefa, calculada a partir das durações das tarefas predecessoras e do sequenciamento imposto pelas relações de precedência, pode não se mostrar a mais adequada, devendo se adequar a exigências tais como fornecimento de material ou equipamento não contemplado no projeto, disponibilidade de agendamento de elementos externos, sazonalidade, datas e/ou prazos estabelecidos por lei etc. Essas exigências externas são tratadas como restrição de data.

Ao indicar uma relação de precedência entre duas tarefas com ligação do tipo TI (Término/Início), entendemos que a tarefa sucessora deve iniciar logo após o término da anterior, ou seja, possui uma restrição do tipo **O mais breve possível**.

O mais breve possível e **O mais tarde possível** são os dois tipos mais elementares de restrição, existindo outras seis possibilidades: **Não iniciar antes de, Não iniciar depois de, Não terminar antes de, Não terminar depois de, Deve iniciar em** e **Deve terminar em**. Algumas vezes é necessário estabelecer que o início de uma tarefa não aconteça antes de uma determinada data, por exemplo, por limitações sazonais, situação que devemos atender pela utilização de uma restrição do tipo **Não iniciar antes de**. Outra possibilidade pode ser a necessidade de não terminar uma tarefa depois de uma determinada data, por exemplo, por questões mercadológicas, situação resolvida pela utilização de uma restrição do tipo **Não terminar depois de**. As restrições do tipo **Não iniciar depois de** e **Não terminar antes de** são de uso menos frequente, porém bastante úteis em situações específicas, e as restrições **Deve iniciar em** e **Deve terminar em** devem ser evitadas, por estabelecer marcos extremamente rígidos, contrapondo-se ao dinamismo inerente ao gerenciamento de projetos, o que provoca problemas sérios e frequentes nas operações de recálculo do projeto.

Observe a figura a seguir, que indica a ordem de execução de um projeto, no qual todas as tarefas têm início logo ao término da predecessora. Dizemos que essas tarefas possuem restrição do tipo **"O mais breve possível"**.

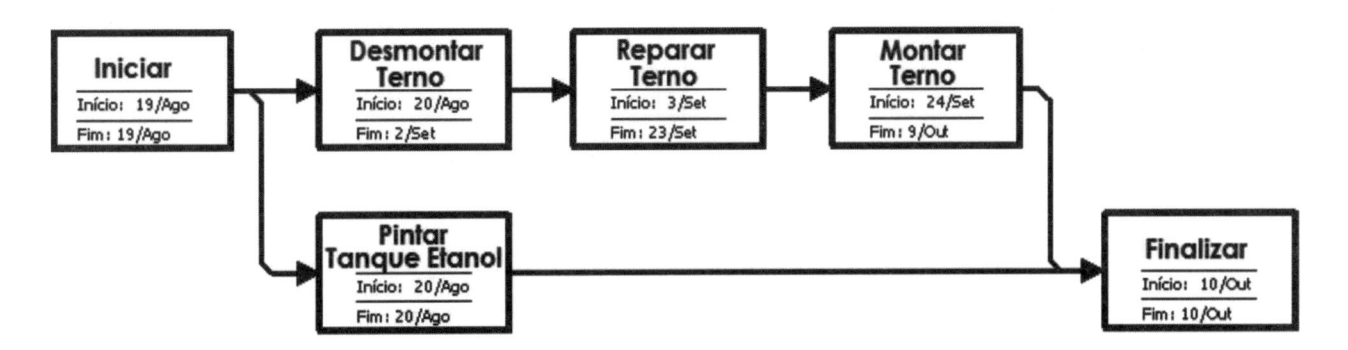

Figura 3.17 - Restrição O mais breve possível

Não é interessante que a pintura se dê com tanto tempo de folga para a finalização do projeto, pois até lá há muitas possibilidades de sujar tal pintura. O mais recomendável nesse caso é o emprego da restrição o mais tarde possível, que fará com que a tarefa de pintura se desloque no cronograma de forma a ficar com folga zero da sua sucessora, a finalização da manutenção.

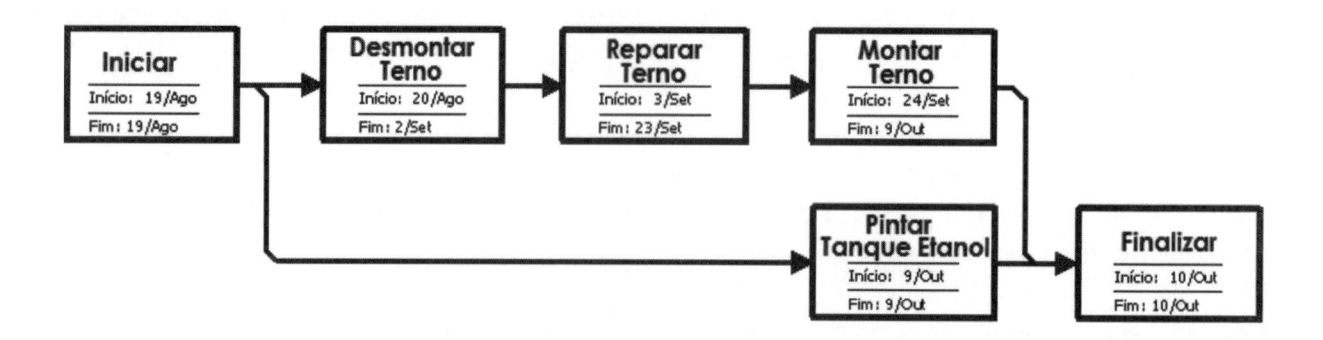

Figura 3.18 Restrição O mais tarde possível

3.2.11 O Mecanismo Provável, Meta e Real

Todas as informações em um projeto referentes a prazo, custo e trabalho apresentam três aspectos distintos: provável, meta (Linha de base) e real.

Informação original	Desdobramento
Data de início	Data de início provável
	Data de início meta
	Data de início real
Data de término	Data de término provável
	Data de término meta
	Data de término real
Duração	Duração provável
	Duração meta
	Duração real
Custo	Custo provável
	Custo meta
	Custo real
Trabalho	Trabalho provável
	Trabalho meta
	Trabalho real

Tabela 3.1 - Informações do tipo provável, meta e real

CAPÍTULO 3   TÉCNICAS DE GERENCIAMENTO DE PROJETOS APLICADAS À ENTRESSAFRA   •   43

Cada um dos três aspectos é absolutamente essencial ao desenvolvimento do trabalho da gerência de projetos, sendo tratados de formas distintas em cada fase da operação e oferecendo parâmetros distintos.

A seguir desenvolvemos um exemplo que, tomando por base as datas de início e término das tarefas, apresenta a evolução dessas informações e suas implicações através das diferentes fases do gerenciamento de projetos.

Quando do planejamento inicial de um projeto, é usual estabelecer a data provável de início dele, as tarefas que o constituem, uma estimativa da duração de cada tarefa e sua ordem de execução (ordem de precedência). Basta isso para que tenhamos condições de cálculo das datas de Início provável e de Término provável de cada uma das tarefas, como mostra a figura a seguir. Durante a fase de planejamento as informações tratadas são do tipo provável.

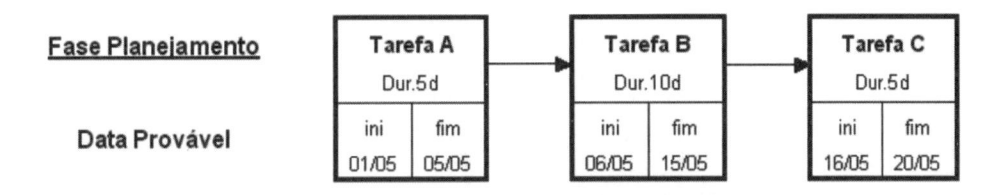

Fase Planejamento	Tarefa A		Tarefa B		Tarefa C	
	Dur.5d		Dur.10d		Dur.5d	
Data Provável	ini	fim	ini	fim	ini	fim
	01/05	05/05	06/05	15/05	16/05	20/05

Figura 3.19 - Datas do tipo provável

Quando o planejamento estiver concluído, comprovando que o projeto é viável e exequível, e antes do início da execução, deve ser efetuado o procedimento denominado Determinação de metas do projeto, o qual preenche os campos do tipo Meta com informações copiadas dos seus respectivos campos do tipo Provável, como mostra a figura a seguir. Informações do tipo Meta representam o compromisso de execução do projeto, o contrato assinado, portanto, não devem ser alteradas durante a fase de execução, diferentemente das informações do tipo Provável que, como veremos adiante, sofrem operações de atualização frente à entrada de dados do tipo Real. O MS Project em português trata Início Meta como Início da Linha de base e Término Meta como Término da Linha de base.

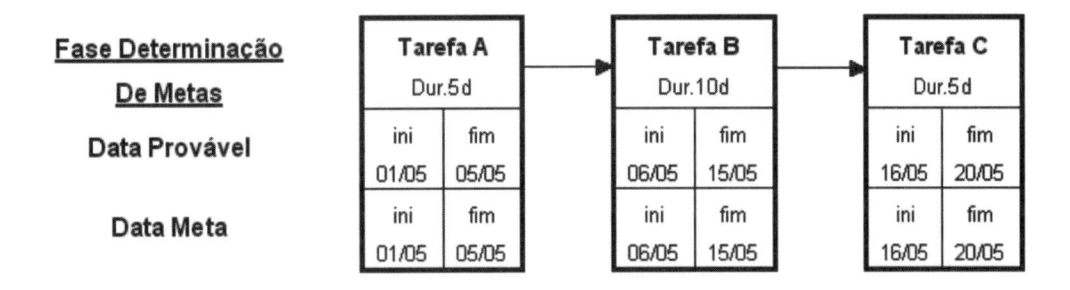

Fase Determinação De Metas	Tarefa A		Tarefa B		Tarefa C	
	Dur.5d		Dur.10d		Dur.5d	
Data Provável	ini	fim	ini	fim	ini	fim
	01/05	05/05	06/05	15/05	16/05	20/05
Data Meta	ini	fim	ini	fim	ini	fim
	01/05	05/05	06/05	15/05	16/05	20/05

Figura 3.20 - Datas do tipo provável e do tipo meta

Ao entrar na fase de acompanhamento, o projeto começa a receber informações do tipo Real, que retratam a realidade da evolução da execução e se denominam, no caso das datas, Início real e Término real. As informações do tipo Real representam sempre o passado, algo que já aconteceu, portanto, ao lançar no projeto uma data de início real, fica implícito que a tarefa já começou efetivamente, acontecendo o mesmo fato com a data de término real. Quando do lançamento de datas reais de início e término de tarefas que apresentem diferenças frente ao programado, as datas prováveis das tarefas sucessoras diretas e indiretas são automaticamente reprogramadas pelo *software*, mostrando então a importância da operação de determinação de metas efetuada ao final da fase de planejamento, sem a qual seriam perdidas todas as informações definidas naquela etapa do projeto, como mostra a figura a seguir.

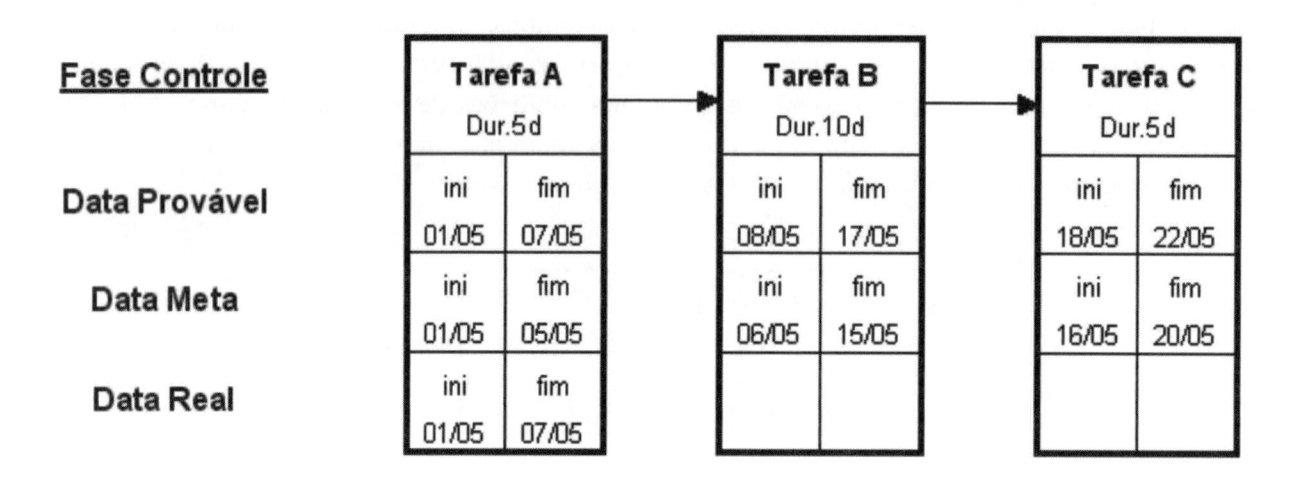

Fase Controle	Tarefa A Dur.5d		Tarefa B Dur.10d		Tarefa C Dur.5d	
	ini	fim	ini	fim	ini	fim
Data Provável	01/05	07/05	08/05	17/05	18/05	22/05
	ini	fim	ini	fim	ini	fim
Data Meta	01/05	05/05	06/05	15/05	16/05	20/05
	ini	fim				
Data Real	01/05	07/05				

Figura 3.21 - Datas do tipo provável, do tipo meta e do tipo real

Note que apresentamos aqui as implicações sobre as datas de início e término das tarefas, porém estas implicações recaem, de forma similar à apresentada, sobre todos os campos sujeitos ao enfoque Provável, Meta e Real.

Concluindo:

Informações tipo Provável representam o planejamento original, porém sofrem ajustes durante a execução/controle para refletir as variações advindas da realidade da execução.
Informações tipo Meta representam o compromisso assumido, o contrato assinado, o ideal a ser alcançado, não devendo ser alteradas.
Informações tipo Real representam o que efetivamente aconteceu no projeto.

As distorções do projeto são representadas sob dois aspectos distintos:

Distorção efetiva é o desvio real e irreversível, por retratar algo que já tenha acontecido, calculado pela diferença entre Real e Meta; por exemplo, atraso, adiantamento ou estouro de custo.
Distorção projetada é o desvio projetado, futuro, portanto reversível, calculado pela diferença entre Provável e Meta; por exemplo, projeção de atraso, projeção de adiantamento ou projeção de estouro de custo.

3.3 RECURSOS

Recursos são todos os elementos físicos necessários à realização de um projeto.

Tarefas representam ações, procedimentos a serem cumpridos para atingir o objetivo do projeto e, para que sejam realizadas, é necessária a utilização de recursos. Para gerenciar, assim como para executar projetos, é necessário o cumprimento de diversos procedimentos, os quais utilizam recursos.

Recursos são sempre limitados no que diz respeito à sua disponibilidade, o que gera sérias limitações para a gerência dos projetos quando da alocação dos recursos às tarefas, requerendo atenção redobrada na gerência desses recursos.

Efetivamente, o que representa o custo de um projeto é o desembolso necessário para habilitar os recursos que executarão as tarefas. Dizemos que tarefas não têm custo, o que custa são os recursos necessários à execução das tarefas. Portanto, a utilização racional dos recursos é fator primordial ao sucesso do projeto no aspecto de custos.

Os recursos impactam diretamente todos os quatro elementos do triângulo do projeto: trabalho, custo, prazo e qualidade.

Como podemos ver, o perfeito gerenciamento de recursos é essencial ao desenvolvimento de qualquer projeto. Tão essencial e complexo que, dentro da estrutura de gerência de projetos, temos três áreas se dedicando à gerência de recursos.

A gerência de custos, que define quais recursos devem ser orçados e utilizados, com que características, quando, e em que quantidade.

A gerência de recursos humanos, que procura tornar mais efetivo o uso dos recursos humanos envolvidos no projeto, incluindo todas as partes envolvidas direta ou indiretamente.

A gerência de suprimentos, que disponibiliza, por compra ou contratação, os recursos externos à organização executora necessários à gerência ou à execução do projeto.

Os recursos devem ser caracterizados, sempre que possível, de forma impessoal, pela sua descrição ou caracterização funcional. Por exemplo, não devemos cadastrar o recurso José e sim o recurso Engenheiro de Produção, que é a função exercida pelo José na organização, assim como não devemos cadastrar o recurso Caminhão placa AAA1234 e sim o recurso Caminhão basculante 10 ton. Isso se deve, principalmente, ao fato de poder existir mais de uma quantidade de cada recurso funcional, sendo mutuamente substituíveis, e a abordagem funcional facilita esse processo. Note que é possível haver distinção de especialização, produtividade, custo etc. dentro da classificação funcional como, por exemplo, Programador ASP e Programador Delphi ou Engenheiro Mecânico júnior e Engenheiro Mecânico sênior, facilitando os processos de gerenciamento de projetos e dando maior nível de exatidão ao projeto.

3.3.1 Os Diferentes tipos de Recursos

Os recursos, sob a ótica do gerenciamento de projetos, podem ser de quatro tipos distintos, conforme descrito a seguir.

Mão de obra: são os recursos humanos necessários ao projeto, não apenas o quadro de funcionários da organização, mas qualquer recurso humano que tenha o custo contabilizado pela quantidade de horas trabalhadas, podendo ser, por exemplo, contratados serviços externos que, se cobrados por hora de trabalho, são caracterizados como mão de obra. São classificados como tipo trabalho, consomem horas de trabalho, afetam a duração de tarefas controladas por esforço e têm seu custo originado na taxa padrão de remuneração do profissional por hora de trabalho, acrescida ou não de encargos trabalhistas e previdenciários.

Máquina/equipamento: são os recursos renováveis ou bens depreciáveis; podem ser reutilizados em mais de uma tarefa do mesmo projeto ou de projetos diferentes. São classificados como tipo trabalho, consomem horas de trabalho, afetam a duração de tarefas controladas por esforço e têm seu custo calculado, geralmente, por valor de depreciação contábil + custo operacional (consumo de energia ou combustível, seguro, manutenção preventiva etc) tomando por base a unidade de tempo hora.

Material consumível: representa os recursos consumíveis ou bens não depreciáveis, aqueles que se extinguem durante a execução da tarefa ou se tornam imprestáveis para reutilização. São classificados como tipo material, não consomem horas de trabalho, não afetam a duração de tarefas e têm seu custo calculado pelo custo unitário de reposição.

Terceiro: são os recursos, geralmente externos à organização executora, que trabalham sob regime de empreitada por preço fixo, ou seja, o custo independe de possíveis variações na duração da tarefa durante seu curso ou na quantidade de trabalho. Dependendo da abordagem, podem ser classificados como tipo trabalho ou material, não consomem horas de trabalho ou, se consumirem, as horas de trabalho não são contabilizadas, não afetam a duração de tarefas e têm seu custo calculado pelo custo fixo total negociado.

Aqui cabe uma atenta diferenciação entre os recursos tipo Mão de Obra e Terceiros. Tais termos têm um emprego vulgar, corriqueiro, que é essencialmente diferente da visão que é fundamental para compreendermos o seu conceito de aplicação em Gerenciamento de projetos.

O recurso Terceiro não se trata apenas de um recurso "não próprio", mas, sobretudo de um recurso do qual você não deve nem tem como medir a disponibilidade, pois como contratado nessa modalidade de "empreitada" é dever contratual, dele dispor de todos os recursos necessários para executar o trabalho que você precisa, sem você ter de entrar no mérito da disponibilidade e de como ele vai gerir isso. Por isso é comum chamar recursos desta natureza como Empreiteiros.

Já o que realmente difere a Mão de Obra é que esse é um recurso cuja relação trabalho/custo é medida em horas e a disponibilidade é crucial. Imagine que você contratasse terceiros para auxiliarem suas equipes internas, juntando a força de trabalho, para resolver seus problemas de disponibilidade dos recursos próprios. Nesse caso, apesar de ser terceiro, na visão de um software de gerenciamento de projetos, tem de ser classificado como mão de obra, pois você tem de ter administração justamente sobre a relação quantidade de recursos x demanda. Essa forma de aplicação de recursos é chama de Recursos por Administração.

3.4 CUSTOS

3.4.1 Formas de Custeio

A todo recurso está alocado um custo. Existem três tipos de custos, cada um aplicável a determinados tipos de recursos.

Custo por hora: usado em recursos do tipo mão de obra, em que representa o valor de homem/hora e em recursos do tipo máquina/equipamento representa o valor de depreciação, podendo ser acrescentado a esse valor itens como consumo de combustível ou energia, manutenção preventiva, seguro etc.

Custo por uso: usado em recursos do tipo material consumível, representando o valor de mercado para reposição de uma unidade do material.

Custo fixo: usado para representar custos que não variam frente ao tempo ou à quantidade a ser empregada na tarefa. É geralmente associado a recursos do tipo empreiteiro e tem seu valor definido diretamente em cada tarefa em que participa.

3.4.2 Formas de Apropriação

Em gerenciamento de projetos, como já visto anteriormente, os custos estão diretamente associados aos recursos, em valores unitários. É pelo processo de alocação de recursos às tarefas que os custos são lançados, proporcionalmente à quantidade alocada, sob a ótica de custo por execução, nessas tarefas em primeira instância e no projeto por extensão.

Existem três formas distintas de apropriação de custos, indicando o momento da execução da tarefa em que os custos aparecerão.

Pro rata **ou rateado:** os custos são apropriados de forma proporcional à programação de uso do recurso, sendo calculados multiplicando o valor unitário pela quantidade de horas de trabalho (se o recurso for do tipo trabalho) ou de unidades consumidas (se o recurso for do tipo material) a ser utilizada na unidade de tempo e apresentando o resultado dentro de uma escala de tempo. Essa forma de apropriação geralmente é associada a recursos do tipo trabalho.

Ao início: o custo total de execução da tarefa é assumido assim que a tarefa iniciar, conforme indicado pela data de início. Essa forma de apropriação de custos geralmente é associada a recursos do tipo material consumível, do subtipo matéria-prima.

Ao término: o custo total de execução da tarefa é assumido quando a tarefa termina, conforme indicado pela sua data de término. Essa forma de apropriação de custos geralmente é associada a recursos do tipo material consumível, do subtipo produto acabado, ou empreiteiro.

3.5 CONFLITO DE RECURSOS

Conflito de Recursos é a situação causada pela necessidade momentânea de alocar uma quantidade de recursos não disponível.

Em um determinado momento o projeto necessita utilizar uma quantidade de recursos não disponível. Essa situação é destacada como um conflito de recursos.

Dizemos que um recurso está em conflito, ou sobrealocado, quando não possui quantidade disponível suficiente para atender a um conjunto específico dentre as tarefas que lhe estão designadas. Note que a indisponibilidade é um fator temporal, o recurso está em conflito em um determinado momento do projeto, não conseguindo atender a um determinado conjunto de tarefas dentre todas as que lhe foram designadas.

A gerência de projetos geralmente encontra sérias dificuldades para utilizar a quantidade ideal de cada recurso; isso acontece porque recursos são finitos e também pelo fato de serem os responsáveis pela determinação dos custos do projeto. O usual é alocar, na primeira etapa do planejamento, a quantidade ideal de recursos para cada tarefa e, num segundo momento, verificar a melhor opção para resolver cada um dos conflitos que se apresentam, sendo essa operação de resolução de conflitos denominada Nivelamento de recursos.

Nivelamento de recursos é o procedimento pelo qual são solucionados os conflitos de recursos existentes no projeto.

Existem diversos procedimentos para a solução de conflitos que, normalmente, competem à gerência de projetos, sendo que a maioria deles impacta prazos e/ou custos do projeto. A seguir apresentamos os principais.

Realocar recursos: se uma das tarefas geradoras do conflito possuir folga e for dirigida por esforço, podemos diminuir a quantidade alocada do recurso em conflito até o limite no qual o aumento de duração da tarefa, proveniente da diminuição da quantidade de recurso, seja absorvido pela folga. Essa é uma ótima possibilidade, visto que não impacta o custo nem o prazo do projeto.

Disponibilizar mais recursos: é possível aumentar a disponibilidade através de vários meios, dependendo do tipo do recurso e da situação específica, por exemplo, contratar mão de obra temporária, alugar um equipamento ou negociar a transferência de um recurso de outra área da organização. Esse procedimento não impacta prazos, mas atente para o fato de que o processo de disponibilizar o recurso pode onerar o projeto.

Postergar tarefas: se o conflito de recursos é gerado por tarefas simultâneas, uma possibilidade é adiar o início de uma das tarefas para após o término da outra, atentando para postergar a tarefa que tiver maior folga livre ou total, de forma a impactar o mínimo possível o prazo do projeto. Esse procedimento não impacta custos, mas pode impactar o prazo total do projeto, se nenhuma das tarefas possuir folga suficiente.

O MS Project possui um método para nivelamento de recursos, que, a partir de um *Pool* de recursos (o contingente executante) e da determinação da alocação desse contingente nas tarefas, identifica a indisponibilidade de recursos, avalia em quanto monta a indisponibilidade e, dependendo da metodologia empregada pelos profissionais que desenharam o plano, tem o próprio *software* para gerar um plano exequível pelo deslocamento de tarefas ou identificar a quantidade a mais de recursos que deve chegar ao projeto para que esse seja exequível dentro dos prazos estabelecidos. Basicamente, o que determina qual das tarefas será postergada na operação de nivelamento por *software* é o critério de folgas: a tarefa que tiver maior folga livre ou total será postergada. Essa operação de nivelamento é um algoritmo fantástico do *software* capaz inclusive de resolver problemas de alocação de recursos (conflitos) entre diferentes projetos, sendo para isso necessária a criação de um arquivo específico, o qual funciona como um *Pool* de recursos, identificando os diversos recursos que a organização tem à disposição e compartilhando-os entre os diferentes projetos.

3.5.1 Nivelamento de Recursos

A maioria dos *softwares* de gerenciamento de projetos apresenta ferramentas voltadas para a solução do problema de exequibilidade de projeto, isto é, transformar um cronograma primeiramente apenas viável tecnicamente em um cronograma exequível. A ferramenta procura identificar conflitos de recursos, quando a demanda momentânea de um determinado recurso tal como apresentada por um cronograma for maior que a disponibilidade dele, e postergar tarefas, a princípio simultâneas, de forma a solucionar esse conflito obtendo um cronograma exequível.

No exemplo apresentado admitimos a execução de 5 tarefas com 1 dia de duração cada, as quais, para facilitar o entendimento, não apresentam relação de precedência.

Em cada uma das tarefas estão alocados 2 recursos em regime de dedicação integral, conforme descrito dentro das respectivas caixas. Portanto, na Tarefa 1 estão alocados os recursos Rec A e Rec B, na Tarefa 2 estão alocados os recursos Rec B e Rec C e assim sucessivamente.

Note que no dia 1 há 2 tarefas sendo executadas simultaneamente, Tarefa 1 e Tarefa 4, enquanto nos dias subsequentes é executada apenas 1 tarefa por dia.

Se levarmos em conta que no quadro de funcionários da organização executora existe apenas 1 quantidade de cada recurso, chegamos à conclusão que esse cronograma, mesmo sendo tecnicamente viável, enfrenta um problema sério de exequibilidade, já que no primeiro dia do projeto se apresenta uma demanda total de 2 unidades do recurso Rec A quando sua disponibilidade se limita a 1 unidade (1 un). Dizemos que o recurso Rec A está em conflito, pois em um determinado momento do projeto (dia 1) há uma demanda do recurso (2 un) superior à sua disponibilidade (1 un).

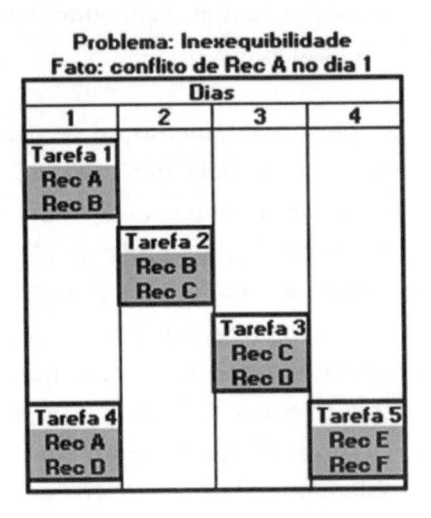

Figura 3.22 - O conflito

O *software*, pelo nivelamento, pode resolver esse conflito executando uma dentre duas operações. Atente para o fato de que a operação de nivelamento tem por finalidade apenas postergar tarefas, para garantir um cronograma exequível; ele não altera duração de tarefa nem quantidade de unidades de recursos alocados em tarefas. Ele apenas posterga as tarefas - é bom enfatizar.

Na primeira solução possível, apresentada a seguir, a operação de nivelamento implementou uma solução em cascata com 3 passos: quando empurrou a Tarefa 1 para o dia 2 solucionou o conflito de Rec A, mas causou um conflito de Rec B, quando empurrou a Tarefa 2 para o dia 3 solucionou o conflito de Rec B, mas causou um conflito do Rec C, somente quando empurrou a Tarefa 3 para o dia 4 conseguiu o *status* de exequibilidade para o projeto.

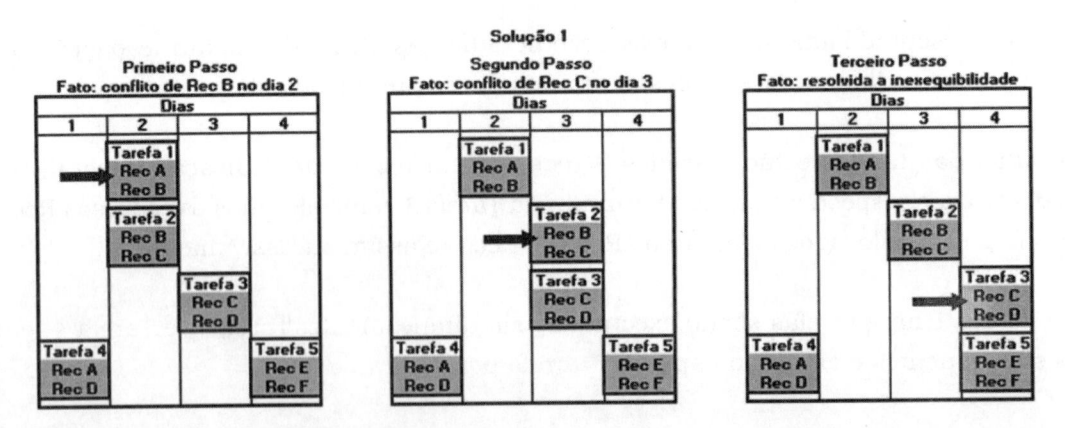

Figura 3.23 - Nivelamento de recursos - solução 1

Na segunda solução possível, mostrada a seguir, a operação de nivelamento implementou uma solução mais simples com apenas 1 passo: ao empurrar a Tarefa 4 para o dia 2 solucionou o conflito de Rec A, conseguindo o *status* de exequibilidade para o projeto.

Fato: resolvida a inexequibilidade

Dias			
1	2	3	4
Tarefa 1 Rec A Rec B			
	Tarefa 2 Rec B Rec C		
		Tarefa 3 Rec C Rec D	
	Tarefa 4 Rec A Rec D		Tarefa 5 Rec E Rec F

Figura 3.24 - Nivelamento de recursos - solução 2

Atenção: neste discurso didático não temos, a este instante, o interesse de debater qual das duas soluções será a optada pelo *software*; o que queremos é chamar absoluta atenção para o fato de que o procedimento, em tese, busca entre todas as soluções possíveis aquela que represente o menor risco de atraso possível ou o menor atraso, independentemente do que isso possa representar de trabalho para o *software*.

É importante chamar atenção também para o fato de que este algoritmo soluciona problemas de exequibilidade em um único projeto ou entre um conjunto de projetos que compartilhem um mesmo conjunto de recursos.

CAPÍTULO 4

CONFIGURAÇÕES BÁSICAS E PRIMEIRO EXERCÍCIO

Desenvolvemos um primeiro exemplo de gerenciamento de projetos por software aplicado a um cenário bem simples de manutenção (uma manutenção corretiva programada) para que o leitor tenha um primeiro contato com a combinação das ideias de Manutenção e Gerenciamento de Projetos.

4.1 CONFIGURAÇÕES MSPROJECT 2010

É necessário que ajustemos parâmetros no nosso MS Project para atender ao planejamento de manutenção e também à metodologia proposta.

4.1.1 Configurações Gerais

Abra o seu MS Project, vá em *Arquivo à Opções.*

Ficha Geral

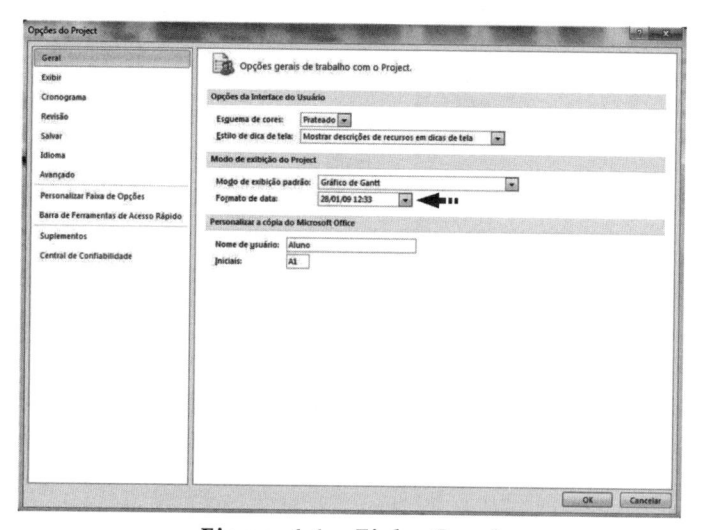

Figura 4.1 – Ficha Geral

Formato de datas: dd/mm/AA hh:mm - dia/mês/ano hora:minutos.

Ficha Exibir

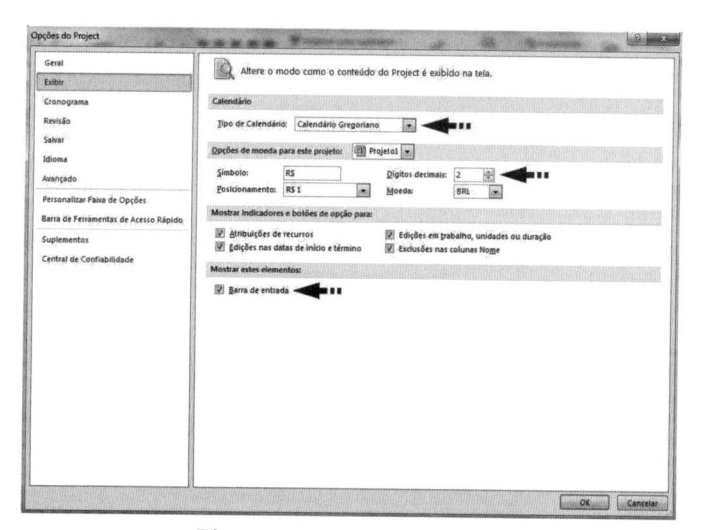

Figura 4.2 – Ficha Exibir

Observe na Figura 4.2 os campos marcados **Tipo de Calendário: "Calendário Gregoriano"**, **Dígitos decimais: "2" e a opção Barra de entrada que deve ficar selecionada**.

Ficha Cronograma – 1ª parte

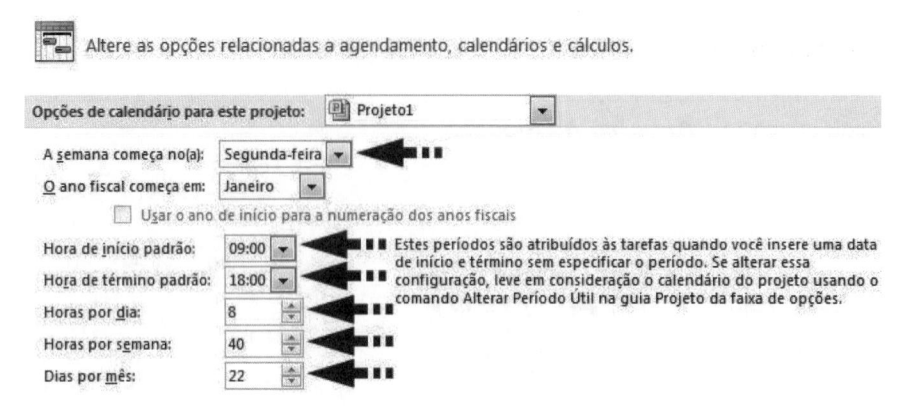

Figura 4.3 – Ficha cronograma

Observe:

A semana começa no(a): Segunda-feira

Hora de início padrão: 09:00.

Hora de término padrão: 18:00.

Horas por dia: 8.

Horas por semana: 40.

Dias por mês: 22.

Ficha Cronograma – 2ª parte

Figura 4.4 – Ficha Cronograma

Observe os campos marcados com setas:

Mostrar unidades de atribuição como: Decimal.
Novas tarefas criadas: Agendada Automaticamente
Duração inserida em: Horas.
Trabalho inserido em: Horas.
Tipo de tarefa padrão: Unidades Fixas.
Novas tarefas são controladas pelo esforço: Desmarcado.
Vincular automaticamente tarefas inseridas ou movidas: Desmarcado.

Ficha Avançado – 1ª parte

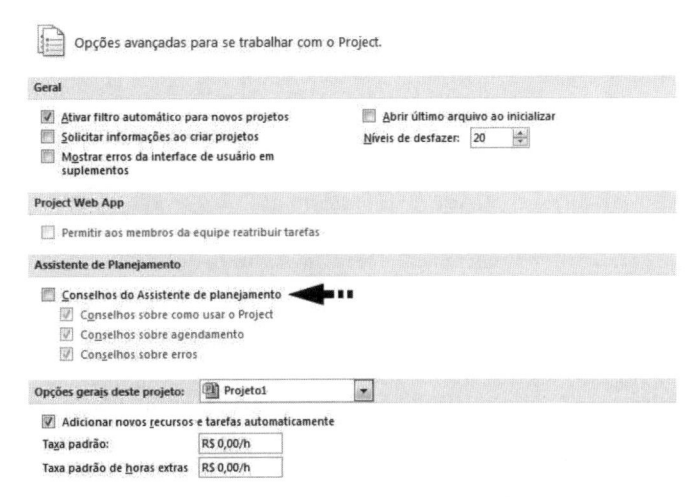

Figura 4.5 – Ficha Avançado

Desmarque a opção "Conselhos do Assistente de planejamento"

Ficha Avançado – 2ª parte

Figura 4.6 – Ficha Avançado

Ficha Avançado – 3ª parte

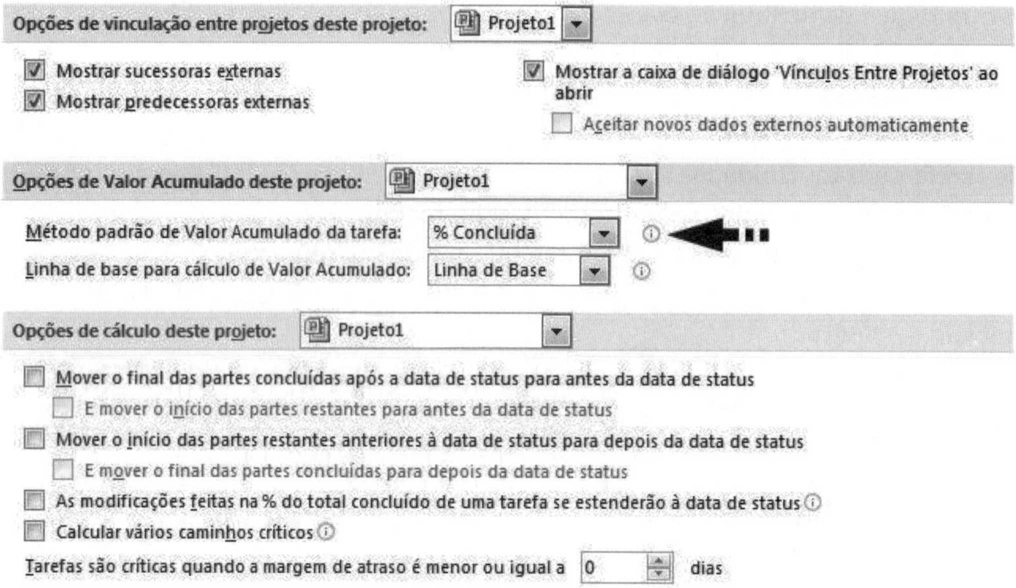

Figura 4.7 – Ficha Avançado

Marque a opção "Método padrão de Valor Acumulado da tarefa:" - % Concluída em seguida acione o botão OK para concluir as configurações iniciais.

Nas versões anteriores do MS Project há, dentre as opções de formatação do Gráfico de Gantt, a possibilidade de acesso direto a uma ferramenta denominada Assistente de Gráfico de Gantt, que abre uma sequência de janelas de diálogo com o objetivo precípuo de permitir ao usuário, em modo assistido e interativo, a personalização dos elementos componentes do Gráfico de Gantt.

Para aqueles usuários já habituados ao uso desse assistente ou que desejem utilizar um assistente durante a formatação do Gráfico de Gantt, existe a possibilidade de personalizar uma Faixa de Opções incluindo um botão para acesso ao Assistente de Gráfico de Gantt:

Acesse a faixa de opções **Arquivo à Opções**;
Na janela Opções do Project selecione no menu à esquerda a opção Personalizar a Faixa de Opções.
Na coluna Escolher comandos em selecione a opção Todos os Comandos e, no quadro abaixo, a opção Assistente de Gráfico de Gantt. Na coluna Personalizar a Faixa de Opções, selecione a guia na qual o botão deverá ser incluído e crie um grupo personalizado. Acione o botão Adicionar.

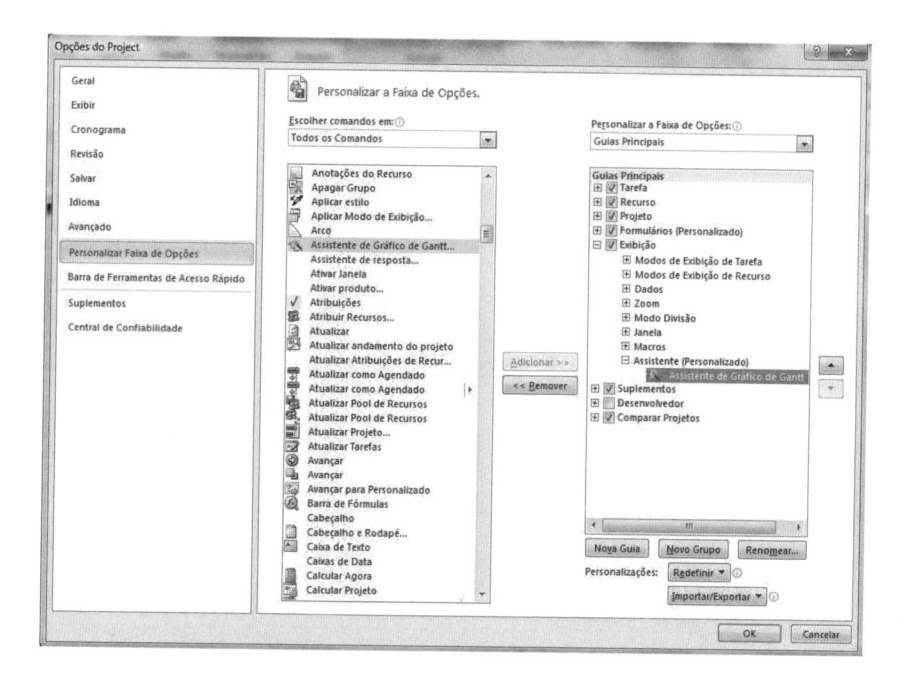

Figura 4.8 – Assistente de Gráfico de Gantt

4.2 CRIAÇÃO DE PROJETO DE MANUTENÇÃO EM UM SOFTWARE DE GERENCIAMENTO DE PROJETOS

4.2.1 Cenário

Imaginemos uma ação de manutenção para substituição de um tanque que está localizado no fundo de um largo duto, conforme representado no esquema abaixo. Deseja-se não apenas substituir o tanque, bem como aproveitar a oportunidade para a realização de reparos nos três ventiladores localizados no duto que leva a esse tanque, uma vez que eles têm de ser removidos para possibilitar o acesso.

4.2.2 Visão Esquemática do Trabalho

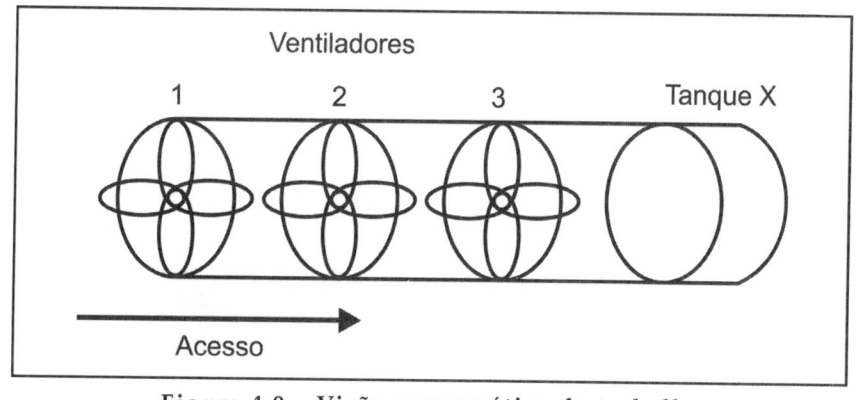

Figura 4.9 – Visão esquemática do trabalho

4.2.3 Recursos Disponíveis para o Projeto

Para executar tal projeto temos disponíveis os seguintes recursos:

Id	Nome do recurso	Tipo	Iniciais	Unid_máximas	Taxa_padrão	Taxa_h_extra	Acumular	Calendário_base
1	Ajudante	Trabalho	A	12	R$ 8,00/hr	R$ 12,00/hr	Rateado	Padrão
2	Mecânico	Trabalho	M	6	R$ 12,00/hr	R$ 18,00/hr	Rateado	Padrão

Tabela 4.1 – Recursos disponíveis

4.2.4 Cadastro de Recursos

Em *Exibição à Planilha de Recursos*, cadastre os recursos conforme apresentado na tabela 4.1. Observe que nesse primeiro exemplo temos apenas recursos tipo mão de obra. Para os campos **Acumular** e **Calendário base** aceitamos as opções *default*.

4.2.5 Estruturação (organização das tarefas) do Projeto

	Corretiva programada			
Marcos Iniciais	Remoção	Reparos	Instalação	Final
Desligamento	Ventilador 1	Ventilador 1	Ventilador 1	Religação
Condição OK	Ventilador 2	Ventilador 2	Ventilador 2	
	Ventilador 3	Ventilador 3	Ventilador 3	
	Tanque X		Tanque X	

Tabela 4.2 – Tarefas

4.3 O PLANEJAMENTO

4.3.1 Informações sobre o Projeto

Em *Projeto à Informações do projeto* caracterize o projeto segundo a janela de diálogo que se segue, na qual o fundamental é informarmos a data de início do projeto 17/11/2014 09:00.

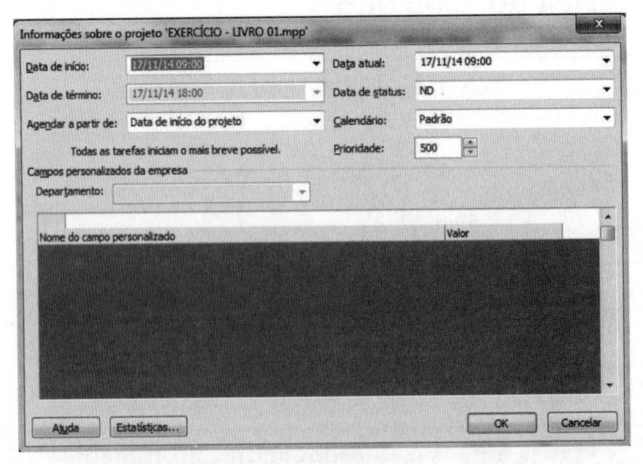

Figura 4.10 – Informações do projeto

No caso deste nosso exemplo, a única informação significativa é a data de início. No restante as opções *default* são satisfatórias.

4.3.2 Lançamento das Tarefas

Em ***Exibição à Gráfico de Gantt*** lance as tarefas conforme apresentadas na figura abaixo. Só execute o recuo, que destaca a estruturação das tarefas, depois de todas as tarefas digitadas.

Figura 4.11 – Lançamento de tarefas

Para fazer o recuo da tarefa ou grupo de tarefas, selecione a tarefa ou grupo de tarefas. No menu **Tarefa,** grupo de comandos **Cronograma,** clique no botão abaixo.

Figura 4.12 – Botão de recuo

Após essa digitação e ordenação das tarefas, lance as durações estimadas de cada tarefa.

4.3.3 Duração das Tarefas

Id	Nome	Duração
1	Corretiva programada	
2	Marcos Iniciais	
3	Desligamento	0 dias
4	Condição OK	0 dias
5	Remoção	
6	Ventilador 1	4 hrs
7	Ventilador 2	4 hrs
8	Ventilador 3	4 hrs
9	Tanque X	6 hrs
10	Reparos	
11	Ventilador 1	16 hrs
12	Ventilador 2	16 hrs
13	Ventilador 3	16 hrs
14	Instalação	
15	Ventilador 1	4 hrs
16	Ventilador 2	4 hrs
17	Ventilador 3	4 hrs
18	Tanque X	8 hrs
19	Final	
20	Religação	0 dias

Tabela 4.3 – Duração das tarefas

4.3.4 Lançamento das Precedências

Para construir a relação de precedência entre as tarefas, selecione Exibição e Detalhes.

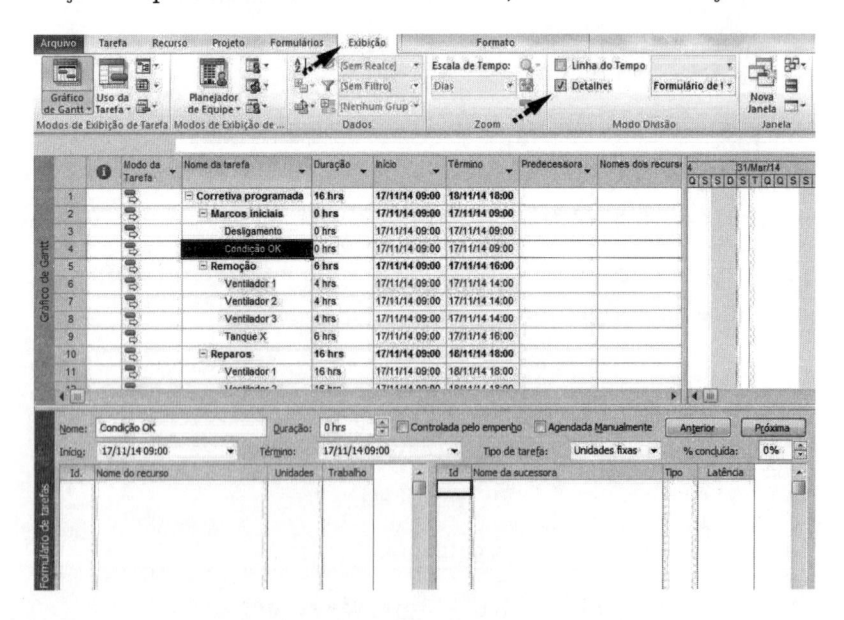

Figura 4.13 – Lançamento de tarefas

No plano inferior da tela preencha o campo Id., Tipo (TI – Termino Inicio, significa que a tarefa predecessora deve ser concluída para que sua sucessora se inicie) e Latência das predecessoras de cada tarefa conforme a tabela 4.4.

Id	Nome da tarefa	Duração	Id.	Tipo	Latência
1	**Corretiva programada**				
2	**Marcos Iniciais**				
3	Desligamento	0 dias	----	----	----
4	Condição OK	0 dias	3	TI	6 hrs
5	**Remoção**				
6	Ventilador 1	4 hrs	4	TI	----
7	Ventilador 2	4 hrs	6	TI	----
8	Ventilador 3	4 hrs	7	TI	----
9	Tanque X	6 hrs	8	TI	----
10	**Reparos**				
11	Ventilador 1	16 hrs	6	TI	----
12	Ventilador 2	16 hrs	7	TI	----
13	Ventilador 3	16 hrs	8	TI	----
14	**Instalação**				
15	Ventilador 1	4 hrs	11;16	TI	----
16	Ventilador 2	4 hrs	12;17	TI	----
17	Ventilador 3	4 hrs	13;18	TI	----
18	Tanque X	8 hrs	9	TI	----
19	**Final**				
20	Religação	0 dias	15	TI	----

Tabela 4.4 – Lançamento de precedências

Observe na tabela 4.4 e na figura 4.14 que a tarefa Condição OK, que é um Marco tem uma Latência para assinalar um intervalo de aguardo, para que o ambiente de trabalho tenha condições seguras de acesso. Neste exemplo, é o intervalo entre o desligamento daquela parte da instalação e a parada total dos ventiladores e demais cuidados com relação à elétrica (estática etc.).

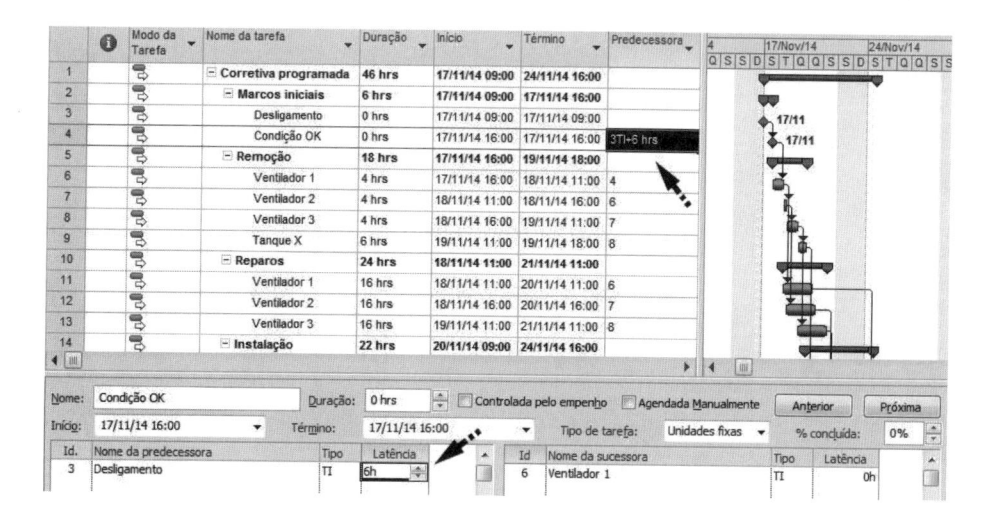

Figura 4.14 – Latência

Quando o Formulário de tarefas não for mais necessário, apenas remova o flag Exibir /Detalhes.

4.3.5 Caminho Crítico

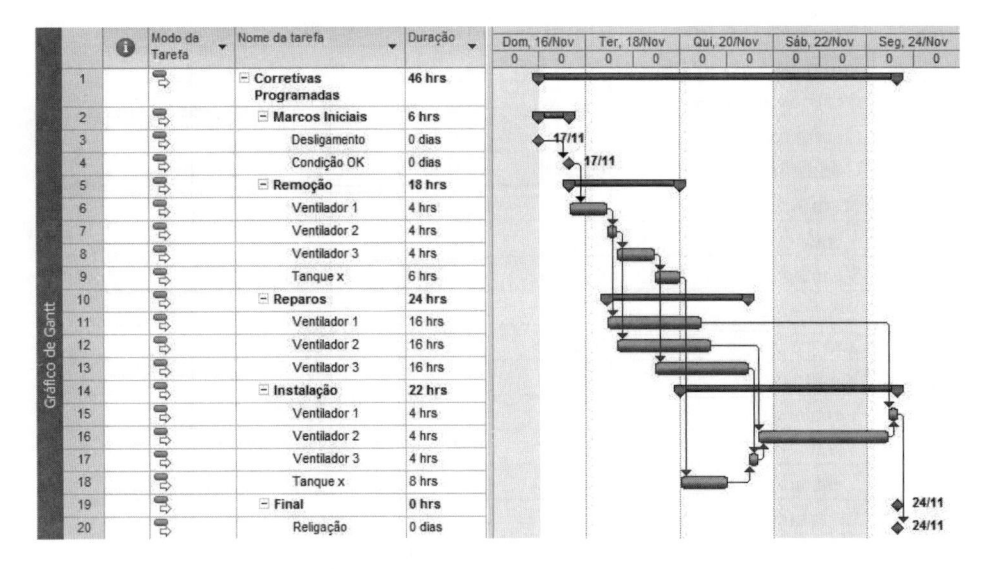

Figura 4.15 – Todas as tarefas

Para ver as tarefas do Caminho crítico vá ao menu **Exibição,** no submenu **Dados**, escolha o filtro "Crítica", conforme a figura 4.16. Ao selecionar esse filtro, apenas as tarefas do Caminho crítico serão mostradas.

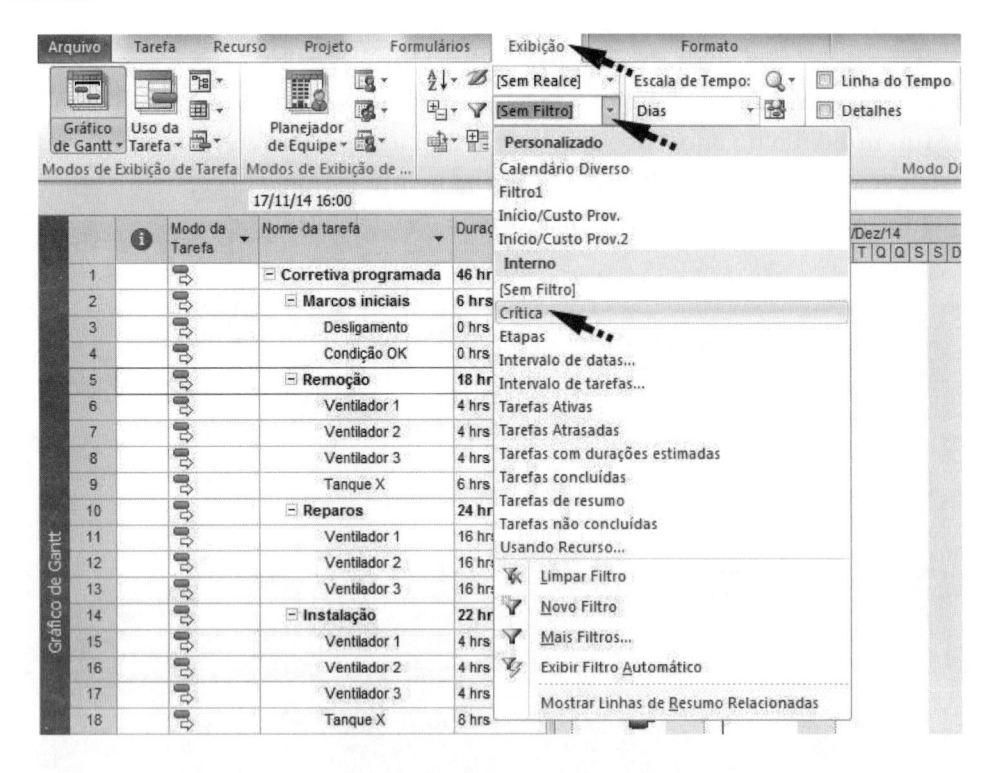

Figura 4.16 – Filtro "Crítica"

Isso permite que a gerência identifique as tarefas responsáveis pela duração do projeto. Qualquer iniciativa em querer reduzir a duração do projeto tem de agir sobre alguma (ou todas) essas tarefas.

4.3.6 Exemplo Extra - Considerações e Análise do Caminho Crítico

Com a observação desse gráfico o gestor pode até entrar em considerações com a seguinte linha de raciocínio:

- Na verdade, os reparos dos ventiladores consistem em atividades opcionais, uma vez que estamos usando a oportunidade de já terem sido removido;
- A remoção, sim, é obrigatória para o objetivo do projeto, pois não há outro meio de acessar o tanque que será trocado.
- As tarefas de reparos nesses ventiladores encontram-se no caminho crítico e, assim, se decidir por não realizar tais reparos, a duração do projeto será reduzida.

Daí, surge a seguinte questão:

- Vale a pena perder a oportunidade desses reparos em prol da redução do prazo do projeto em 2 horas?

Nesse caso é fundamental que procedamos a uma simulação na seguinte forma:

Como se trata de uma simulação faça todas as operações a seguir em um arquivo cópia. Zere a duração das tarefas de reparo dos Ventiladores (isto é um "macete" para não precisarmos excluir as tarefas de reparo dos Ventiladores e reconstruir as predecessoras). Compare o prazo total do projeto original, que tem os reparos, com o prazo deste.

A decisão é uma questão gerencial, quando se deve medir o senso de oportunidade que envolve uma série de condições de deliberação puramente gerencial.

O *software* apresenta de forma clara e técnica como o gestor deve basear suas decisões, observando dados numéricos e calculados.

Agora, vamos voltar à evolução do nosso exemplo de "evolução do trabalho" no qual mantivemos as tarefas de reparos. Assim, o arquivo que estamos processando é o arquivo "Primeiro Exercício".

Agora temos uma visão, no tempo, de como será o desencadear do nosso projeto e quais são as tarefas que causam tal duração total (esse é o Caminho crítico).

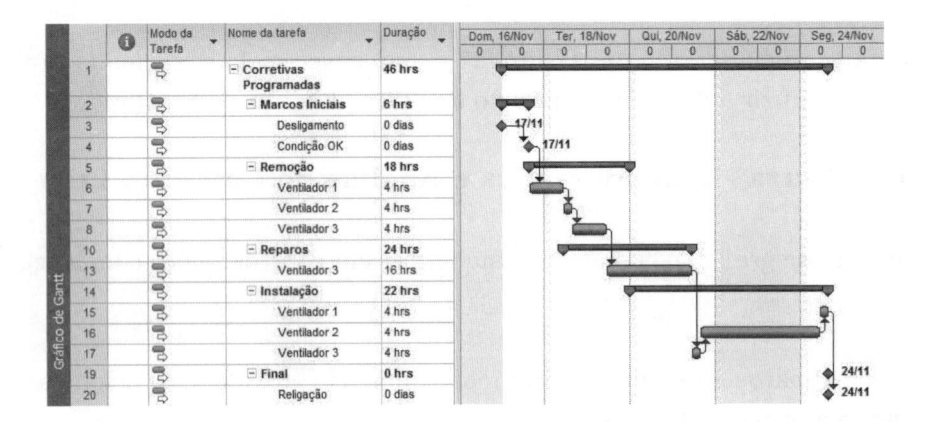

Figura 4.17 – Caminho crítico

Pode-se perceber, ao ver o caminho crítico, que a duração do projeto está mais influenciada pela manutenção dos ventiladores do que pelo foco do projeto que era a troca do tanque. Assim, caberia ao gerente do projeto julgar a opção de conceber outro plano apenas removendo e recolocando os ventiladores, sem repará-los. Aqui no nosso caso seguiremos sem esse contingenciamento e aceitando como útil e eficaz para o projeto a execução da reforma dos ventiladores.

4.3.7 Atribuição de Recursos às Tarefas

Com o comando Exibição/Detalhes faça surgir na parte inferior do vídeo um formulário para lançar os recursos que devem executar as tarefas do cronograma.

Figura 4.18 – Lançamento de recursos

Tarefa a tarefa, atribua os recursos conforme a tabela que se segue, Quadro de Alocação de recursos.

Resumo	Tarefa	Recurso	Qt Unidades
Remoção			
	Ventiladores 1, 2 e 3		
		Ajudante	3
		Mecânico	1
	Tanque		
		Ajudante	4
		Mecânico	2
Reparos			
	Ventiladores 1, 2 e 3		
		Ajudante	1
		Mecânico	3
Instalação			
	Ventiladores 1, 2 e 3		
		Ajudante	3
		Mecânico	1
	Tanque		
		Ajudante	4
		Mecânico	2

Tabela 4.5 - Alocação de recursos

4.3.8 Finalização do Plano (negociação e estabelecimento do cronograma-referência)

4.3.8.1 Visualização de Conflitos

O que acontece agora é que vamos identificar que não dispomos de recursos na quantidade suficiente para executar o cronograma como ele está. O *software*, pelo processo de nivelamento de recursos, irá atrasar tarefas de forma tal que possamos executar o projeto respeitando nossa limitação de recursos disponíveis.

Vamos observar em **Exibição à Planilha de Recursos** que o recurso mecânico se encontra na cor vermelha, ou seja, está superalocado.

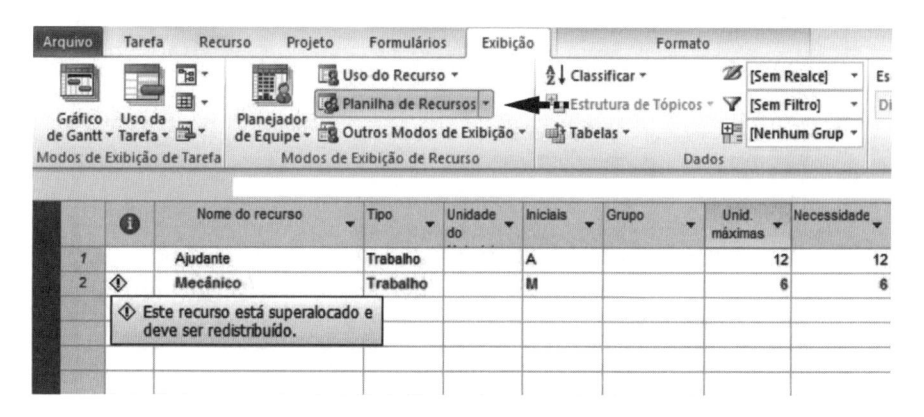

Figura 4.19 – Recurso superalocado

Vale mencionar que existe uma outra forma de exibição mais detalhada para tratamento de conflito de recursos, disponível em *Exibição à Outros Modos de Exibição à Mais modos de exibição à Alocação de Recursos (alocação de recursos MESMO)*.

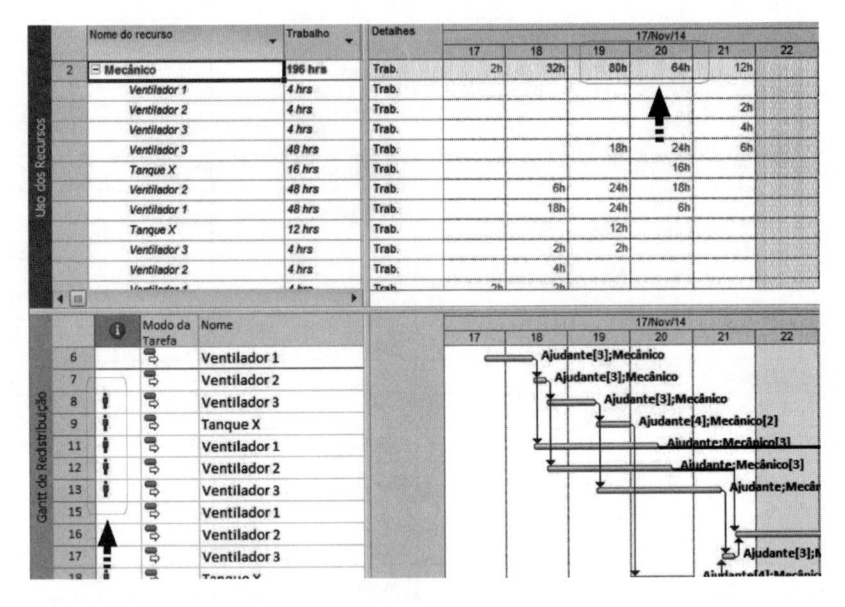

Figura 4.20 – Modo de exibição "Alocação de Recursos"

4.3.8.2 Nivelamento (redistribuição)

Com o quadro de indisponibilidade vamos comandar o *software* para proceder ao nivelamento de recursos. *Recurso à Opções de redistribuição à Redistribuir Tudo.*

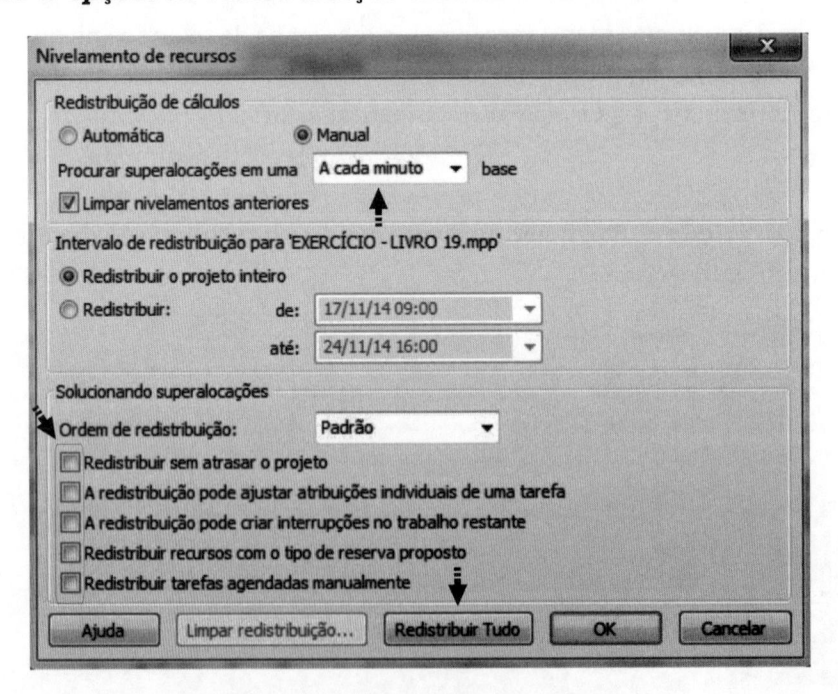

Figura 4.21 – Redistribuição de recursos

Em **Procurar superalocações em uma base**, selecione "A cada minuto".

Todas as 5 caixas de seleção da parte de baixo devem ficar desmarcadas. Essa é a forma pela qual processamos os nivelamentos na nossa metodologia.

Agora, sem os conflitos de recursos, temos o projeto exequível e assim podemos concluir o planejamento, estabelecendo as metas do projeto, criando um cronograma-referência que nos programas de *software* de gerenciamento de projetos é chamado também de Linha de base.

4.3.8.3 Conclusão do Planejamento e Determinação das Metas

Com uma simples sequência de comandos **Projeto à Definir Linha de Base à Definir Linha de Base**, vamos executar a ação no *software* que dá o planejamento como concluído.

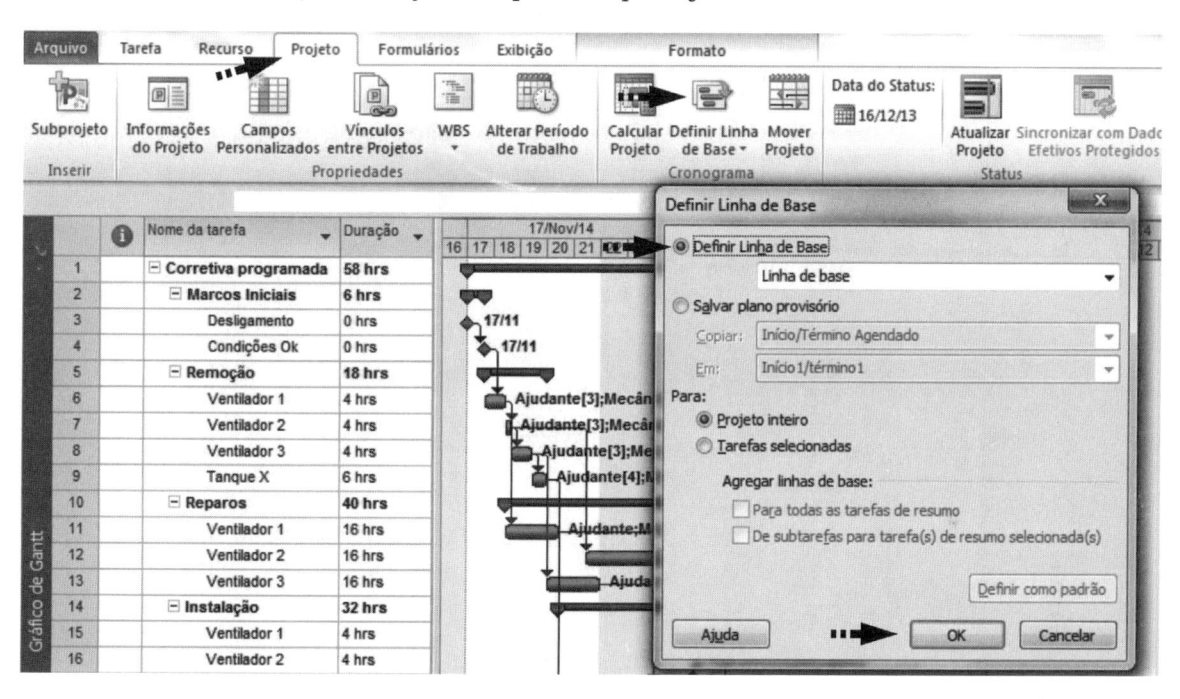

Figura 4.22 – Linha de Base

Tal procedimento grava em colunas determinadas as datas apontadas de cada uma das tarefas até o instante da conclusão do planejamento. A partir de agora, as datas das tarefas, submetidas às condições reais de trabalho, poderão até mudar, mas teremos as datas salvas nessa linha de base para ser a referência de como foi planejado.

Entretanto, a forma mais técnica de observarmos o gráfico é através de um Gantt que combina a visão do caminho crítico combinado com as linhas de referência de cada tarefa, gerando um gráfico como o que se segue.

Utilizando o "Assistente de Gráfico de Gantt", faça a formatação seguindo os passos abaixo:

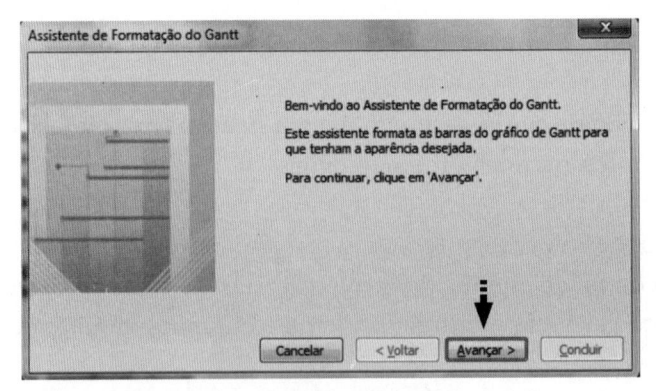

Figura 4.23 – Passo 1

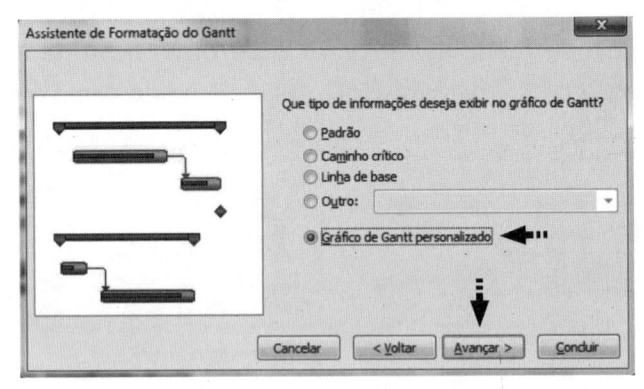

Figura 4.24 – Passo 2

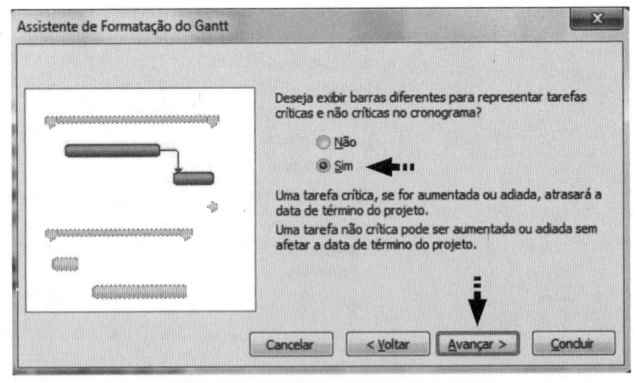

Figura 4.25 – Passo 3

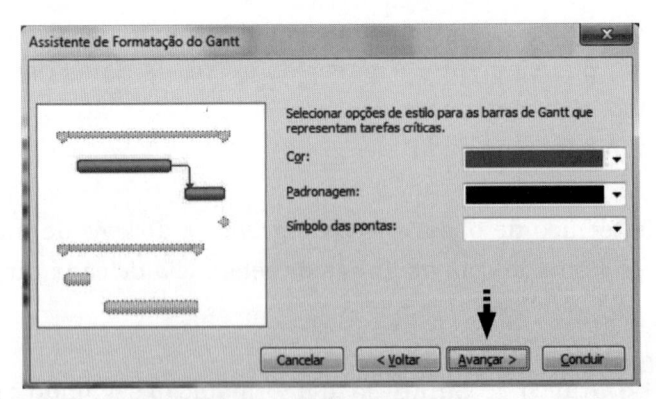

Figura 4.26 – Passo 4

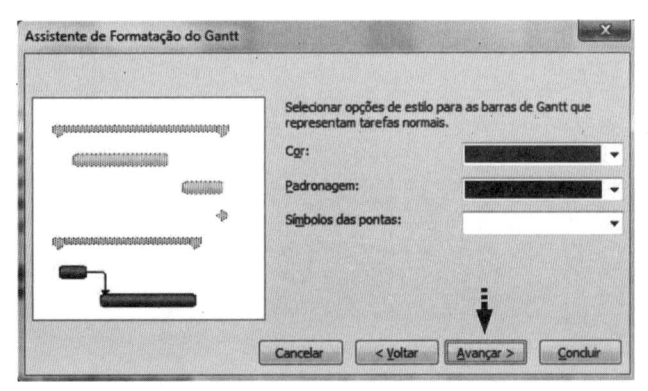

CAPÍTULO 4   CONFIGURAÇÕES BÁSICAS E PRIMEIRO EXERCÍCIO   •   71

Figura 4.27 – Passo 5

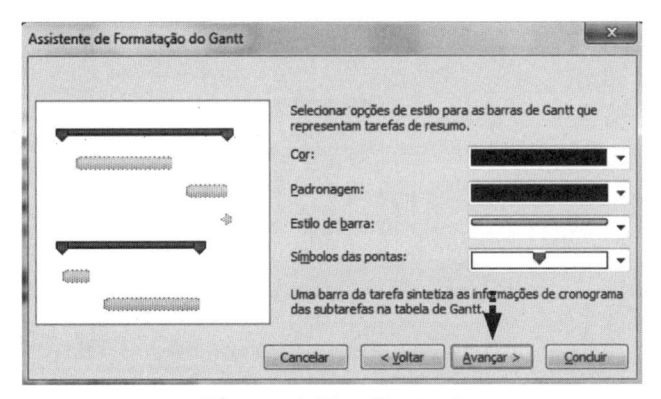

Figura 4.28 – Passo 6

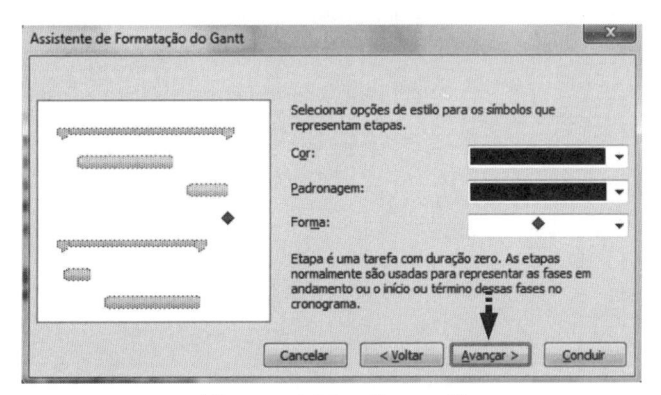

Figura 4.29 – Passo 7

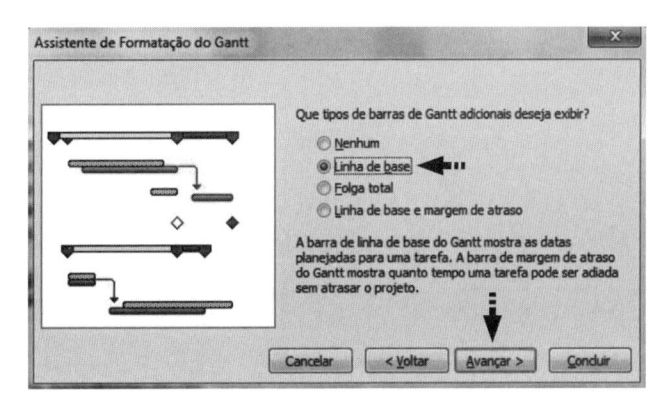

Figura 4.30 – Passo 8

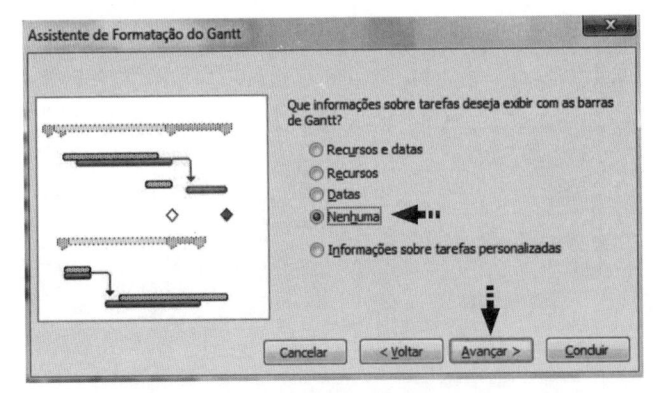

Figura 4.31 – Passo 9

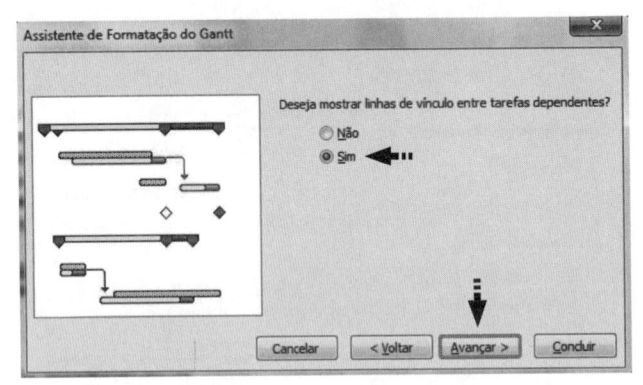

Figura 4.32 – Passo 10

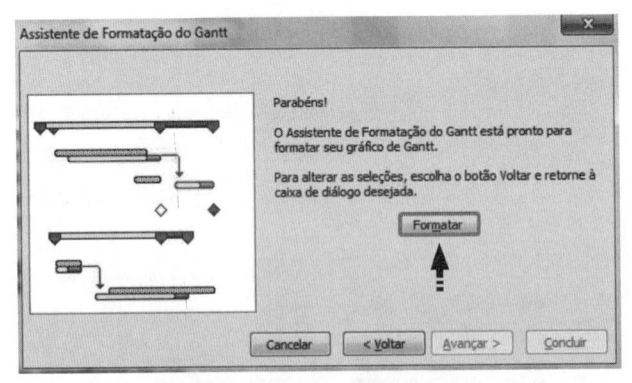

Figura 4.33 – Passo 11

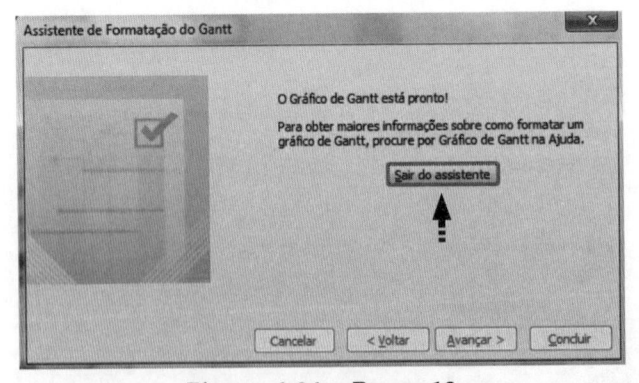

Figura 4.34 – Passo 12

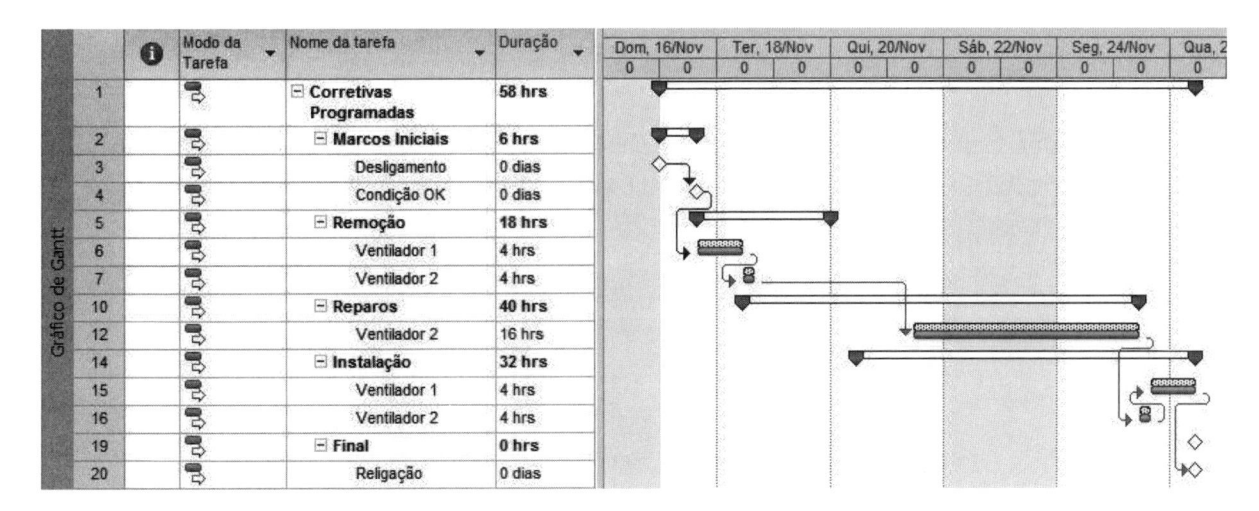

CAPÍTULO 4 CONFIGURAÇÕES BÁSICAS E PRIMEIRO EXERCÍCIO • 73

	❶	Modo da Tarefa	Nome da tarefa	Duração
1			⊟ Corretivas Programadas	58 hrs
2			⊟ Marcos Iniciais	6 hrs
3			Desligamento	0 dias
4			Condição OK	0 dias
5			⊟ Remoção	18 hrs
6			Ventilador 1	4 hrs
7			Ventilador 2	4 hrs
10			⊟ Reparos	40 hrs
12			Ventilador 2	16 hrs
14			⊟ Instalação	32 hrs
15			Ventilador 1	4 hrs
16			Ventilador 2	4 hrs
19			⊟ Final	0 hrs
20			Religação	0 dias

Figura 4.35 – Caminho crítico com linha de base

4.4 O CONTROLE

4.4.1 Princípios de Controle

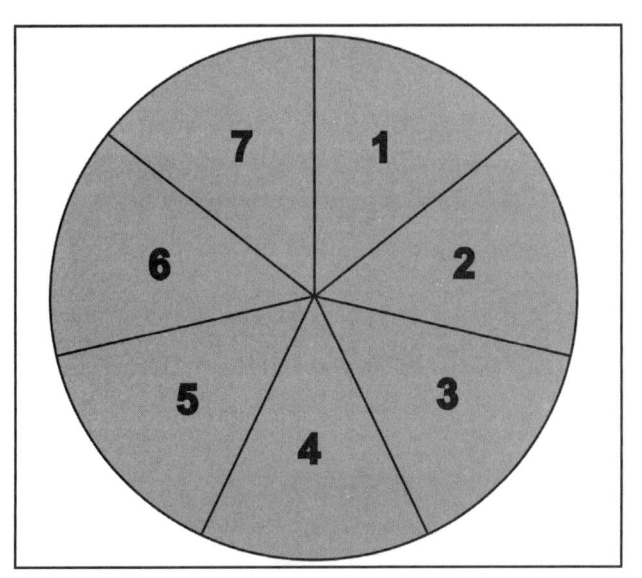

Figura 4.36 – Princípios de controle

1	Emissão do relatório para controle	Cronograma das atividades do próximo ciclo
2	Acompanhamento da execução	Apontamento do monitoramento
3	Importação para o *software*	Importação das anotações manuais para o ambiente eletrônico
4	Atualização do cronograma	O programa refaz o cronograma baseado em atrasos e antecipações reais
5	Identificação dos riscos do projeto	Identificação de contratempos do projeto que necessitam solução
6	Deliberação de medidas corretivas	Análise sobre opções capazes de corrigir o impacto dos contratempos
7	Aprovação do cronograma corrigido	Aceitação das soluções deliberadas como as melhores ações para ajustar o projeto

Tabela 4.6 – Princípios de controle

4.4.2 Medições, Controle Sistemático e Repetido

Vamos simular que iremos proceder a primeira medição do projeto. Para isso, vamos identificar a data na qual é realizada a medição (20/11/14 18:00), em **Projeto à Informações do Projeto** no campo **Data de status**.

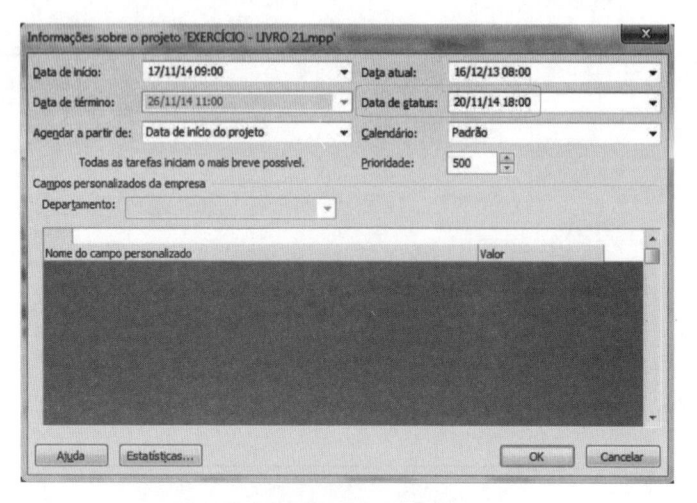

Figura 4.37 – Data de status

4.4.3 Linha de Grade - Reagendamento

Vamos tornar visível em nosso gráfico às datas de status que permitem, após a digitação da medição, visualizar quais tarefas não tiveram o andamento conforme desejável.

Em Linhas de Grade fazemos surgir uma linha vertical destacando a data da medição; tudo que está à esquerda (passado) deveria estar concluído, apenas restando às tarefas ou as parcelas das tarefas à direita dessa linha.

Figura 4.38 – Inclusão de Linha de Grade

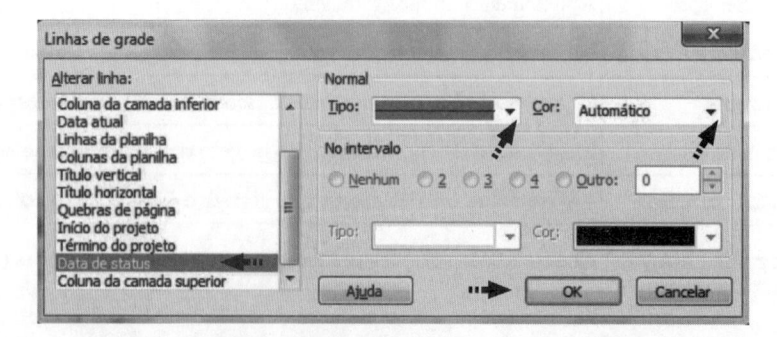

Figura 4.39 – Inclusão de linha de Data de status

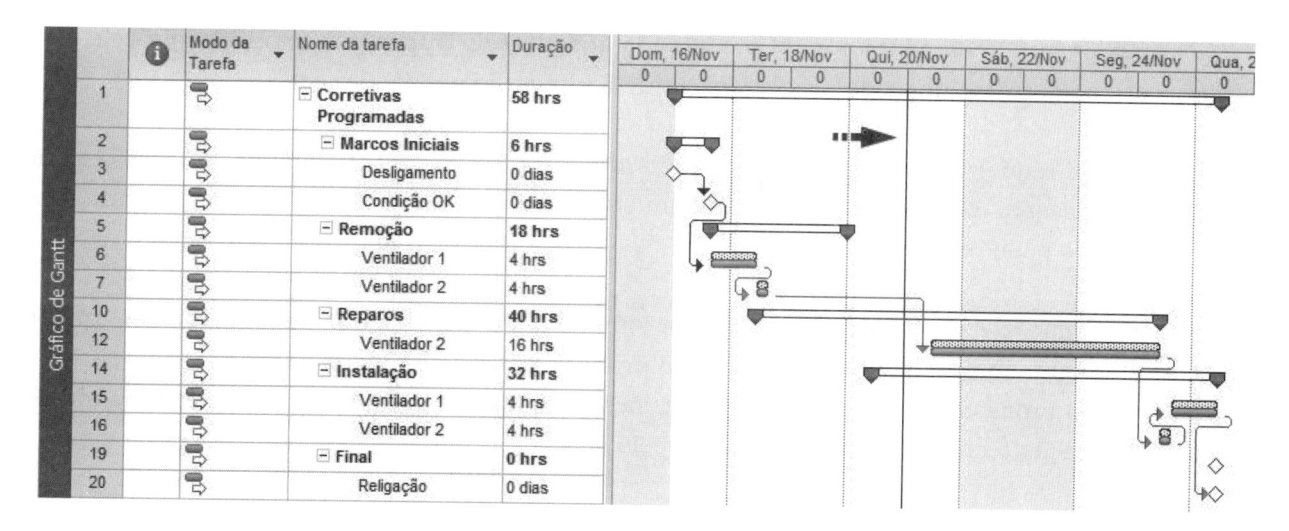

Figura 4.40 – Linha de Grade (Data de status)

4.4.4 Lançamento do Realizado

O lançamento do realizado (o apontamento da % de execução das tarefas) no MS Project pode se dar pelo menos por 3 processos diferentes:

a. Lançamento direto na coluna % concluída do *software*.
b. Exportação de dados para monitoramento em planilha de Excel e posterior importação dessa planilha já atualizada pelos supervisores.
c. Atualização remota usando o Project Server (software da Microsoft que trabalha combinado com o MS Project para aplicações Web).

Entendemos que o processo (a), que é o que estamos usando neste exemplo inicial, só se presta a um primeiro uso, para fins meramente didáticos, pois fica muito difícil, uma vez constatado um erro, por causa da "não documentação dos lançamentos", determinar se tal erro foi causado pelo Supervisor que apontou a tarefa, ou pelo PCM que digitou o valor diretamente no MS Project.

Além disso, uma vez cometido o erro, não se tem como saber com certeza qual seria o número original apontado pelo Supervisor. A saída é, depois de todo um apontamento, imprimir aquela seleção de tarefas apontada pelo Supervisor e faze-lo assinar um "de acordo", o que é pior em termos de velocidade do processo e documentação dos processos (b) e (c).

O processo (b) é um processo de baixo custo e baixa complexidade tecnológica, pois para ser executado basta apenas o Excel, que é um *software* de uso corrente, não necessitando de nenhum outro investimento.

Os itens que serão apontados são enviados por planilha ao Supervisor e, depois de preenchidos esses apontamentos, a planilha retorna e se integra ao MS Project de forma quase automática (esse processo está detalhadamente ilustrado no capítulo 10).

Neste caso existe um documento que foi processado apenas pelo Supervisor (e uma cópia dele deve permanecer na sua caixa de saída de *e-mails*) e que é integrado ao MS Project.

O processo (c) já requer a posse de mais um *software*, o Project Server, e além disso necessita que o PCM e Supervisores (pelo menos estes) também sejam treinados em um sistema sofisticado, que em muitos casos pode requerer ainda a compra de outro *software*, o Microsoft SQL Server.

Assim, neste primeiro exercício empregamos por simplicidade didática o método (a), se bem que já deixamos claro que no nosso entender, para uso profissional, não é o mais adequado.
Para o exercício profissional, as duas outras opções (b) e (c) são as mais viáveis, dependendo do grau de sofisticação técnica e custos desejados pela gerência.

Vamos incluir no nosso ambiente de visão uma coluna que nos permitirá lançar o realizado. Clique com o botão do *mouse* no cabeçalho da coluna Duração e ative a opção Inserir Coluna.

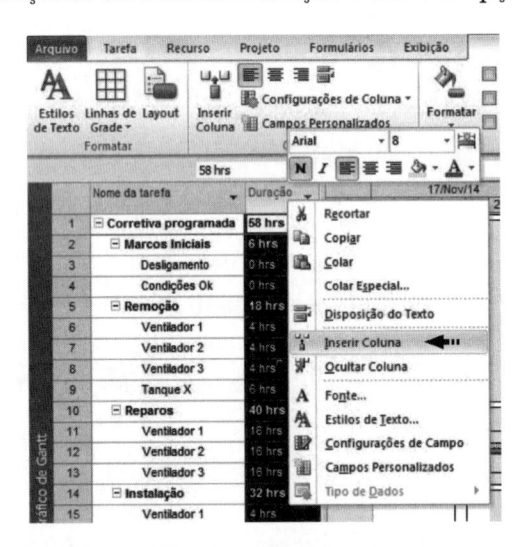

Figura 4.41 – Inserção de coluna

Solicite a inclusão da coluna % concluída

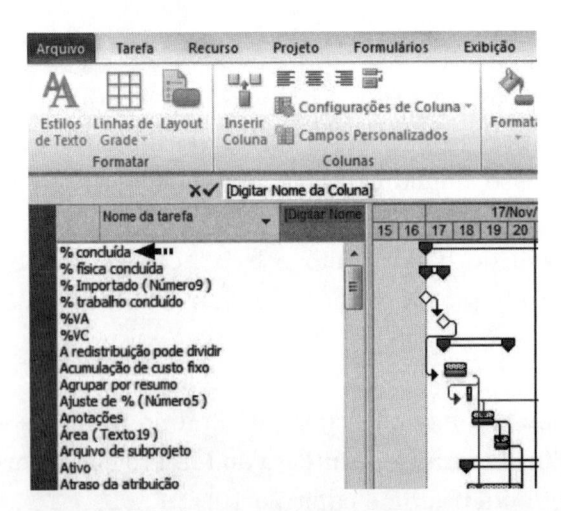

Figura 4.42 – Inserção da coluna % concluída

CAPÍTULO 4 CONFIGURAÇÕES BÁSICAS E PRIMEIRO EXERCÍCIO • 77

Nessa coluna agora ativa, vamos lançar o andamento do projeto conforme a tabela que se segue.

Nome da tarefa	% concluída
Corretiva programada	
Marcos Iniciais	
Desligamento	100%
Condição OK	100%
Remoção	
Ventilador 1	100%
Ventilador 2	100%
Ventilador 3	100%
Tanque X	100%
Reparos	
Ventilador 1	100%
Ventilador 2	0%
Ventilador 3	20%
Instalação	
Ventilador 1	0%
Ventilador 2	0%
Ventilador 3	0%
Final	
Religação	0%

Tabela 4.7 – Andamento do projeto

Observe no gráfico que nem todas as tarefas tiveram um andamento conforme o desejado.

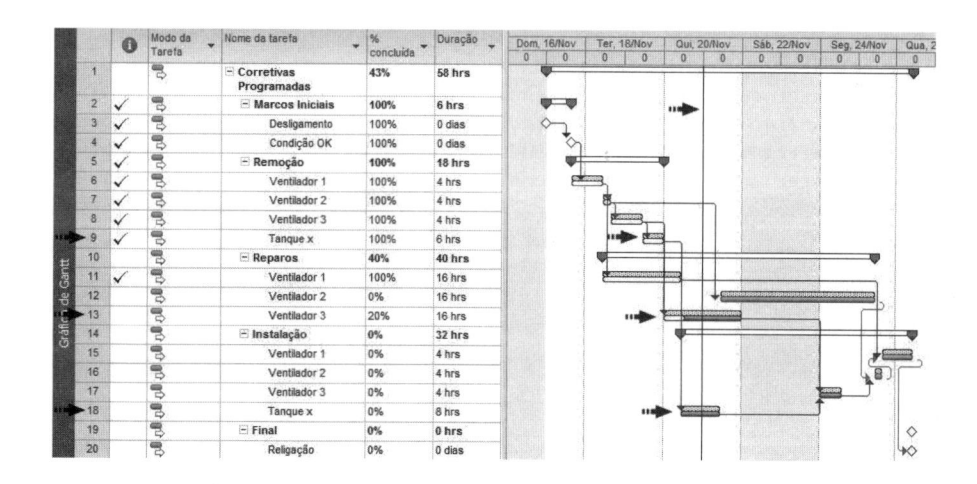

Figura 4.43 – Andamento abaixo do esperado

4.4.5 Reagendamento do Projeto

Agora devemos proceder ao reagendamento do projeto, quando todas as parcelas do trabalho que estão atrasadas serão reprogramadas para além da data de medição (ou data de status).

O objetivo do reagendamento é replanejar as tarefas que estão com andamento atrasado, quer sejam parcialmente executadas ou ainda não iniciadas, projetando uma nova perspectiva de término em razão desse atraso. Assim, se existisse no cronograma do projeto uma tarefa de 5 dias e que segundo o cronograma ela deveria estar no 4º dia, então a medição dessa tarefa deveria ter apontado ela como realizada 80% (20% por dia). Porém, se na verdade sua medida é apenas 60% (refletindo um andamento compatível apenas de 3 dias), significa então que ela está aparentemente atrasada em um dia. Quando a operação de reagendamento ocorrer, essa tarefa terá sua data provável de término projetada para mais um dia, refletindo o atraso e deslocando todas as suas sucessoras.

Esse processo é fundamental para que possamos assim entender a real situação do projeto, com ou sem atrasos previstos, para que daí a gerência possa deliberar as medidas de contingência necessárias.

Com o comando **Projeto à Atualizar projeto** vamos fazer com que o cronograma consiga refletir o impacto dos atrasos.

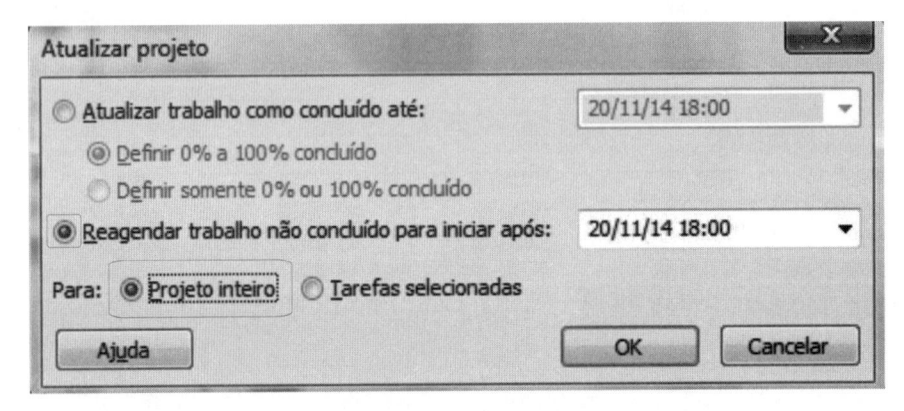

Figura 4.44 – Reagendamento do projeto

Assim, teremos a visão da "real" situação do projeto no momento (data da medição).

Figura 4.45 – Efeito do reagendamento

Agora, observando o cronograma com forte atenção na data de variação do término, observamos que aconteceram alguns atrasos que não chegaram a comprometer a data estimada para o final do projeto. Assim, em que pese pequenos atrasos, esse projeto por enquanto aponta que irá ser concluído no prazo desejado.

Neste capítulo você teve um primeiro contato com o gerenciamento de projetos aplicado a um pequeno projeto de manutenção. Nos capítulos adiante você vai deparar com um projeto bem mais complexo no qual apresentaremos todos os principais tópicos da gestão de cronograma, estabelecendo inclusive maiores detalhes de como prever e recuperar atrasos.

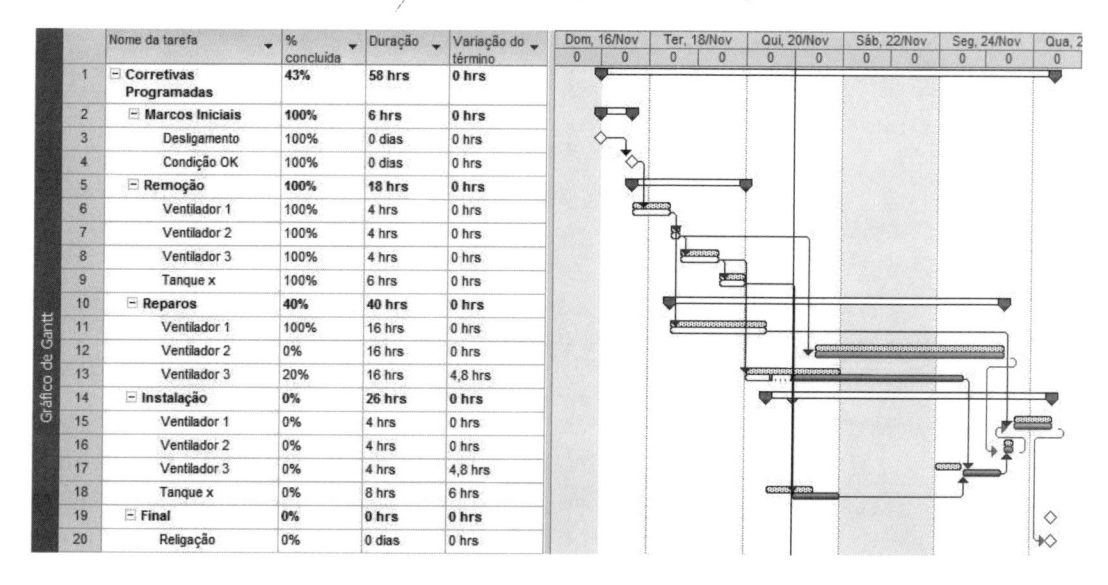

	Nome da tarefa	% concluída	Duração	Variação do término
1	⊟ Corretivas Programadas	43%	58 hrs	0 hrs
2	⊟ Marcos Iniciais	100%	6 hrs	0 hrs
3	Desligamento	100%	0 dias	0 hrs
4	Condição OK	100%	0 dias	0 hrs
5	⊟ Remoção	100%	18 hrs	0 hrs
6	Ventilador 1	100%	4 hrs	0 hrs
7	Ventilador 2	100%	4 hrs	0 hrs
8	Ventilador 3	100%	4 hrs	0 hrs
9	Tanque x	100%	6 hrs	0 hrs
10	⊟ Reparos	40%	40 hrs	0 hrs
11	Ventilador 1	100%	16 hrs	0 hrs
12	Ventilador 2	0%	16 hrs	0 hrs
13	Ventilador 3	20%	16 hrs	4,8 hrs
14	⊟ Instalação	0%	26 hrs	0 hrs
15	Ventilador 1	0%	4 hrs	0 hrs
16	Ventilador 2	0%	4 hrs	0 hrs
17	Ventilador 3	0%	4 hrs	4,8 hrs
18	Tanque x	0%	8 hrs	6 hrs
19	⊟ Final	0%	0 hrs	0 hrs
20	Religação	0%	0 dias	0 hrs

Figura 4.46 – Coluna Variação do término

CAPÍTULO 5

MARCOS, REINDUSTRIALIZAÇÕES E COGERAÇÃO

Apresentamos mais alguns termos e conceitos típicos do setor sucro-energético e as principais questões e desafios para um planejamento de qualidade.

5.1 DEFINIÇÃO DE MARCOS

Marcos são eventos de particular importância em um projeto. É comum associarmos marcos a restrições de data, definindo o início ou o encerramento de etapas. Em manutenção de entressafra, uma das aplicações de marcos é evidenciar o início e o término do processo de manutenção.

Marcos dentro dos processos de programas de *software* de gerenciamento de projetos são tarefas sem recursos atribuídos e com duração zero. Consequentemente, não possuem H/H associados. De todos os eventos tratados nos nossos cronogramas de entressafra são os marcos que devem requerer maior atenção e respeito às datas estabelecidas como metas (assim estabelecidas quando da publicação do cronograma-referência), pois, via de regra, determinam inícios ou términos de etapas.

A uma primeira vista, em um projeto de manutenção de entressafra, podemos conceber 2 marcos "absolutos": O final de uma safra (quando encerra o processo produtivo e os equipamentos podem ser reparados sem prejuízo algum à produção) e o início da safra seguinte (quando a usina já deve ter sido toda reparada, voltando à condição produtiva ideal). Esta visão simplista nos faria pensar que tudo ocorre tendo apenas tais marcos como limitantes de etapas, mas para uma gestão eficiente temos que observar outros fatos que mostram a existência de processos significativos. Tal compreensão vai melhorar o nosso entendimento de como organizar os limites de "tempo" de um plano de manutenção de entressafra.

5.1.2 Controle Necessário da Conclusão dos Trabalhos por Área da Usina

Uma usina de etanol é normalmente autossuficiente em termos de energia elétrica. O que poderia ser considerado a princípio material aparentemente inútil, o bagaço da cana pós-moagem é aproveitado ao ser empregado como o combustível de uma caldeira que gera vapor e esse vapor move um conjunto turbogerador que gera energia elétrica. Modernamente esse aproveitamento é de tal ordem que uma usina é capaz de produzir toda a energia que necessita e ainda vender o excedente em condições lucrativas e competitivas no mercado energético.

Tal associação de equipamentos caracteriza um sistema essencial, pois a usina necessita desta energia para poder entrar em operação. Essas áreas de geração de vapor, energia elétrica e o de fornecimento de água devem estar testadas e em condições perfeitas de funcionamento, gerando energia elétrica para daí fazer entrar em operação todos os demais processos e áreas. Dependendo de particularidades organizacionais em algumas empresas, tal conjunto de áreas é visto como uma área chamada de Utilidades. Em outras empresas, esse conjunto é organizado em um nível mais detalhado, especificando separadamente as áreas de Geração de Vapor, Geração de Energia Elétrica, Águas e Efluentes e Transportadores de Bagaço.

Os equipamentos ou sistemas são montados e entregues para a operação. Porém, muitos desses equipamentos têm um processo de inicialização longo e complexo. A entrada coordenada desses equipamentos ou sistemas, cada um há seu tempo, é chamada por vários de partida ou pré operação da unidade industrial ou usina.

Por particularidades de requisitos dessa partida, é interessante que cada uma das áreas da usina (Extração, Destilaria, Fábrica etc.) seja identificada por seus marcos próprios, pois podem ter datas ideais de entrega diferentes: a de Utilidades (ou seu desdobramento), da qual já falamos, por causa da necessidade de energia elétrica; a de Destilaria, por causa da necessidade do processo de multiplicação de fermento e, assim, cada uma das outras áreas com suas particularidades. Também as áreas podem ter responsáveis diferentes.

Cabe uma análise detalhada, para cada uma das áreas da usina, de como determinada área contribui para os processos das demais e assim sabermos com que tempo de antecipação para a safra, cada uma dessas áreas deve ser entregue, para que a usina seja posta em atividade de forma coordenada.

5.1.3 Entrega para Operação e Final de Entressafra

O que acontece em um plano de manutenção é que a maioria dos trabalhos visa preparar efetivamente a usina para a produção. Assim, equipamentos e sistemas devem estar prontos com a antecedência necessária, analisada por área, conforme discutimos anteriormente e, dessa forma, todas as sequências de reparos desses equipamentos e sistemas terão como marco final um evento denominado Entrega para a operação.

Porém, há também o planejamento de diversos serviços que não são essenciais para o início das atividades da usina (ou pelo menos não críticos) como, por exemplo, a pintura externa de um prédio. Esses serviços, portanto, não têm como sucessor o evento de entrega para operação e sim o marco de término de entressafra, que na verdade é um marco sinalizador do final de todas as atividades de entressafra.

5.1.4 Principais Marcos da Metodologia

Início de Entressafra – estabelecido, via de regra, imediatamente após o final de uma safra. A princípio podemos entender como a Data de início do projeto, predecessora de todos os inícios de sequência de trabalhos, como as desmontagens.

Entrega para a Operação - Sucessora da última tarefa de cada sequência de manutenção de equipamentos/sistemas de uma área, que forem essenciais para a partida da unidade.

Término da Entressafra - Data de término do projeto, última sucessora de todas as sequências de tarefas.

5.1.5 Detalhes de Algumas Características dos Marcos

Início de Entressafra e liquidação: Para precisarmos de melhor forma, devemos não apenas considerar o final da safra bem como levar em consideração que alguns processos necessitam de mais tempo para o término do seu processo produtivo (também chamado de liquidação), que leva em torno de 2 a 4 dias. Então, teremos áreas em que se inicia a manutenção em diferentes datas, normalmente muito próximas entre si. A partir desse marco começam todos os processos de desligamento dos equipamentos e sistemas de cada área e daí se tem o início das desmontagens.

Negociação da "Entrega para a operação": É obrigatório que, antes da publicação do cronograma referência (metas dos trabalhos de entressafra), o PCM se reúna com a gerência da unidade e todos os supervisores para a negociação das datas de entrega para a operação (área por área), pois elas são marcos importantíssimos para os relatórios que irão manter informados os escalões superiores. Caso haja modificações na data estabelecida pela Diretoria para o início de safra, deve ser realizada outra reunião de negociação de datas de entrega para a operação, visando deliberar, área por área, se tais datas devem ser revisadas.

Término de entressafra - final das ordens de manutenção: é a data final do término da execução física de todas as ordens de manutenção, de cada área. O que engloba aqueles serviços prioritários que antecedem a entrega para a operação, mas também alguns outros serviços de baixa prioridade que muitas vezes são lançados no plano de manutenção, mas que podem ser feitos inclusive com a usina na fase de partida (pré-operação) ou até com ela em operação (como a pintura externa de um prédio).

No exemplo que iremos detalhar nos próximos capítulos deste livro, vamos ter claramente identificados tais marcos nos cronogramas em que os leitores poderão realizar a prática. Em tal exemplo vamos simular um plano de entressafra em uma usina onde colocamos apenas as áreas de Extração, Geração de Vapor, Transportadores de Bagaço, Utilidades e Cogeração.

5.1.6 Exemplo Extra - Marco de Atividades Precursoras

Início de atividades precursoras em cronograma de alto grau de detalhe é necessária a caracterização de atividades anteriores à entressafra, como prever com que tempo de antecipação precisaremos contratar terceiros para serviços internos; serviços de reindustrialização e compra de sobressalentes e outros materiais de uso corrente em planos de manutenção. O real plano de entressafra inicia-se ainda antes da final da safra, para que todo o desenvolvimento dessas contratações e possíveis fornecimentos ocorram de forma planejada e em tempo hábil.

Em função das necessidades e limites de um exemplo didático, citamos a possibilidade do emprego desse marco (atividades precursoras), mas ele não será empregado no exemplo prático dos capítulos que se seguem.

5.2 REMESSAS PARA REINDUSTRIALIZAÇÃO

As usinas não têm condições de executarem internamente algumas tarefas de reparos em equipamentos específicos. Esses equipamentos ou componentes precisam retornar ao seu fabricante ou serem enviados a indústrias capazes de executar serviços de alto grau de especialização.

Esse envio de equipamento ou componente para fora da usina, com a finalidade de que seja feito seu reparo, é chamado de (re)industrialização. Existem códigos específicos tributários para identificar as notas fiscais que devem acompanhar o transporte desses itens para evitar cobranças indevidas de impostos e taxas sobre esse tipo de carga.

Tais serviços, mesmo sendo executados externamente e sem usar os recursos da usina, devem ser corretamente caracterizados e identificados no cronograma de entressafra, pois o reparo desses equipamentos é uma atividade predecessora à montagem e deve ser corretamente planejada para prevermos a consequente entrada em operação da unidade industrial.

Em uma visão simplificada, podemos ter que os equipamentos, que serão consertados/reparados durante a manutenção de entressafra, passem por uma sequência mínima de serviços da seguinte forma:

- Desmontagem - O equipamento é retirado do seu local de instalação, pois normalmente não há como fazer um reparo com qualidade ou conforto com o equipamento instalado no seu local de funcionamento.
- Reparo - a ação efetiva de manutenção que conserta reparando ou substituindo componentes do equipamento para que esse retorne a sua capacidade operacional original.
- Montagem - recolocação do equipamento no seu local de instalação e sua interligação com o restante da planta industrial.

Assim, os serviços de reindustrialização são parte de uma lista de tarefas que foram programadas segundo uma necessidade natural do desenvolvimento dos trabalhos. Essa sequência inicia-se pela desmontagem do equipamento (geralmente o pessoal da própria unidade o faz), depois ele é transportado para o terceiro que executará a reindustrialização ou manutenção especializada e então retornará à unidade para ser montado e colocado em condições de operações normais (essa última etapa também geralmente se faz com recursos da unidade).

5.2.1 Cuidados Especiais no Planejamento e Controle de Remessas para a Reindustrialização

O gerenciamento de tais serviços requer atenção em alguns detalhes de forma particular, em face de características desse trabalho.

1. Enquanto nas tarefas usuais a estimativa de duração é feita, via de regra, por histórico, nas reindustrializações existe a necessidade da confirmação do prazo que foi estimado quando do início do planejamento, confirmação essa que acontecerá no momento da efetiva contratação desses serviços poisos prazos de tais serviços sofrem influência de condições de mercado.
2. Entrega aos responsáveis pelo gerenciamento dos serviços dentro do prazo contratado, sob o risco de perda de posição na fila. Caso o equipamento que você contratou com o fornecedor desses serviços não possa ser entregue no prazo contratado (atraso-), há o risco de que o trabalho seja iniciado em um equipamento que já tenha sido entregue por outro fornecedor, relativo a outro contrato / usina, podendo resultar em um atraso ainda maior do seu serviço.

3. Confirmação do escopo do trabalho ao ser entregue no fornecedor - muitas vezes o equipamento tem condições reais de desgaste piores do que a usina estimou quando o enviou para o reparo externo. Tais condições são reavaliadas quando o equipamento chega ao fornecedor e o real escopo do serviço a ser procedido no equipamento e o prazo podem ser revisados.
4. Necessidade de um atento acompanhamento da evolução dos serviços - como tais serviços são executados externamente à usina, eles devem ser acompanhados com visitas frequentes do representante da unidade (inspeção), para conferir o andamento da manutenção, estando sempre atento às datas estabelecidas no planejamento.
5. Atenção na relação de itens entregues / itens devolvidos - alguns equipamentos são de natureza complexa e podem ser desmontados e enviados em partes ou inteiros, havendo necessidade de atenção para que no retorno possa ser conferida a correta relação do que foi enviado e do que está sendo devolvido.
6. Via de regra, no caminho crítico de um plano de entressafra, temos tarefas de reindustrialização. Como são serviços complexos e muitas vezes de prazos longos é muito comum que alguns desses serviços venham a compor o caminho crítico do seu plano de entressafra.
7. Relação com férias coletivas - Em usinas que tem praticam de férias coletivas na época da entressafra há a necessidade de redobrada atenção no planejamento pois a execução dos procedimentos de desmontagem e envio dos principais equipamentos para reindustrialização deve acontecer antes dessas férias coletivas. A gerencia deve estar pronta para se caso necessário proceder negociações e ajustes nas datas de férias de funcionários em função de necessidades apontadas pelo planejamento da entressafra.

5.3 COGERAÇÃO (Paradas de manutenção)

Uma usina moderna possui uma capacidade de geração de energia elétrica muito maior do que ela efetivamente necessita. Tal capacidade de geração de energia é aproveitada por essa usina muitas vezes compondo algo similar a uma nova "célula de negócio", quando o excedente pode ser vendido beneficiando a sociedade como um todo, pois tal energia é negociada nos leilões de venda de energia.

Em usinas onde ocorre o acúmulo de excedente de bagaço são construídas instalações para produzir energia aproveitando-se deste o excedente.

Quando os equipamentos da cogeração não representam um processo à parte da usina, via de regra eles param no mesmo período que o restante da usina, atendendo aos marcos estabelecidos para cada uma das suas áreas: os equipamentos da cogeração que estão na geração de vapor são reparados juntamente com os equipamentos desta área, da mesma forma ocorre com os equipamentos que estão na geração de energia elétrica e na utilidades.

Porém quando existe uma "área" de cogeração que tenha seus processos independentes, a parada de manutenção dessa pode até se dar em períodos não necessariamente idênticos à entressafra usual. Neste caso há a necessidade da correta identificação dos equipamentos da "área" de cogeração que estão ligados a esse regime especial de parada de manutenção.

Como a metodologia apresentada emprega o conceito que cada área possa ter diferentes marcos de início de entressafra, de entrega para a operação e de término de safra, podemos tratar o planejamento de uma cogeração com datas diversas do restante da unidade. .

5.3.1 Novas Áreas como Etanol de Segunda Geração

O mesmo raciocínio, de haver datas diferentes para tais marcos como na Cogeração, pode ser inclusive aplicado em novas áreas que surgem em usinas, como a de produção do etanol de segunda geração.

CAPÍTULO 6

PLANEJAMENTO – RECURSOS

São apresentadas as características e a organização dos recursos humanos de uma usina: suas funções; como são definidos e quantificados; como se agrupam para trabalho dentro do entendimento necessário de um software de gerenciamento de projetos; como e porque devem ser planejadas suas férias.

6.1 PESSOAS SÃO A CHAVE DO SUCESSO

São os profissionais de uma unidade industrial, a Usina, os maiores responsáveis pelo sucesso da manutenção de entressafra. Tanto o plano quanto a sua execução são totalmente dependentes da qualidade da informação na fase de planejamento; objetividade e foco no estabelecimento do cronograma referência; e da administração das não conformidades durante a execução.

Todas as informações que irão basear nosso planejamento passam necessariamente por essas pessoas. Assim, devemos entender o grau de participação e importância dos cargos e funções, pois cada uma dessas classes de profissionais tem um envolvimento decisivo para tal empreendimento. São elas que na fase de planejamento vão informar a quantidade de recursos que dispomos; quadro de funcionários por função; a forma correta de alocar os recursos em tarefas; o preestabelecimento e a validação da estimativa da duração das atividades de manutenção.

E na fase de controle, são essas pessoas que irão executar e gerenciar o plano com o qual se comprometeram quando deram por aceito o planejamento. Também devem ser elas que irão exercer administração ativa do projeto, interpretando os dados de andamento e se reunindo para deliberar as melhores medidas corretivas.

6.2 ORGANIZAÇÃO DO PESSOAL ENVOLVIDO

6.2.1 Cargos

Gerência da unidade: O gerente da unidade comanda todas as áreas da unidade industrial. Ele tem o poder de mobilizar os recursos e dispõe de condições necessárias para promover a integração de informações, para o plano ser viável. Subordinadas à gerência ficam todas as reuniões tanto da fase de planejamento, quanto da fase de controle. A emissão de relatórios para a diretoria, ou quaisquer outros destinados para fora da unidade industrial, deve ter a aprovação da gerência antes da divulgação e é também a gerência a responsável final pelas tomadas de decisões para recuperação de atrasos e outros ajustes no plano.

Coordenador/Supervisor de manutenção: Apesar de o seu cargo ser similar aos de outros coordenadores, para a manutenção de entressafra, tal profissional tem um trabalho destacado, tanto que, em algumas organizações, durante o período de entressafra, ele é tratado como um "subgerente" da unidade. Mesmo havendo aparentemente colegas de nível similar em outras oficinas é esse profissional quem deve interpretar, caso necessário, as necessidades das outras oficinas à luz do seu conhecimento técnico e prático, para organizar ou revisar o trabalho dos seus colegas.

Planejador de manutenção (PCM): Profissional responsável pelo manuseio das ferramentas técnicas de *software* e quem irá organizar as informações trazidas pelos supervisores e outros gestores. Manterá organizado e atualizado o cronograma de manutenção de entressafra, procederá à emissão de todos os relatórios requeridos, dará suporte às reuniões de coordenação e, em alguns casos, irá sugerir medidas corretivas (sempre aprovadas pela supervisão ou gerência). Há pouco tempo, o Planejador de manutenção era, via de regra, um profissional de nível médio; hoje em dia, pelo grau de responsabilidade e sofisticação das ferramentas de gestão, muitas empresas já procuram profissionais de nível superior.

Coordenadores ou Supervisores: Os coordenadores ou supervisores possuem grande importância em todo processo. No planejamento são eles os responsáveis pela abertura das ordens de manutenção, validando a relação dos equipamentos que irão sofrer manutenção, o tipo de manutenção que será aplicado a cada um desses equipamentos, a quantidade de H/H que será demandada em cada operação de manutenção e quais os recursos que devem ser empregados em cada operação, culminando por validar o cronograma referência. Quando das reuniões de coordenação, em face de cenários ruins na relação demanda/disponibilidade identificados nos relatórios gerenciais, eles podem inclusive negociar recursos de uma área para o auxílio de outra (que tenha uma pior relação demanda/disponibilidade). Durante a fase de controle, eles são os responsáveis pelo monitoramento dos trabalhos realizados e, a partir dos relatórios de gestão com o suporte do PCM, pela deliberação das medidas corretivas da parte do plano sob a responsabilidade de cada um.

Líderes e Encarregados: Os líderes são subordinados aos coordenadores ou supervisores e são seus principais colaboradores. São as pessoas-chave para o planejamento, porque atuam diretamente na execução dos trabalhos nos equipamentos em "campo", orientando as atividades dos funcionários de cada oficina. Dotados de conhecimento técnico e poder de liderança diante dos subordinados, conhecem melhor os detalhes dos equipamentos, sabendo discernir mais pontualmente aqueles que necessitam de reparos. Em muitos casos, são eles que irão determinar as equipes ou funções mais adequadas para trabalhos específicos, sempre sujeitos à validação pela coordenação/supervisão.

Técnicos e Operadores (funções): Tais profissionais durante a entressafra executam as funções necessárias requeridas pelas ordens de manutenção. Tais funções estabelecem em que tipos de atividades cada um desses recursos é mais capaz de execução, com base nas suas habilidades. É por função a melhor forma de identificar os recursos para um *software* de gerenciamento de projetos. Com base nessa característica das funções, é que temos como interpretar corretamente a questão de disponibilidade/demanda, que é a chave para compreendermos (e calcularmos) quantos recursos a mais necessitaremos para fazer frente a um escopo em determinado prazo.

- **Ajudante:** (AJ) recurso que auxilia o especialista em qualquer tarefa de sua oficina e executa tarefas de pouca complexidade.

- **Mecânico:** (MC) recurso especialista em reparos de equipamentos mecânicos, como bombas, redutores, turbinas etc.

- **Eletricista:** (EL) recurso especialista em reparos de equipamentos elétricos, como motores, painéis, cabeamento etc.

- **Caldeireiro:** (CA) recurso de especialidade em consertos em peças metálicas, como troca de tubulação, fabricação de peças em aço, remendos específicos etc.

- **Soldador:** (SO) recurso especialista em soldas. Em alguns casos, quando houver na usina, vale a pena identificar de forma diferenciada soldadores capazes de atividades especiais, como soldas em vasos de pressão; nesse caso, sugerimos a criação de uma nova função, como Soldador NR13 (SNR13 - soldador habilitado segundo as normas da Norma Regulamentadora 13 – Caldeiras e Vasos de Pressão).

- **Pintor:** (PI) recurso habilitado na aplicação de tintas e alguns outros revestimentos.

- **Instrumentista:** (IN) recurso habilitado no manuseio e reparo dos instrumentos de controle e medição.

6.2.2 Grupos de Trabalho

Um conjunto de recursos subordinados a uma coordenação e responsáveis pela execução de tarefas de sua especialidade. Algumas vezes subdividimos as oficinas em: oficina-fim e oficina-meio.

Oficinas-fim são aquelas envolvidas em trabalhos específicos de uma área, como, por exemplo, Destilaria, Extração e Fábrica.

Oficinas-meio são aquelas que executam serviços específicos em qualquer área da usina, como, por exemplo, Mecânica, Elétrica e Caldeiraria.

É usual que nos serviços de entressafra existam trabalhando em uma área recursos da oficina-fim dessa área e recursos de oficinas-meio. Assim, por exemplo, na área da Destilaria atuam também recursos das oficinas de caldeiraria, mecânica e elétrica. Pode acontecer de recursos de uma oficina-fim eventualmente participarem de tarefas em outra oficina-fim. Assim, pode ocorrer o fato de que eventualmente existam recursos da Extração auxiliando a Destilaria, quando identificado que na Destilaria não existiriam recursos suficientes para atender à demanda.

6.2.3 Equipe

Subconjunto de profissionais de uma oficina (técnicos e operadores) escalados para trabalhar juntos formando um time. Diferentes formações de equipes, em relação às suas funções, estabelecem quais são as melhores equipes para intervir em um equipamento ou em uma operação específica.

Exemplo de organograma de uma unidade, segundo nossa abordagem de recursos

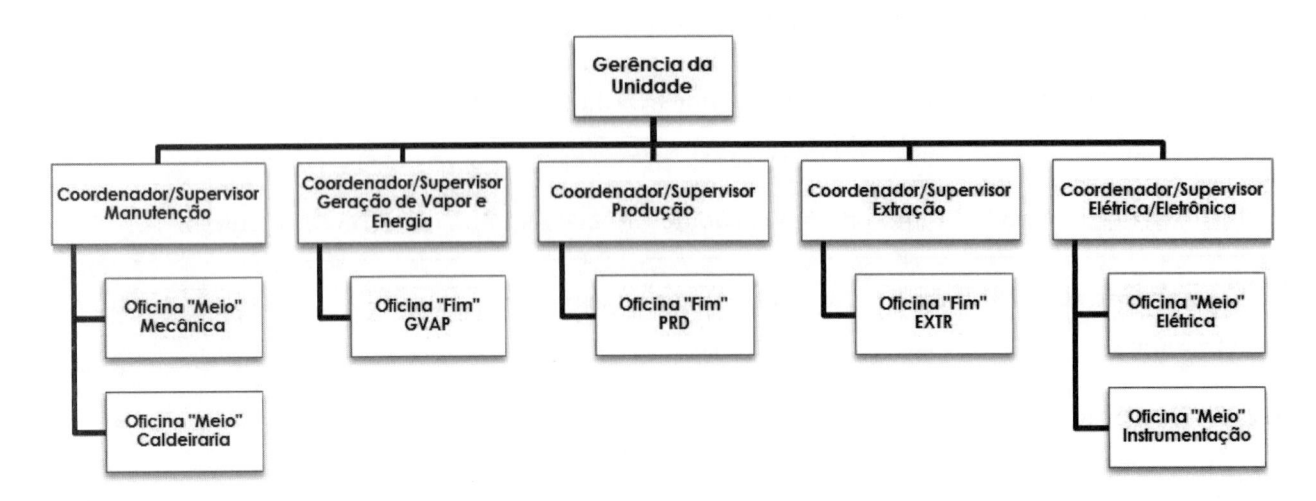

Figura 6.1 – Organograma

6.3 ARQUIVO MODELO

O trabalho de planejamento de entressafra torna quase obrigatório utilizarmos métodos de formato de arquivo diferentes do padrão do MS Project. Para este livro, à guisa de exercício, elaboramos um arquivo para finalidades didáticas que engloba a maioria dos elementos de organização que são necessários para uma melhor formatação de um plano de entressafra. Assim, para dar prosseguimento a todos os exercícios daqui até o final do livro, os leitores devem baixar do nosso *site* www.controlplan.com/publicacoes/manutencao-de-entressafra-planejamento-e-controle o arquivo **_Exercício do livro_**. Ele contém tabelas e agrupamentos que foram personalizados para atender às necessidades de organização de entressafra. Caso os leitores se interessem sobre como são criadas essas personalizações, recomendamos a obra Dominando gerenciamento de projetos com MS Project 2010.

Uma vez baixado o arquivo, por ser a primeira vez que trabalhará com esse arquivo, o leitor deverá verificar e, caso necessário, ajustar as configurações de acordo com o recomendado no capítulo 4 – Configurações Básicas e Primeiro Exercício –, habilitar todas as macros e proceder obrigatoriamente às alterações em jornada de trabalho que deverão ser configuradas conforme a seguir.

6.3.1 Habilitar Macros

As configurações de segurança de macros estão localizadas na Central de Confiabilidade. Portanto, você deve estar com seu arquivo Exercício do livro.mpp aberto, ir em *Arquivo à Opções à Central de Confiabilidade*, conforme a figura a seguir:

CAPÍTULO 6 — PLANEJAMENTO – RECURSOS

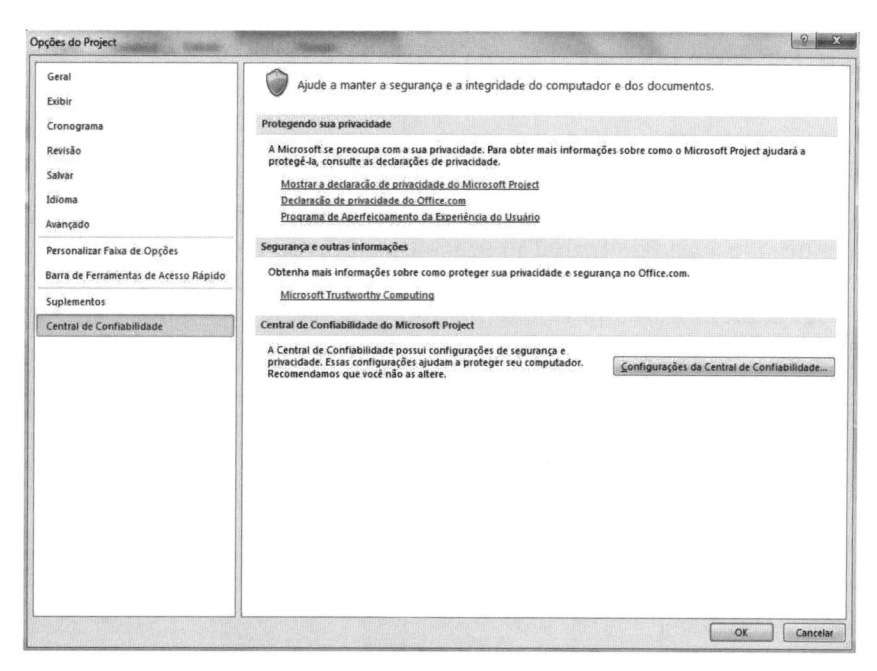

Figura 6.2 – Central de Confiabilidade

Selecione "Configurações da Central de Confiabilidade" e marque a opção "Formatos Herdados". Em seguida, marque a opção "Permitir o carregamento de arquivos com formatos herdados ou não padrão" e pressione ok.

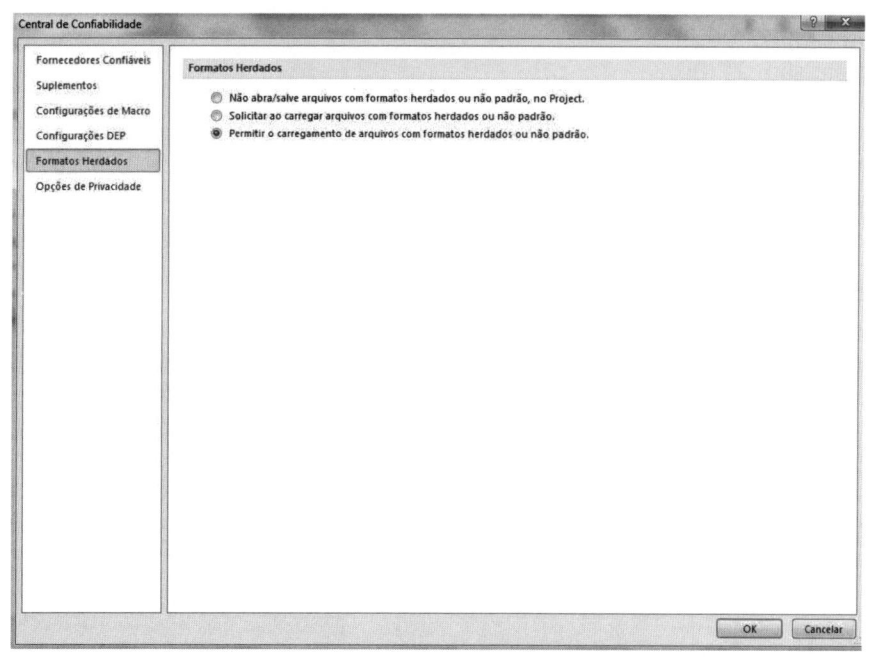

Figura 6.3 – Formatos Herdados

Estamos configurando dessa forma apenas para atender às necessidades de importação de planilhas em Excel, conforme etapas da metodologia.

6.4 JORNADAS DE TRABALHO

6.4.1 Jornada de Trabalho Padrão da Empresa

Agora que vamos trabalhar em um plano de manutenção mais próximo da realidade, é importante que sejam definidos uma jornada de trabalho típica da empresa e um calendário compatível. Assim, temos de precisar as horas de início e término das atividades em um dia padrão; quantas horas este dia padrão terá; quantas horas por semana será a semana trabalhista da empresa e quantos dias terá um mês típico.

Assim então definimos (*Arquivo à Opções à Cronograma*):

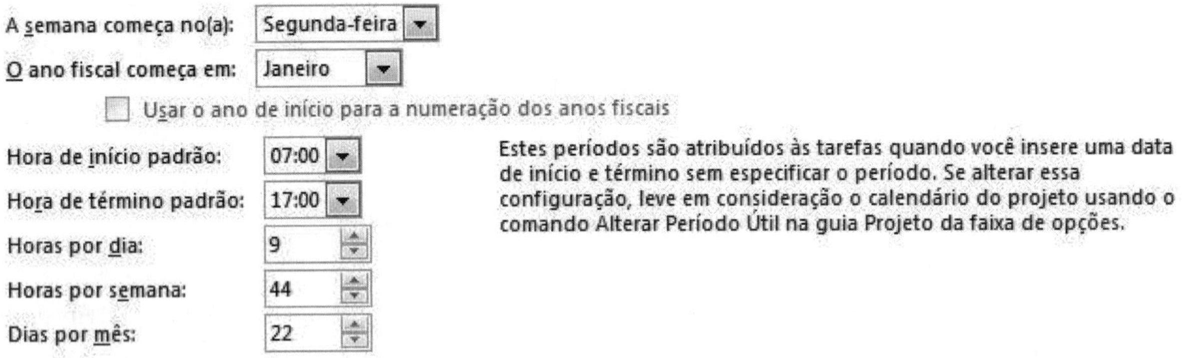

Figura 6.4 – Opções / Cronograma

Hora de início padrão: 07:00.
Hora de término padrão: 17:00.
Horas por dia: 9.
Horas por semana: 44 (poderiam ser 45, porém, como veremos mais adiante no exercício, em um dos dias, a jornada nesse dia será de apenas 8h para compor a jornada semanal de 44h, que é a mais comum nas indústrias do setor).
Dias por mês: 22.

6.4.2 Calendários

Calendário ou jornada de trabalho especifica os horários válidos para o trabalho de recursos tipo mão de obra, máquinas e equipamentos. Em um projeto podem coexistir recursos com diferentes jornadas de trabalho. Por exemplo, um recurso que trabalhe aos sábados participando do mesmo projeto no qual para outro grupo de recursos sábado não é dia útil. O *software* é capaz de entender isso perfeitamente e, por exemplo, não considerar dia previsto de trabalho em tarefas que participe apenas o segundo conjunto de recursos (aqueles que não têm o sábado como dia útil). Assim, você deve criar tantos calendários diferentes quantas particularidades de jornadas existam entre recursos diferentes.

6.4.3 Calendário – Jornada de Trabalho

No menu *Projeto à Alterar Período de Trabalho*, na janela que se abre clique no botão Criar Novo Calendário.

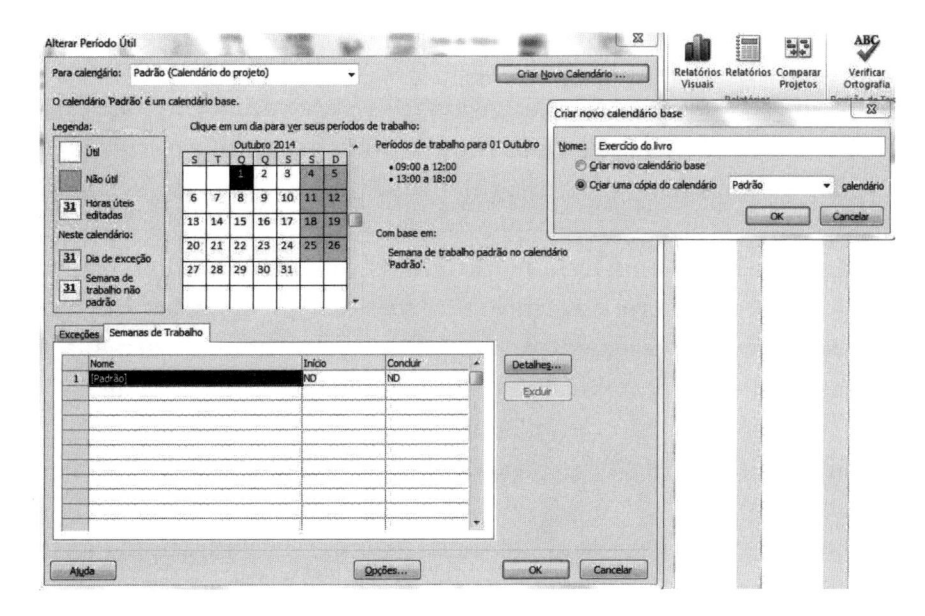

Figura 6.5 – Criação de calendário novo

6.4.4 Passos para Configuração do Calendário

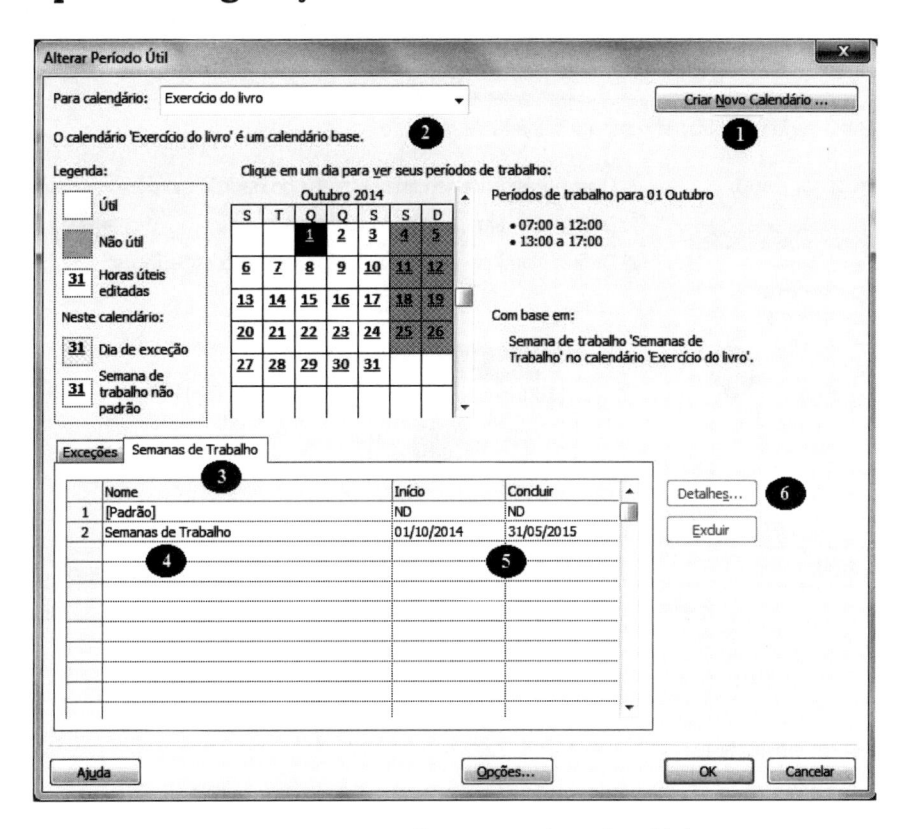

Figura 6.6 – Configuração do calendário

1. Este botão é o que permite que você crie calendários novos, como já foi feito anteriormente quando criamos o calendário "Exercício do livro". Por esse botão então podem ser criados inúmeros calendários.

2. Seleção do calendário a ser configurado. Na figura 6.6 já se encontra selecionado o que acabamos de criar, fazendo parte da lista possível de calendários para você trabalhar.
3. Selecione a guia Semanas de Trabalho, pois vamos primeiramente caracterizar a jornada típica de nosso trabalho, informando os horários de cada um dos dias da semana, dentro de um período determinado.
4. Tal caracterização da semana é padrão, teoricamente válida para todo o calendário. Assim, a semana [padrão] é a que irá determinar, salvo exceções, em que horários sua usina irá trabalhar todos os dias. Possibilitaria, por exemplo, que em uma determinada semana (ou conjunto de semanas) houvesse um regime de horário diferente daquele que foi chamado de Semanas de Trabalho. Nesse caso, então, você criaria essa semana em uma nova linha.
5. Lance as datas limites (Início e Concluir) do conjunto de semanas que estão regidas por tal horário de trabalho.
6. Em seguida, clique em "Detalhes" para estipular os horários de início de jornada, horário de refeição e final de jornada. Aqui informaremos, dia a dia da semana, o seu período padrão de trabalho.

6.4.5 Semanas de Trabalho

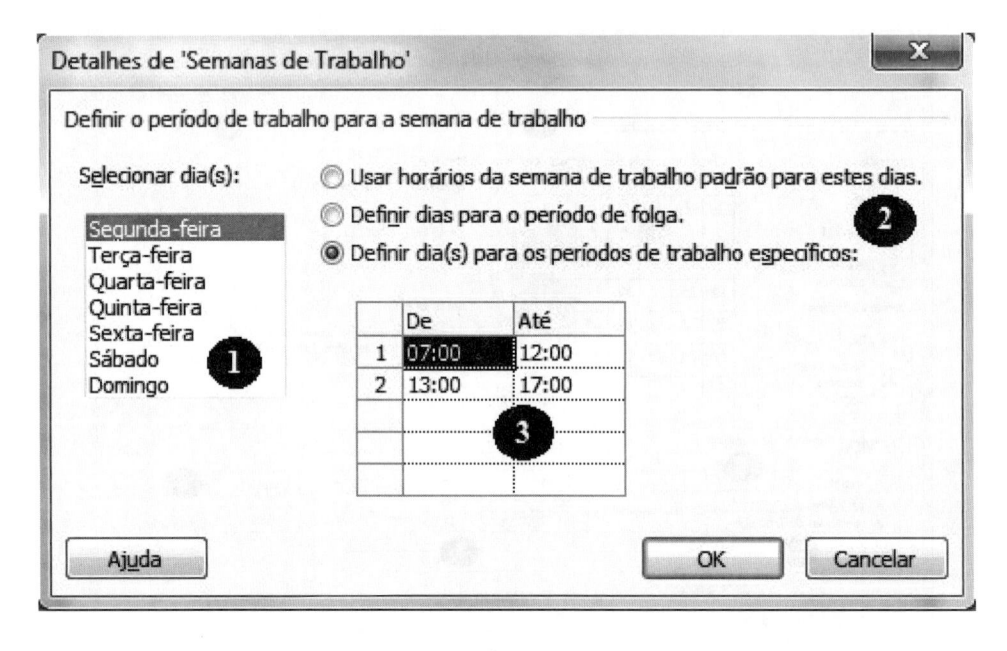

Figura 6.7 – Configuração de semanas de trabalho

1. Selecione o dia da semana.
2. Marque que estamos caracterizando dias de semana para períodos de trabalho.
3. Informe os períodos de 07h00min às 12h00min e de 13h00min às 17h00min para os dias de segunda a quinta-feira e, na sexta-feira, informe o horário terminando às 16:00.

6.4.6 Exceções

Figura 6.8 – Configuração das exceções

1. Agora ative a ficha Exceções.
2. Sempre dê o nome exato das exceções, indique a data que começa o período e indique a data que o período conclui (o término pode ser a mesma data que inicia, se o período de exceção for de um dia apenas). Iremos criar em nosso exercício as seguintes datas:
Natal - início: **25/12/2014** e término: **25/12/2014**
Ano Novo- início: 01/01/2015 e término: 01/01/2015
3. Em Detalhes, você irá caracterizar o que esse período ou essa data tem de diferente do que aconteceria em uma semana padrão.

Ao terminar, no menu *Projeto à Informação do Projeto* na tela que se abre, no campo Calendário, coloque o calendário que acabou de construir.

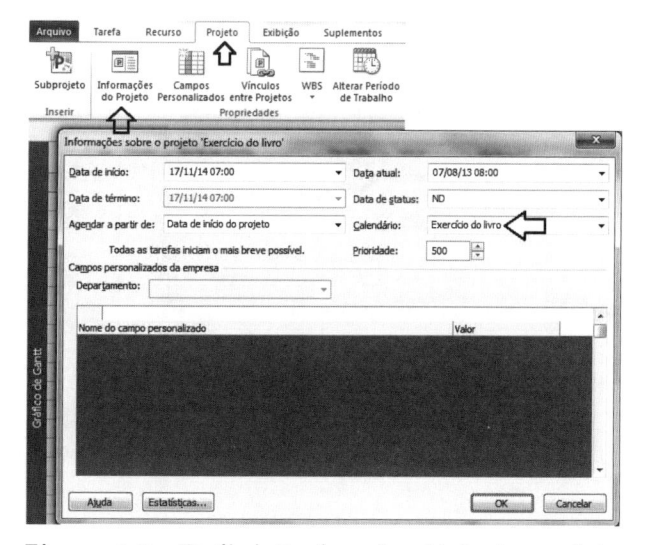

Figura 6.9 – Definição do calendário do projeto

Obs: quando for mais adiante cadastrar os recursos, todos já irão receber, a princípio, o calendário de seu projeto. Caso queira um calendário diferente, para um determinado recurso, você terá que criar um novo calendário, via de regra, aproveitando como base o calendário original. Então, faça nele alterações pontuais e depois troque-o na planilha de recursos (será visto a seguir).

6.4.7 Calendário de Horas Extras

No uso padrão do MS Project a previsão do emprego efetivo de horas extras tem de ser procedida a cada tarefa que recebe tal autorização. Como em um plano de entressafra grande parte das tarefas são de curta duração, pequenos incidentes de execução do projeto podem fazer com que tarefas que anteriormente estavam previstas para acontecer no em um instante fora da faixa de horas extras passem a ser reprogramadas dinamicamente para acontecer justamente na faixa de dias ou horários desejados do regime de horas extras. O melhor a fazer é autorizar que recursos (de uma oficina em especifico) possam executar quaisquer tarefas daquela oficina em regime de horas extras caso recaiam na faixa de dia e horários que indicamos para nesse regime extraordinário.

Assim caso seja necessário disponibilizar horas extras para alguns de seus recursos, isso se fará através da criação de um novo calendário baseado no seu calendário de entressafra.
Vá ao menu *Projeto à Alterar Período de Trabalho*.

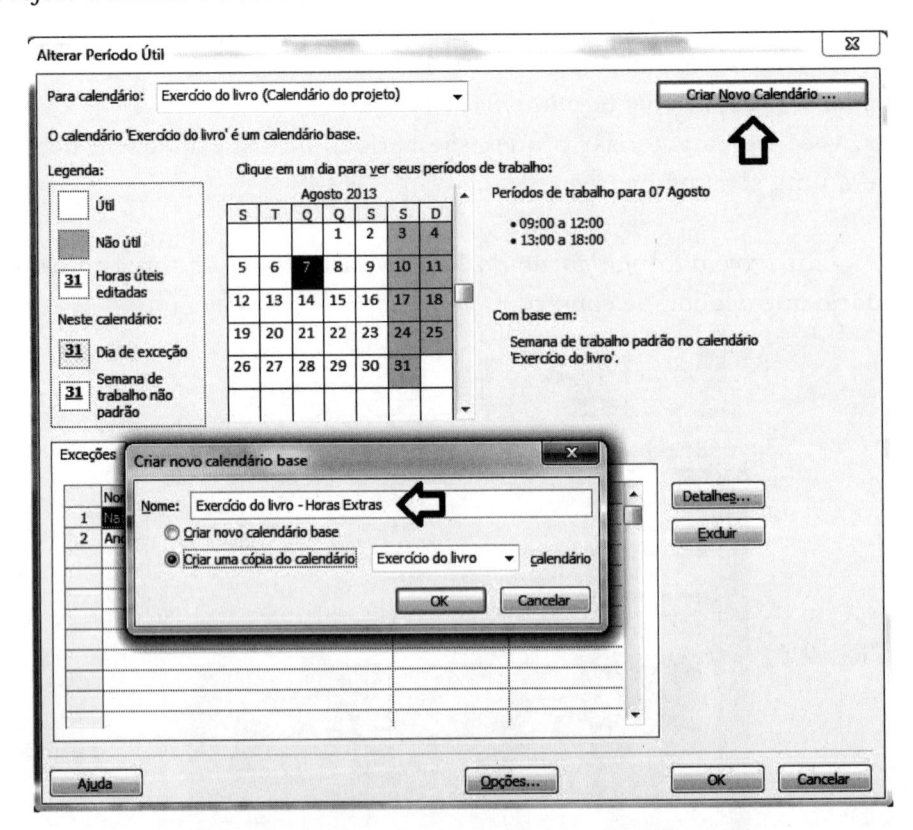

Figura 6.10 – Criação de calendário de horas extras

Clique no botão "Criar Novo Calendário". Ao abrir a janela "Criar novo calendário base", digite o nome do calendário "Exercício do livro - Horas Extras" no campo "Nome" e então clique no botão "OK".

Vamos criar uma exceção de nome "Horas Extras", para o dia 22/11/2014 e cadastrar horário útil de 07 às 16 horas com 1 hora de intervalo para o almoço.

Na aba "Exceções", digite na primeira linha em branco o nome da exceção "Horas Extras". Nos campos "Início" e "Concluir", digite a data 06/12/2014. Clique no botão "Detalhes" e cadastre o horário útil conforme a figura 6.11.

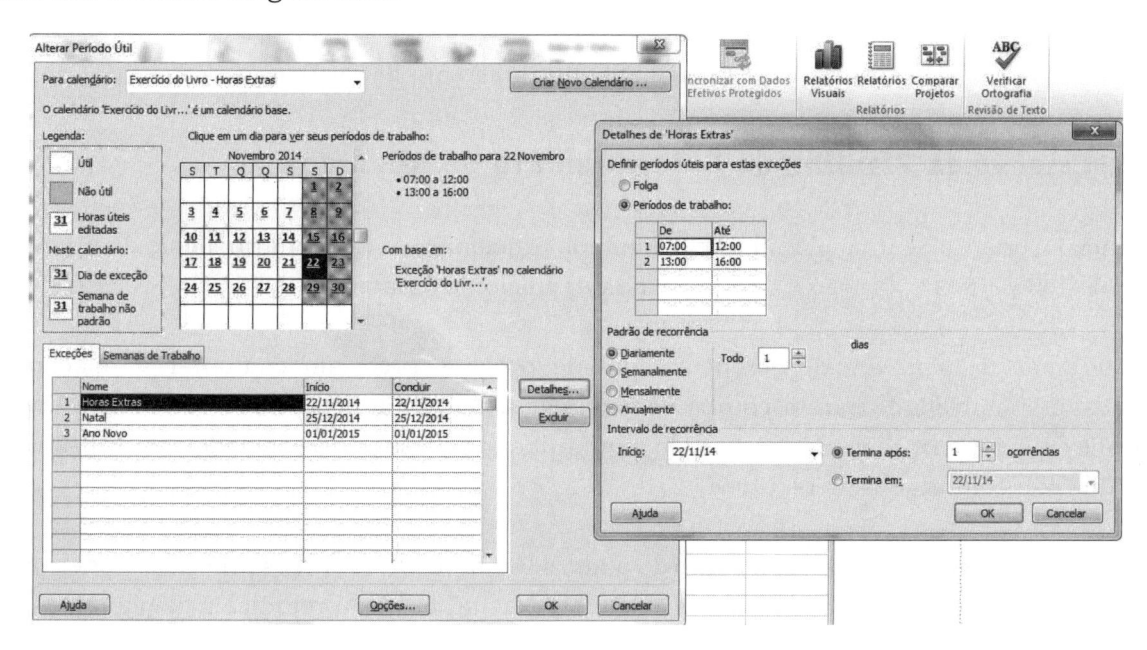

Figura 6.11 – Inclusão de exceção no calendário

Repita a operação para cada dia em que for necessário realizar horas extras.

Este é um exemplo adicional que você pode aplicar em recursos específicos e com isso aumentar a sua disponibilidade, antecipando o andamento de tarefas.

Obs: o calendário do projeto deve ser aquele que contabiliza o maior número de horas úteis, pois assim evita-se que alguma tarefa fique comprometida devido à indisponibilidade de horas do projeto, sendo que o recurso teria disponibilidade para realizá-la.

Exercício para *download*: **Exercício do livro - 6 A** - *site* www.controlplan.com/publicacoes/manutencao-de-entressafra-planejamento-e-controle

6.5 CADASTRAMENTO DE RECURSOS

Este trabalho inicia-se por um cuidadoso preparo das informações que serão cadastradas em uma planilha de levantamento de recursos (em Excel), para uma minuciosa coleta de informações e com a correta caracterização dos recursos, funcionário a funcionário quanto ao seu nome, equipe, funções, oficinas e férias (data de início).

Nome	Equipe	Função (nome do recurso)	Oficina	Férias - Data de início
Breno	GE-01	AJ-CALDEIRA	GVAP	22/12/14
Igor	GE-01	AJ-CALDEIRA	GVAP	22/12/14
Sandro	GE-08	AJ-CALDEIRA	GVAP	22/12/14

Tabela 6.1 – Planilha de levantamento de recursos

6.5.1 Criação da Planilha de Levantamento de Recursos

É essencial a criação de uma planilha relacionando funcionário a funcionário, nome do funcionário, equipe à qual pertence, função e data estimada de início de férias.

Os programas de *software* de gerenciamento de projetos precisam computar a relação entre demanda/disponibilidade para a equipe de gerência saber se há necessidade de mais recursos (e daí avaliar quantos e quais). Só faz sentido a quantificação dessas necessidades por função, pois é assim que são contratados os recursos.

A disponibilidade é a chave da viabilização do plano se tratando de recursos próprios. Modernamente muitas usinas evitam o conceito de férias coletivas, pois tal prática prejudica a disponibilidade dos recursos neste trabalho da manutenção de entressafra, porém ainda algumas empresas praticam tais férias coletivas. No nosso exemplo partirmos para caracterizar férias de 30 dias e grupos iniciando férias em instantes diferentes (um dos piores e mais complexos cenários possíveis) neste primeiro lote de ordens planejadas. Com o amadurecimento da visão do cenário, à medida que nos aproximarmos da entressafra, poderemos até especificar a quantidade de dias diferentes de férias, em face da necessidade desse cenário e de acordos. Também apresentaremos adiante exemplos com a não existência de férias e o emprego desse procedimento para indicar outras perdas de disponibilidade, como treinamento de equipes durante o período de entressafra.

6.5.2 Organização dos Dados da Planilha de Levantamento de Recursos

6.5.2.1 Subtotais de recursos por função e férias

Nome	Equipe	Função (nome do recurso)	Oficina	Qtd de recursos da função	Férias - Data de início	Qtd de recursos em férias
Eduardo	EX-01	AJ-EXTRAÇÃO	EXTR		22/12/14	
Heitor	EX-01	AJ-EXTRAÇÃO	EXTR		22/12/14	
Murilo	EX-01	AJ-EXTRAÇÃO	EXTR		22/12/14	
Vitor	EX-01	AJ-EXTRAÇÃO	EXTR		22/12/14	7
Caio	EX-02	AJ-EXTRAÇÃO	EXTR		22/12/14	
Jonas	EX-02	AJ-EXTRAÇÃO	EXTR	12	22/12/14	
Lorenzo	EX-02	AJ-EXTRAÇÃO	EXTR		22/12/14	
Enzo	EX-03	AJ-EXTRAÇÃO	EXTR		31/12/14	
Theo	EX-03	AJ-EXTRAÇÃO	EXTR		31/12/14	
Antonio	EX-05	AJ-EXTRAÇÃO	EXTR		31/12/14	5
Romário	EX-05	AJ-EXTRAÇÃO	EXTR		31/12/14	
Benjamim	EX-06	AJ-EXTRAÇÃO	EXTR		31/12/14	
Daniel	EX-01	CA-EXTRAÇÃO	EXTR		22/12/14	
Thiago	EX-02	CA-EXTRAÇÃO	EXTR		22/12/14	3
Bryan	EX-04	CA-EXTRAÇÃO	EXTR	6	22/12/14	
Carlos	EX-05	CA-EXTRAÇÃO	EXTR		31/12/14	
Emanuel	EX-03	CA-EXTRAÇÃO	EXTR		31/12/14	3
Rodrigo	EX-06	CA-EXTRAÇÃO	EXTR		31/12/14	
Pietro	EX-01	MC-EXTRAÇÃO	EXTR		22/12/14	
Lucca	EX-02	MC-EXTRAÇÃO	EXTR		22/12/14	3
Ryan	EX-04	MC-EXTRAÇÃO	EXTR	5	22/12/14	
Bruno	EX-05	MC-EXTRAÇÃO	EXTR		31/12/14	2
Fernando	EX-06	MC-EXTRAÇÃO	EXTR		31/12/14	
Leonardo	EX-01	SO-EXTRAÇÃO	EXTR		22/12/14	
Vinicius	EX-01	SO-EXTRAÇÃO	EXTR		22/12/14	4
Isaac	EX-02	SO-EXTRAÇÃO	EXTR		22/12/14	
Joaquim	EX-04	SO-EXTRAÇÃO	EXTR	7	22/12/14	
Yuri	EX-03	SO-EXTRAÇÃO	EXTR		31/12/14	
Erick	EX-05	SO-EXTRAÇÃO	EXTR		31/12/14	3
Otávio	EX-06	SO-EXTRAÇÃO	EXTR		31/12/14	

Tabela 6.2 – Planilha de recursos classificada e sub-totalizada por função/férias

Assim, com a simples classificação da planilha por equipe/função fica clara a caracterização de quantos (e quais) recursos temos para cada função. Esse cadastramento é para avaliar a quantidade de funcionários que dispomos por função, para daí poder quantificar a disponibilidade e mais tarde comparar essa disponibilidade com a demanda de todas as ordens de manutenção e, então, termos a resposta sobre se a quantidade atual de recursos que dispomos (a informada durante este processo) é suficiente para fazer frente aos trabalhos necessários nesse curto prazo de tempo, ou, em caso contrário, termos a estimativa de quantas horas de trabalho ainda necessitaremos, podendo prever que recursos e quais funções precisaremos contratar.

No *site* temos a planilha em Excel com todos os funcionários levantados pela usina que devem participar da entressafra. No exemplo aqui do livro, apresentamos, por simplicidade didática, apenas os recursos da oficina da extração.

Planilha em Excel para *download*: **_Planilha de recursos.xlsx_** - *site* www.controlplan.com/publicacoes/manutencao-de-entressafra-planejamento-e-controle

6.5.3 Cadastramento de Recursos no MS PROJECT

Com a planilha de recurso que está em Excel, devemos agora cadastrar nossos recursos no MsProject, de acordo com subtotais levantados por função e férias.

Não temos como proceder diretamente uma importação, assim nesta etapa os recursos serão cadastrados manualmente, na forma descrita de quantidade total por função.

No menu *Exibição à CP - Planilha de Recursos*, obtenha a Planilha de Recursos vazia.

Figura 6.12 – Planilha de recursos vazia

Neste momento estamos apenas compondo nosso *pool* de recursos, e não estamos colocando-os em equipe e direcionando trabalho, para podermos fazer os primeiros cálculos sobre disponibilidade e demanda.

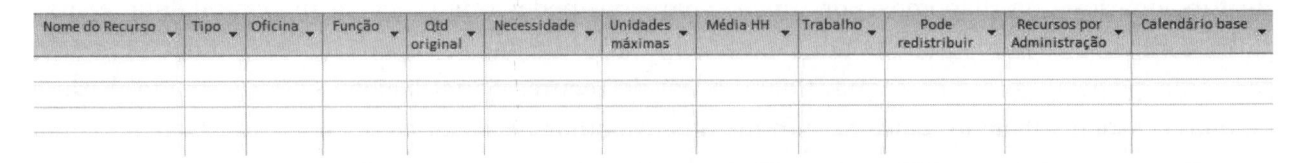

Figura 6.13 – Colunas da planilha de recursos

6.5.4 Campos para Cadastramento:

1. Nome do Recurso
   Colocaremos o nome padrão constituído pela sigla com 2 letras de sua função mais o nome da oficina. Exemplos: AJ.EXTRAÇÃO (Ajudante da Extração) e SO.EXTRAÇÃO (Soldador da Extração).

2. Tipo
   Selecionaremos o tipo "TRABALHO".

3. Oficina

   Iremos colocar as siglas que usamos para identificar nossas oficinas e já descritas na planilha de cadastramento.

4. Função

   Identificação da habilidade baseada na lista de funções já apresentada neste capítulo.

5. Qtd original

   Representa a quantidade de recursos que temos originalmente quando do cadastramento e deverá ser preenchida conforme quantidades apontadas na planilha.

6. Necessidade

   A princípio, o valor é 0 (zero). Irá mostrar a necessidade de recursos à medida que as simulações do plano evoluírem. Coluna calculada.

7. Unidades máximas

   A princípio este número é uma cópia da quantidade original. À medida que o planejamento evoluir e identificadas necessidades, esse número representará a quantidade que realmente deverá ser empregada durante a entressafra.

8. Média HH

   É a quantidade alocada de trabalho em horas, para cada unidade do recurso.

9. Trabalho

   É o cálculo total de horas atribuídas para o recurso. À medida que, nos próximos capítulos adiante, forem lançados recursos nas tarefas, o *software* irá computar o empenho de horas desse recurso no projeto como um todo; quando for concluída a alocação dos recursos em todas as tarefas deste projeto, esse número irá representar a quantidade total de horas totais de demanda de recursos para fazer frente ao trabalho planejado.

10. Pode redistribuir

    Coluna original do MsProject que define se um recurso será redistribuído durante o projeto ou não. No caso de Terceiros **não se redistribui**, os demais sim.

11. Recursos por Administração

    Recursos contratados que irão se somar aos da unidade, porém não contratados por empreitada e sim por horas.

12. Calendário base

    Calendário definido para o recurso. Pode ser igual ao calendário do projeto ou você pode criar um calendário específico para um recurso determinado.

Após o lançamento de todos os recursos, a mudança para o modo de exibição CP – PLANILHA DE RECURSOS traz uma organização mais clara, informando inclusive quanto profissionais cada oficina possui.

	Nome do Recurso	Tipo	Oficina	Função	Qtd original	Necessidade	Unidades máximas	Média HH	Trabalho	Pode redistribuir	Recursos por Administração	Calendário base
	⊟ Grupo: ELET		ELET			0	10		0 hrs	Não	0	
2	AJ-ELÉTRICA	Trabalho	ELET	AJUDANTE	5	0	5	0	0 hrs	Sim	0	Exercício do livro
7	EL-ELÉTRICA	Trabalho	ELET	ELETRICISTA	5	0	5	0	0 hrs	Sim	0	Exercício do livro
	⊟ Grupo: EXTR		EXTR			0	31		0 hrs	Não	0	
3	AJ-EXTRAÇÃO	Trabalho	EXTR	AJUDANTE	12	0	12	0	0 hrs	Sim	0	Exercício do livro
16	CA-EXTRAÇÃO	Trabalho	EXTR	CALDEIREIRO	6	0	6	0	0 hrs	Sim	0	Exercício do livro
10	MC-EXTRAÇÃO	Trabalho	EXTR	MECÂNICO	5	0	5	0	0 hrs	Sim	0	Exercício do livro
17	SO-EXTRAÇÃO	Trabalho	EXTR	SOLDADOR	7	0	7	0	0 hrs	Sim	0	Exercício do livro
15	TC-ROLOS	Trabalho	EXTR	TERC	1	0	1	0	0 hrs	Não	0	Exercício do livro
	⊟ Grupo: GVAP		GVAP			0	31		0 hrs	Não	0	
1	AJ-CALDEIRA	Trabalho	GVAP	AJUDANTE	8	0	8	0	0 hrs	Sim	0	Exercício do livro
6	CA-CALDEIRA	Trabalho	GVAP	CALDEIREIRO	7	0	7	0	0 hrs	Sim	0	Exercício do livro
9	MC-CALDEIRA	Trabalho	GVAP	MECÂNICO	8	0	8	0	0 hrs	Sim	0	Exercício do livro
12	PI-CALDEIRA	Trabalho	GVAP	PINTOR	2	0	2	0	0 hrs	Sim	0	Exercício do livro
13	SO-CALDEIRA	Trabalho	GVAP	SOLDADOR	5	0	5	0	0 hrs	Sim	0	Exercício do livro
14	TC-CALDEIRA	Trabalho	GVAP	TERC	1	0	1	0	0 hrs	Não	0	Exercício do livro
	⊟ Grupo: INST		INST			0	8		0 hrs	Não	0	
4	AJ-INSTRUMENTAÇÃO	Trabalho	INST	AJUDANTE	4	0	4	0	0 hrs	Sim	0	Exercício do livro
8	IN-INSTRUMENTAÇÃO	Trabalho	INST	INSTRUMENTIST	4	0	4	0	0 hrs	Sim	0	Exercício do livro
	⊟ Grupo: MECN		MECN			0	9		0 hrs	Não	0	
5	AJ-MECANICA	Trabalho	MECN	AJUDANTE	3	0	3	0	0 hrs	Sim	0	Exercício do livro
11	MC-MECANICA	Trabalho	MECN	MECÂNICO	6	0	6	0	0 hrs	Sim	0	Exercício do livro

Figura 6.14 – Planilha de recursos agrupada

Na entressafra usualmente existe ainda a participação de dois outros grandes grupos de recursos, além dos recursos internos da usina (já identificados e catalogados). São esses:

1. Terceiros: recursos que não fazem parte do quadro de pessoal da usina. Caracterizado via de regra por empresa prestadora de serviços que:

- executa serviço especializado para o qual a usina não tem profissionais com esse tipo de habilidade.
- fornece mão de obra adicional quando os recursos de uma determinada especialidade não têm disponibilidade suficiente para atender à demanda necessária.

2. Reindustrialização: empresa que executa serviços de recondicionamento de equipamentos ou componentes fora dos limites da usina. Caso o serviço fosse executado ainda internamente na usina, seriam classificados não como Reindustrialização e sim como Terceiros especializados.

Essa distinção se faz necessária principalmente porque os serviços de Reindustrialização uma vez que são executados fora da usina são os mais difíceis de monitorar e uma das maiores causas de atrasos nos cronogramas reais de usinas.

Como acontece no caso dos terceiros, no qual a real disponibilidade de seus recursos compete apenas a eles, uma vez que assumem contratos, assim acontece para os recursos Terceiros e Reindustrialização no qual a opção Pode redistribuir é «não».

A visão da Figura 6.14 é melhor do que a planilha de recurso sem agrupamento (padrão do *software*), conforme visto no exercício do capítulo 4, pois, como podemos observar, o agrupamento faz com que tenhamos uma melhor visualização de quais são e quantos são os nossos recursos por oficina.

Exercício para *download*: ***Exercício do livro - 6 B*** – site www.controlplan.com/publicacoes/manutencao-de-entressafra-planejamento-e-controle

6.5.5 Caracterização de Férias e outras Indisponibilidades

Todos os recursos quando cadastrados no MsProject receberão o calendário do projeto como a caracterização de sua jornada de trabalho, porém *férias e outras indisponibilidades não são caracterizadas nos calendários (jornadas de trabalho), e sim na ficha geral/Disponibili*dade do recurso da janela de diálogo Informações sobre o recurso.

Com um duplo clique no nome do recurso em CP – PLANILHA DE RECURSOS você chega à ficha "Informações sobre o recurso" com a opção "Disponibilidade do recurso". Siga as informações de férias de cada recurso contidas na "Planilha de recursos".

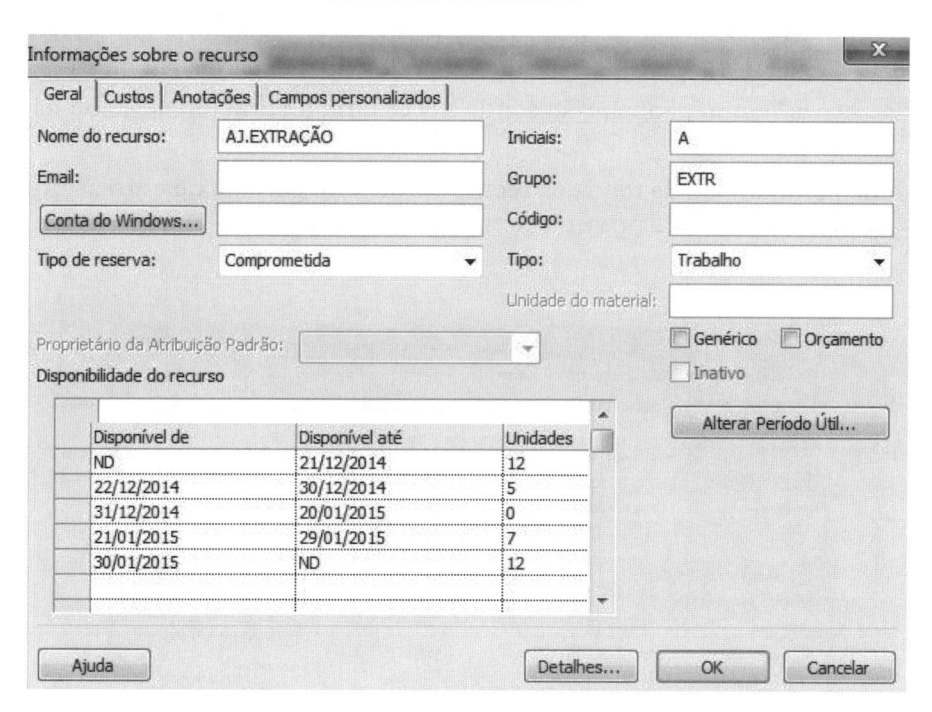

Figura 6.15 – Ficha Informações sobre o recurso

De acordo com as informações que obtivemos na Planilha de Levantamento de Recursos sub-totalizada por Função e Férias deve ser apontada em cada linha da tabela uma faixa de dias e a quantidade de recursos disponíveis na usina para o trabalho de entressafra, assim na primeira linha informamos que desde o início do projeto contamos com 12 ajudantes da Extração, quantidade essa que irá se manter até o dia 21 de dezembro de 2014 (inclusive), na linha seguinte indicamos que a partir de 22 de dezembro até 30 de dezembro contaremos apenas com 5 ajudantes (pois 7 ajudantes estão de férias). A partir de 31 de dezembro até 20 de janeiro, todos os ajudantes estarão de férias (disponibilidade 0 no campo Unidades). A partir de 21 de janeiro, contaremos com 7 ajudantes, pois voltarão das férias e a partir de 30 de janeiro até o final do projeto, todos os 12 ajudantes estarão trabalhando. Esta tabela indica as faixas de dias com diferentes disponibilidades de recursos na usina.

Dessa forma você pode prever qualquer perda de disponibilidade do recurso, inclusive recessos e treinamentos.

Atenção: em caso de colocar mais unidades de um recurso, não adianta apenas colocar diretamente no campo Unidades máximas (da planilha de recursos), pois o sistema só irá considerar tal alteração de quantidade de recursos para a primeira faixa de datas. Você terá de aumentar tal quantidade em todas as faixas de datas em que entenda que esses recursos mais participam.

Exercício para *download*: **Exercício do livro - 6 C** - *site* www.controlplan.com/publicacoes/manutencao-de-entressafra-planejamento-e-controle

6.5.5.1 Exemplo Extra - Recurso sem Férias no Período da Entressafra

Quando o recurso não tiver férias programadas no período de entressafra, o seu período de trabalho será de acordo com o calendário padrão aplicado ao projeto (obedecendo assim os dias da "Semana de trabalho" e "Exceções" empregadas), não sendo necessária a caracterização de férias.

Para confirmar a disponibilidade de todos os recursos durante período de entressafra, dê um duplo clique no nome do recurso em CP – PLANILHA DE RECURSOS (disponível de "ND" / disponível até "ND").

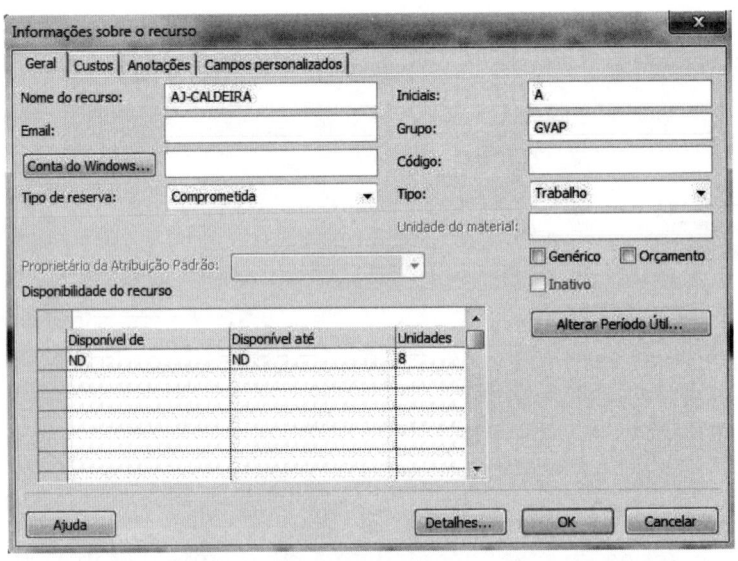

Figura 6.16 – Disponibilidade do recurso

Assim nesse caso existe apenas uma linha na tabela indicando que todos esses recursos estão disponíveis do inicio ao final da entressafra.

6.5.5.2 Exemplo Extra - Caracterização de Período de Treinamento

Caso esteja programado um período de treinamento a um determinado recurso durante a entressafra, o lançamento no MS Project é similar à caracterização das férias.

Com um duplo clique no nome do recurso em CP – PLANILHA DE RECURSOS você chega à ficha "Informações sobre o recurso" com a opção "Disponibilidade do recurso".

Nesse exemplo desde o início da entressafra contamos com 8 ajudantes da Caldeiraria, quantidade essa que irá se manter até o dia 21 de dezembro de 2014, pois a partir de 22 de dezembro até 30 de dezembro, 4 ajudantes estarão em treinamento. A partir de 31 de Dezembro, os 4 ajudantes voltarão do treinamento e todos estarão trabalhando até o final do projeto.

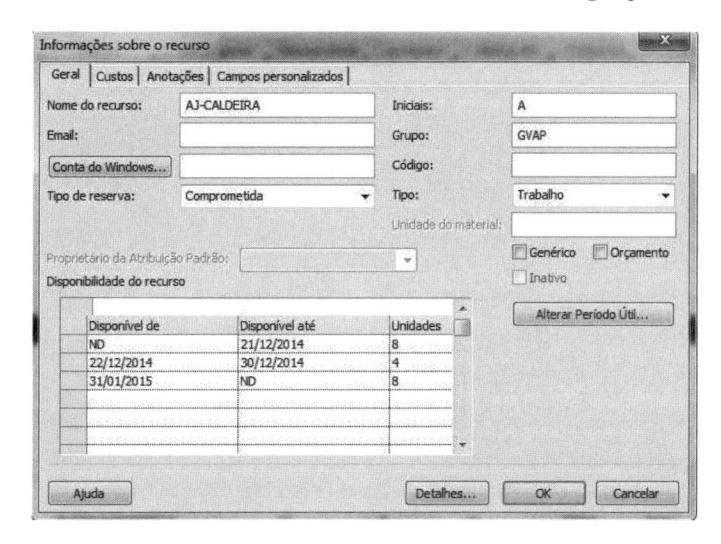

Figura 6.17 – Disponibilidade do recurso (Treinamento)

Após a caracterização do periodo de treinamento, faça uma anotação clicando na aba "Anotações", para documentar que 4 Ajudantes da Caldeiraria estarão em treinamento no período de 22 a 30 de Dezembro.

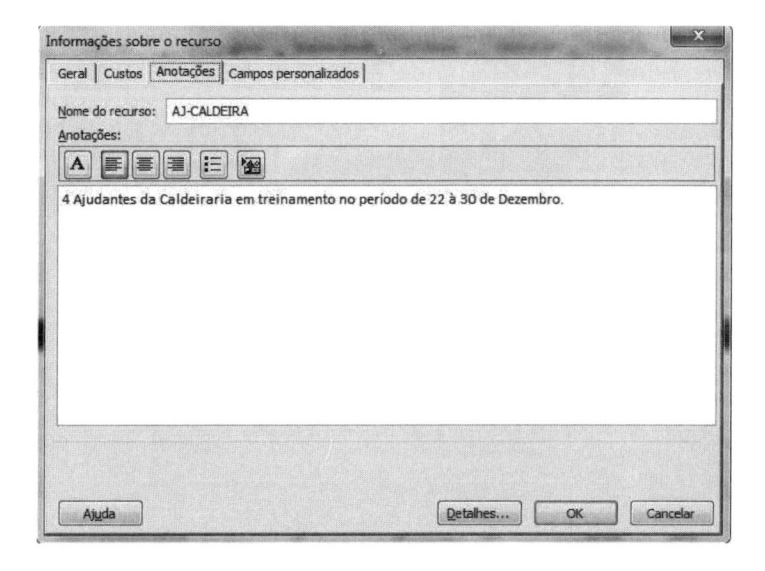

Figura 6.18 – Anotação sobre o periodo de treinamento

CAPÍTULO 7

PLANEJAMENTO DE TAREFAS E ALOCAÇÃO DE RECURSOS

São apresentadas as formas como são criadas as ordens, como integrar o MS Project com outro software que você empregue para sua gestão de manutenção do dia-a-dia, como coletar tais dados e importar para o MS Project e a melhor forma de alocar os recursos necessários.

CAPÍTULO 2

PLANEJAMENTO DE TAREFAS E ALOCAÇÃO DE RECURSOS

7.1 ABERTURA (CRIAÇÃO) DAS ORDENS DE MANUTENÇÃO

7.1.1 Conexão das Informações entre Diferentes Sistemas

Nos modernos sistemas de informação há a necessidade de comunicação dos dados e promovendo a integração de informações, assim é muito comum e desejável que os dados MS Project possam migrar para outros sistemas que tratam de outras informações típicas de manutenção.

Um dos processos mais usados, para promover essa integração de uma forma "caseira" sem a necessidade de adquirir-se caros sistemas de interface, é de usar planilhas do Excel como uma ponte para essa troca de dados, pois modernamente é difícil de acreditarmos que existam sistemas que não usem o Excel como uma das suas formas de entrada & saída de dados, principalmente para envio para outros sistemas informatizados.

7.1.2 Necessidade de Levantamento Prévio pelos Supervisores

Como em vários casos os coordenadores não tem especialização em MS Project é necessário que eles trabalhem preparando ou fazendo uma primeira validação da lista de tarefas (as ordens de manutenção e suas operações) em um sistema mais comum de conhecimento que é o Excel. Assim toda a primeira carga de ordens pode ser preparada nessas planilhas, para depois de uma primeira conferência tomar efeitos de "oficial", dando carga no MS Project.

7.1.3 Levantamento das Tarefas de Entressafra

O levantamento de nossas necessidades de manutenção de entressafra passa sempre por uma real necessidade (atividades não rotineiras, caldeiraria, civil, novos equipamentos e quebras) e por um histórico de manutenção de atividades que se repetem de ano para ano para averiguação e retorno do equipamento as condições de trabalho (rotina). Sejam elas quais forem, devem sempre ser revistas e adequadas às novas praticas de manutenção e as novas tecnologias de analise (preditivas), respeitando sempre os limites de disponibilidade de tempo e custo.

7.1.4 Planilha de Ordens e Descrição dos Campos

Para metodologia adotada como exemplo deste livro (MsProject), devemos ter uma planilha em Excel com campos necessários não só para descrever o melhor possível o conjunto de ordens/operações bem como para atender a integração com outros softwares de manutenção que não possuem o mesmo poder de simulação e analise do MS Project, metodologia esta desenvolvida pela ControlPlan em manutenção de entressafra.

Planilha de Excel para levantamento de atividades (campos necessários).

1	2	3	4	5	6	7	8	9	10	11	12	13	14
Ordem	Descri_OM	Local_de_Instalação	Descri_Loc_Instal	Equipamento	Descri_Equipamento	Oficina	Equipe	Sequencial_Oper	Descri_Oper	Durac	Trab	Unidades	Chv_MS_Project

Tabela 7.1 – Campos necessários para levantamento de atividades

1. **Ordem:** Número da ordem de manutenção, normalmente um campo numérico gerado por muitos softwares para o sistema de chaves de identificação. Não é o MS Project que numera e sistematiza isso, e sim os sistemas de manutenção que fazem integração os quais apresentamos como SIEM, SAP e SEMAN;

2. **Descri_OM:** É a descrição da ordem de serviço, campo texto resumido, tipo "Manutenção no 1º Terno da Moenda A";

3. **Local_de_instalação:** Alguns softwares usam este campo que via de regra é alfanumérico para indicar uma posição de instalação de equipamentos ou conjunto de equipamentos;

4. **Descri_Loc_Instal:** Descritivo do local de instalação como "1º Terno da Moenda A";

5. **Equipamento:** Campo que indica a chave de identificação daquele equipamento dentro dos sistemas de manutenção;

6. **Descri_Equipamento:** Descreve o equipamento da forma simples e usual do conhecimento deste no dia-a-dia da usina;

7. **Oficina:** São as áreas de manutenção (Centros de Trabalho); termo mais usado das oficinas "fins" (oficinas que se formam com os funcionários dos próprios setores. Exemplo: "FABR" da Fábrica) e oficinas "meios" (oficinas que atendem mais de um setor. Exemplo: "MECN" de Mecânica);

8. **Equipe:** Centro de trabalho operacional. Alguns softwares usam para identificar equipes (EX-01 – equipe da extração que contem 8 pessoas (04 ajudante, caldeireiro, mecânico e 02 soldador);

9. **Sequencial_Oper.:** Campo numérico sequencial de serviços dentro de uma ordem (Operações). O conjunto Ordem+ Sequencial_Oper não se repete; Ordem+Sequencial_Oper é em muito sistemas um campo chave para identificação sistêmica e não redundância;

10. **Descri_Oper:** Descritivos das tarefas, explicativo das atividades a serem exercidas;

11. **Durac:** Tempo em horas que será executada a tarefa (Duração), não importando quantos recursos irão fazê-la;

12. **Trab:** Campo em horas (Trabalho) que multiplica a duração da tarefa pela quantidade dos recursos que irão trabalhar nela;

13. **Unidades:** Indica quantos recursos serão necessários para realização da tarefa. Possibilitando na exportação para outros sistemas um computo do HH da tarefa pela fórmula unidades x duração;

14. **Chv_MS_Project:** Campo numérico que possui a informação do Id-exclusivo do Project que não se altera e serve de "Merge" para sincronia de dados.

Planilha em Excel para *download*: ***Planilha de ordens.xlsx*** - site www.controlplan.com/publicacoes/manutencao-de-entressafra-planejamento-e-controle

Ordem	Descri_OM	Local_de_Instalação	Descri_Loc_Instal	Equipamento	Descri_Equipamento	Oficina	Equipe	Sequencial_Oper	Descri_Oper	Durac	Trab	Unidades	Chv_MS_Project
1000001	Manut CoGer - Cald	COG-0003-0001	CALDEIRA N.01	10001	CALDEIRA N.01	GVAP	GE-08	10	Limpeza do pré-ar e grelh	62 hrs	372 hrs	6	16
1000001	Manut CoGer - Cald	COG-0003-0001	CALDEIRA N.01	10001	CALDEIRA N.01	GVAP	GE-09	20	Desmontar válvulas de co	30 hrs	120 hrs	4	17
1000001	Manut CoGer - Cald	COG-0003-0001	CALDEIRA N.01	10001	CALDEIRA N.01	GVAP	GE-08	30	Desmontar sopradores de	48 hrs	288 hrs	6	18
1000001	Manut CoGer - Cald	COG-0003-0001	CALDEIRA N.01	10001	CALDEIRA N.01	GVAP	GE-09	40	Lavar coletores da parede	16 hrs	64 hrs	4	19
1000001	Manut CoGer - Cald	COG-0003-0001	CALDEIRA N.01	10001	CALDEIRA N.01	GVAP	TERC	50	Inspeção da NR13	54 hrs	54 hrs	0	20
1000001	Manut CoGer - Cald	COG-0003-0001	CALDEIRA N.01	10001	CALDEIRA N.01	GVAP	GE-09	60	Conservação de vasos de	16 hrs	64 hrs	4	21
1000001	Manut CoGer - Cald	COG-0003-0001	CALDEIRA N.01	10001	CALDEIRA N.01	GVAP	GE-09	70	Revisão de alimentadores	60 hrs	180 hrs	4	22
1000001	Manut CoGer - Cald	COG-0003-0001	CALDEIRA N.01	10001	CALDEIRA N.01	GVAP	GE-04	80	Revisão de portas de exp	40 hrs	120 hrs	3	23
1000001	Manut CoGer - Cald	COG-0003-0001	CALDEIRA N.01	10001	CALDEIRA N.01	GVAP	GE-04	90	Reparar grelhado	50 hrs	150 hrs	3	24
1000001	Manut CoGer - Cald	COG-0003-0001	CALDEIRA N.01	10001	CALDEIRA N.01	GVAP	GE-03	100	Revisão de chaparia dos	70 hrs	210 hrs	3	25
1000001	Manut CoGer - Cald	COG-0003-0001	CALDEIRA N.01	10001	CALDEIRA N.01	GVAP	GE-04	110	Revisão de chaparia do p	36 hrs	108 hrs	3	26
1000001	Manut CoGer - Cald	COG-0003-0001	CALDEIRA N.01	10001	CALDEIRA N.01	GVAP	GE-04	120	Revisão de dutos e moeg	70 hrs	210 hrs	3	27
1000001	Manut CoGer - Cald	COG-0003-0001	CALDEIRA N.01	10001	CALDEIRA N.01	GVAP	GE-06	130	Revisão dos lavadores de	24 hrs	48 hrs	2	28
1000001	Manut CoGer - Cald	COG-0003-0001	CALDEIRA N.01	10001	CALDEIRA N.01	GVAP	GE-09	140	Reparar válvulas de segu	40 hrs	160 hrs	4	29
1000001	Manut CoGer - Cald	COG-0003-0001	CALDEIRA N.01	10001	CALDEIRA N.01	GVAP	RE-IND	150	Reparar visor de nível	27 hrs	0 hrs	0	30
1000001	Manut CoGer - Cald	COG-0003-0001	CALDEIRA N.01	10001	CALDEIRA N.01	GVAP	RE-IND	160	Reparar sopradores de fu	50 hrs	0 hrs	0	31

Tabela 7.2 – Exemplo dos campos preenchidos

7.2 IMPORTANDO AS INFORMAÇÕES PARA O MS PROJECT

Nesta fase de levantamento das tarefas não necessariamente temos que ter 100% de nossas atividades planilhadas, sabemos que com o decorrer da safra outros equipamentos sofrerão desgastes e necessitarão de intervenções, então podemos dividir em "Lotes de Ordens" colocando primeiramente as de rotina ou as certezas existentes e depois um 2º ou 3º lotes. É importante que delimitemos nossa última entrada em um tempo útil de colocá-la no plano para que possamos analisá-la e tratá-la como as demais. Achamos coerente termos um plano de entressafra pronto com uns 10 dias de antecedência do final real da safra.

Como se trata de um exemplo com um objetivo didático, não utilizaremos todas as áreas típicas de uma usina, apenas: Cogeração; Extração; Geração Vapor; Transportadores de Bagaço e Utilidades.

E também estamos limitando os equipamentos em cada área, assim teremos apenas:

Área	Equipamento
Cogeração	Caldeira n°01 e Turbo Bombas n°01 e 02.
Extração 1	Ternos
Geração de Vapor	Caldeira n°02 e Turbo Bombas n°03 e 04.
Transp_Bagaço	Esteiras transportadoras
Utilidades	ETA

Tabela 7.3 – Equipamentos por área

É muito importante observar que se a cogeração parar para manutenção no mesmo período que o restante da unidade, a questão da disponibilidade e recursos tem de ser analisada de forma integrada, pois são as mesmas oficinas que neste caso terão de atender mais esta área. Assim como exemplo didático colocamos no nosso exercício também a área de cogeração.

7.2.1 Exemplo Extra - Parada de Cogeração fora do Período de Entressafra

No caso ela tenha uma parada fora do período de simultaneidade com o restante da unidade o procedimento é bem similar ao que apresentamos sendo que:

- A planilha de levantamento de recursos será feita relacionando-se apenas os recursos das oficinas que irão trabalhar naquele período de forma dedicada a manutenção da cogeração
- A planilha de abertura de ordens terá apenas atividades daquela área.
- O restante dos procedimentos de planejamento e controle ocorre exatamente como apontados aqui na metodologia

Nesse momento o leitor deve usar o arquivo e os dados que estão sendo trabalhados desde o capítulo 6 ou usar o arquivo ***Exercício do livro – 6 C***, que pode ser baixado no site www.controlplan.com/publicacoes/manutencao-de-entressafra-planejamento-e-controle

Selecione o modo de exibição CP – APÓS IMPORTAÇÃO DE ORDENS.

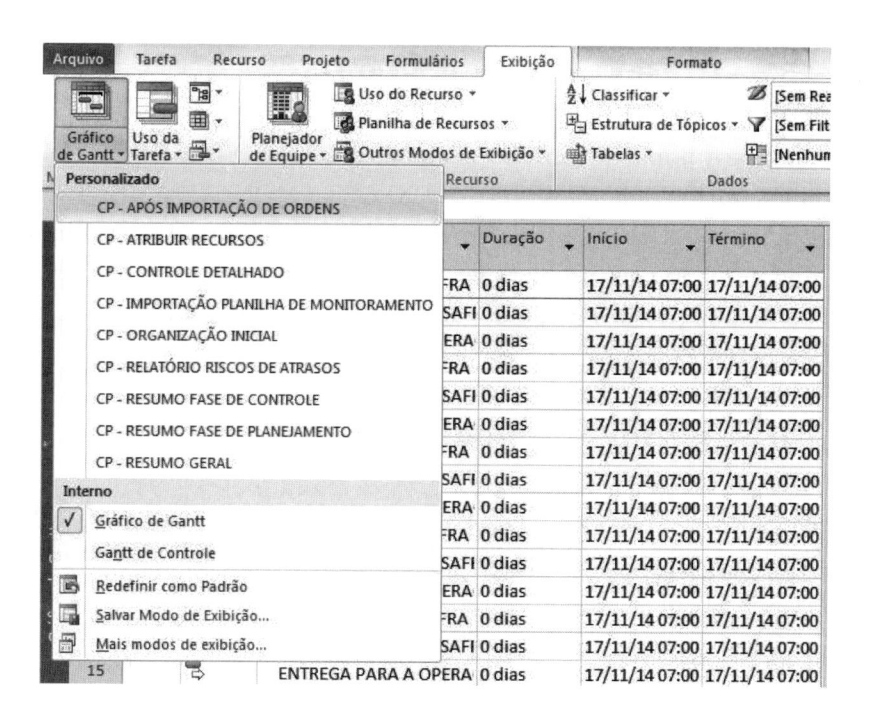

Figura 7.1 – Modos de exibição

O Modo de Exibição que se apresenta facilitará a classificação das tarefas, trazendo num primeiro instante todas as colunas necessárias para receber as informações colhidas da *"Planilha de ordens. xls*, e traz também os marcos de Entressafra (Início de Entressafra, Término de Entressafra e Entrega para Operação) conforme exibidos na figura 7.2.

No arquivo modelo, a coluna Usina está preenchida com o nome "Usina Exemplo". O leitor pode deixar este nome para o exercício ou alterar para outro nome de sua preferência, pois este campo é de descrição livre.

No arquivo modelo estão, por exemplo didático, apenas as "Áreas" que iremos utilizar no transcorrer do exercício e seus respectivos "marcos", uma vez que tais marcos fazem parte da metodologia porem não pertencem ao rol de tarefas que são importadas.

	Usina	Área	Descrição da Operação	Descrição OM	Local de Instalação	Descrição do Local de Instalação	Equipamento	Descrição do Equipamento	Oficina	Equipe	Número da Operação	Descrição da Operação
1	USINA EXEMPLO	COGERAÇÃO				000-Marco do Projeto						INÍCIO DE ENTRESSAFRA
2	USINA EXEMPLO	COGERAÇÃO				000-Marco do Projeto						TÉRMINO DE ENTRESSAFRA
3	USINA EXEMPLO	COGERAÇÃO				000-Marco do Projeto						ENTREGA PARA A OPERAÇÃO
4	USINA EXEMPLO	EXTRAÇÃO 1				000-Marco do Projeto						INÍCIO DE ENTRESSAFRA
5	USINA EXEMPLO	EXTRAÇÃO 1				000-Marco do Projeto						TÉRMINO DE ENTRESSAFRA
6	USINA EXEMPLO	EXTRAÇÃO 1				000-Marco do Projeto						ENTREGA PARA A OPERAÇÃO
7	USINA EXEMPLO	GERAÇÃO DE VAPOR				000-Marco do Projeto						INÍCIO DE ENTRESSAFRA
8	USINA EXEMPLO	GERAÇÃO DE VAPOR				000-Marco do Projeto						TÉRMINO DE ENTRESSAFRA
9	USINA EXEMPLO	GERAÇÃO DE VAPOR				000-Marco do Projeto						ENTREGA PARA A OPERAÇÃO
10	USINA EXEMPLO	TRANSP_BAGAÇO				000-Marco do Projeto						INÍCIO DE ENTRESSAFRA
11	USINA EXEMPLO	TRANSP_BAGAÇO				000-Marco do Projeto						TÉRMINO DE ENTRESSAFRA
12	USINA EXEMPLO	TRANSP_BAGAÇO				000-Marco do Projeto						ENTREGA PARA A OPERAÇÃO
13	USINA EXEMPLO	UTILIDADES				000-Marco do Projeto						INÍCIO DE ENTRESSAFRA
14	USINA EXEMPLO	UTILIDADES				000-Marco do Projeto						TÉRMINO DE ENTRESSAFRA
15	USINA EXEMPLO	UTILIDADES				000-Marco do Projeto						ENTREGA PARA A OPERAÇÃO

Figura 7.2 – Marcos do projeto

7.2.2 Importação de Ordens pelo Mapa Próprio

O mapa que utilizamos para importar ordens novas é o "CP – NOVAS ORDENS", mas no decorrer do exercício utilizaremos outros dois mapas "CP – EXPORTA MONITORAMENTO" e "CP – IMPORTA MONITORAMETO", portanto, vá em *Arquivo Informações à Organizador*, clique na aba **Mapas**, selecione os três mapas disponíveis no arquivo "Exercício do Livro.mpp" e clique em **<< Copiar**, após essa operação os mapas estarão disponíveis na coluna "Global.MPT".

Figura 7.3 – Mapas de importação/exportação

Importação – passo a passo (arquivo em Excel)

1º Passo: No Project, vá no menu *Arquivo àAbrir*.

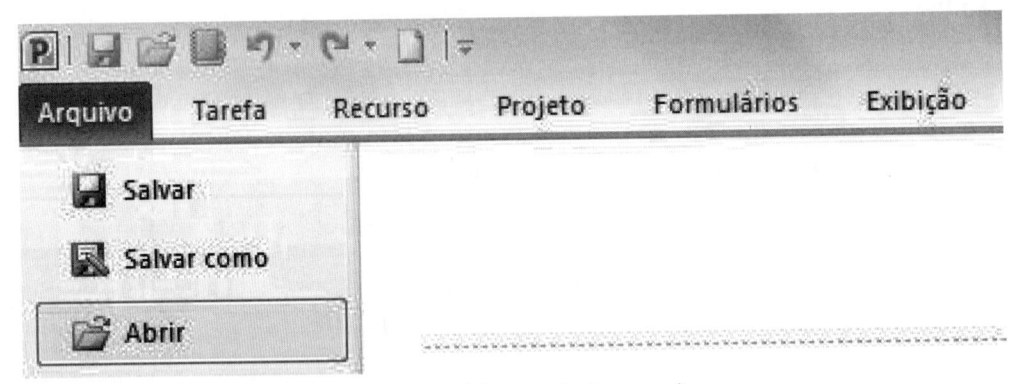

Figura 7.4 – Menu abrir arquivo

2º Passo: Busque o seu arquivo onde estiver guardado. Em tipo do arquivo, escolha "Pasta de Trabalho do Excel 97-2003 (*.xls)". Para a importação certifique-se que a Planilha de Ordens esta salva corretamente em Microsoft Excel 97-2003 (.xls).

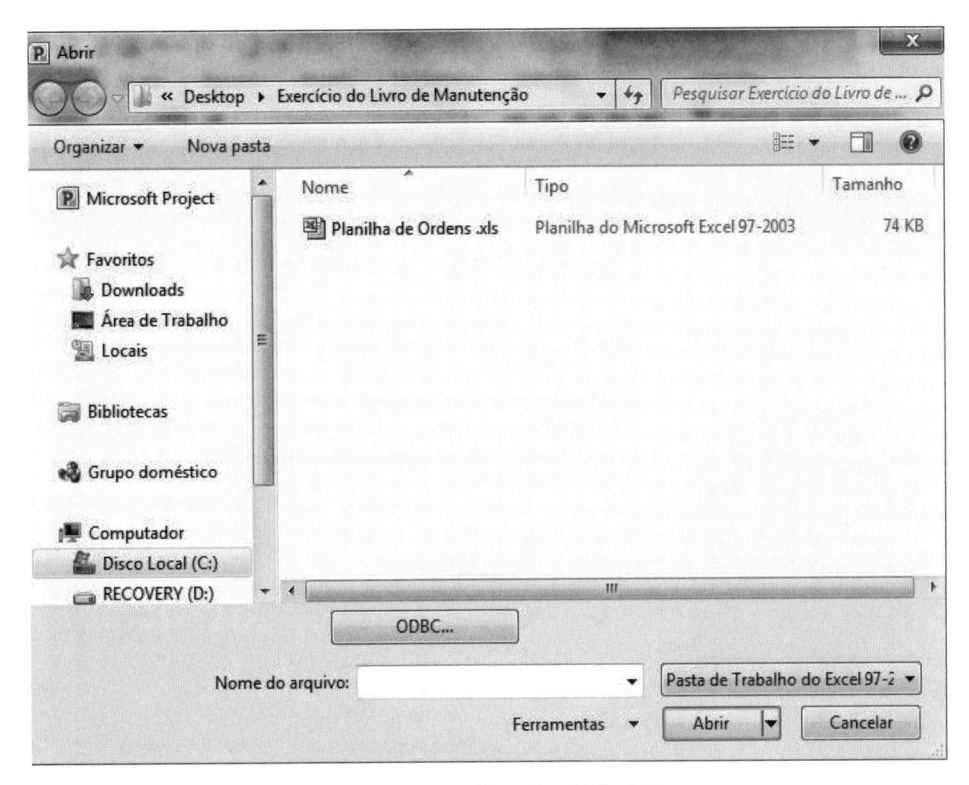

CAPÍTULO 7   PLANEJAMENTO DE TAREFAS E ALOCAÇÃO DE RECURSOS   •   119

Figura 7.5 – Janela "Abrir"

3º Passo: Na janela do Assistente de Importação clique em "Avançar".

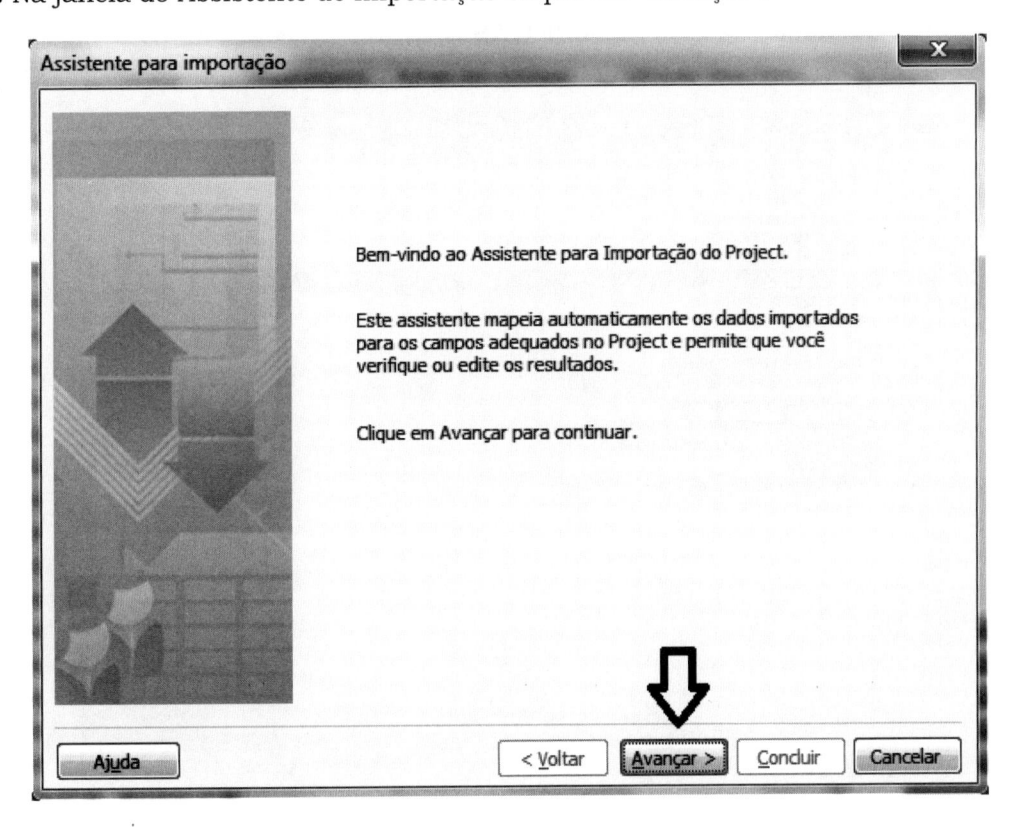

Figura 7.6 – Assistente para importação

4º Passo: Marque a opção "Usar mapa existente" e clique em "Avançar".

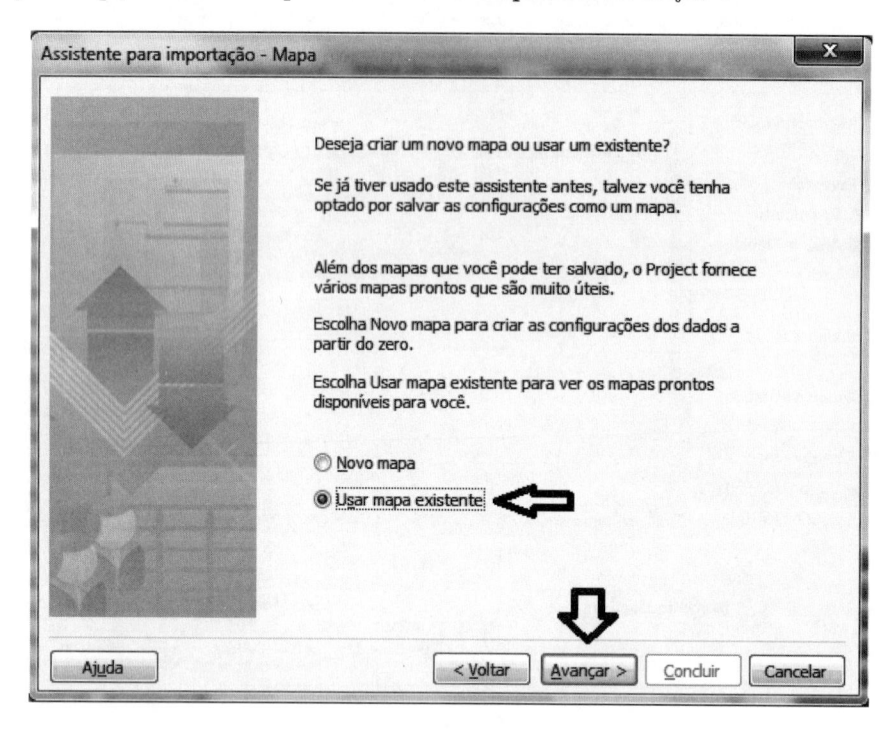

Figura 7.7 – Assistente para importação - Mapa

5º Passo: Marque o Mapa que irá usar "CP – NOVAS ORDENS" e clique em "Avançar".

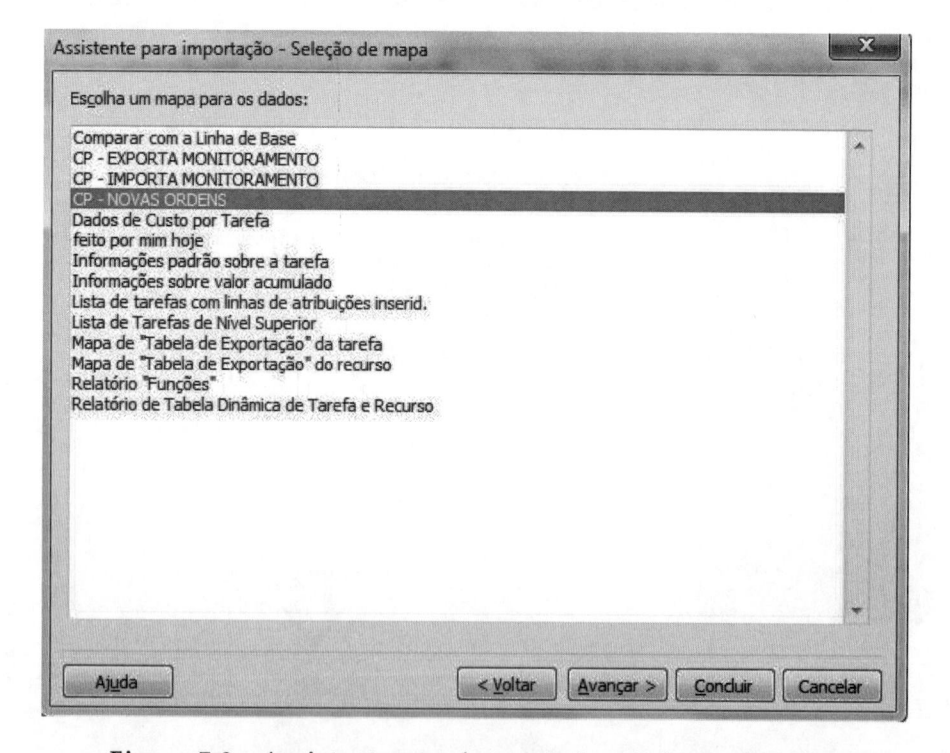

Figura 7.8 – Assistente para importação – Seleção de mapa

CAPÍTULO 7   PLANEJAMENTO DE TAREFAS E ALOCAÇÃO DE RECURSOS • 121

6º Passo: Marque a opção "Acrescentar os dados ao projeto ativo" e clique em "Avançar".

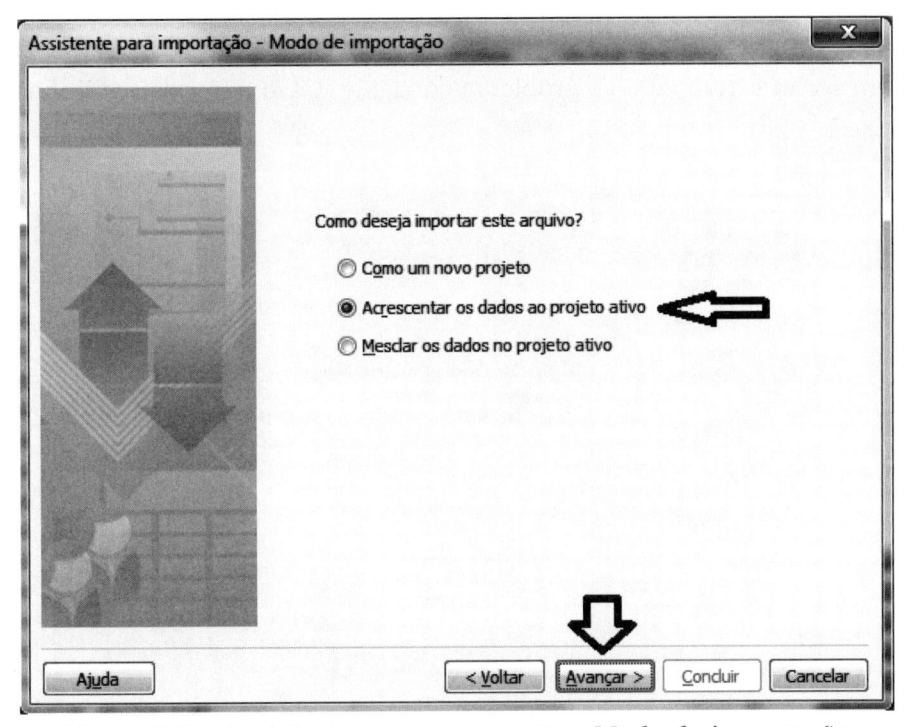

Figura 7.9 – Assistente para importação – Modo de importação

7º Passo: Marque as opções: "Tarefas" e "Incluir cabeçalhos ao importar" e clique em "Avançar".

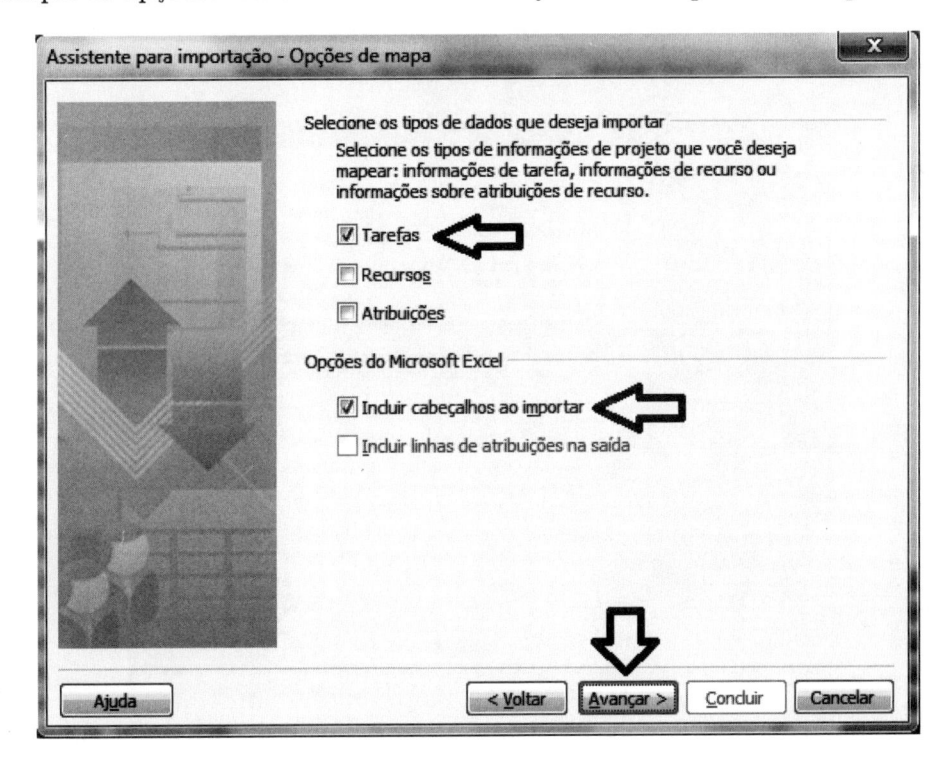

Figura 7.10 – Assistente para importação – Opções de mapa

8º Passo: Esta etapa é a de maior atenção. Deve-se observar se nos campos com informações vindos do Excel e os campos que vão para Project há alguma linha na cor vermelha. Se houver, indica que algo não está correto, portanto a informação não irá para o campo corretamente. Neste caso a importação deverá ser interrompida e o problema corrigido. Caso não existam linhas em vermelho, clique em "Avançar".

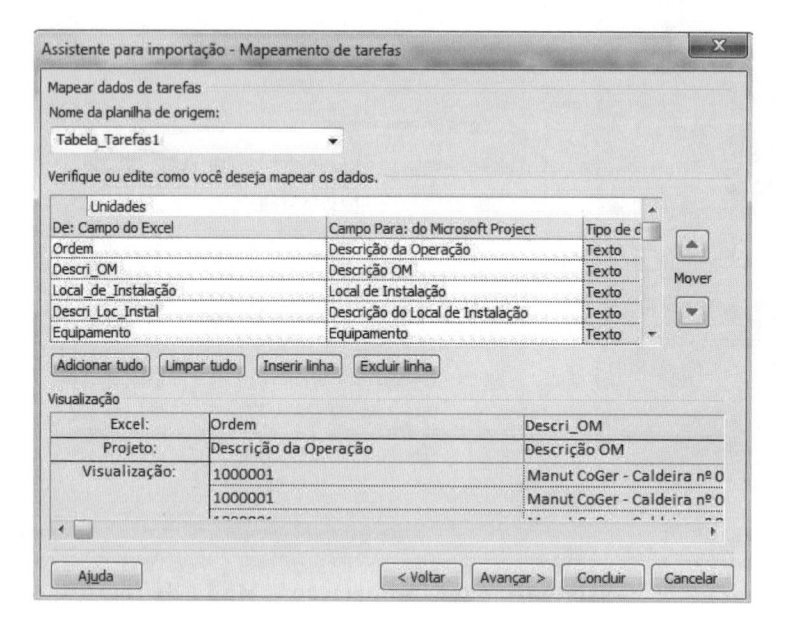

Figura 7.11 – Assistente para importação – Mapeamento de tarefas

9º Passo: Para finalizar o Assistente para importação, clique em "Concluir".

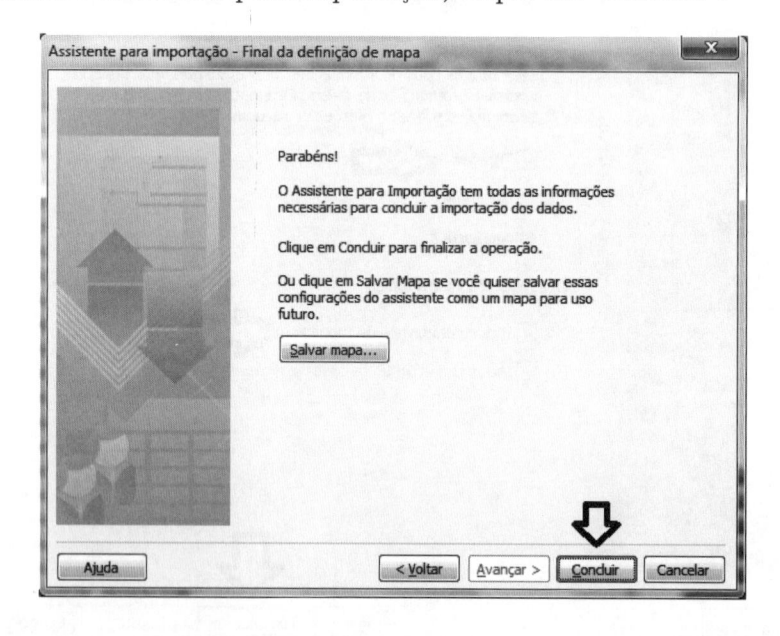

Figura 7.12 – Assistente para importação – Final da definição de mapa

10º Passo: Confira a importação realizada em seu arquivo (Modo de exibição CP – APÓS IMPORTAÇÃO DE ORDENS).

Exercício para *download*: **Exercício do livro - 7 A** - site www.controlplan.com/publicacoes/manutencao-de-entressafra-planejamento-e-controle

Abaixo das tarefas de "Marcos", deverão estar todas as tarefas da planilha de excel, com as colunas "Usina" e "Área" em branco (deixamos desta forma para que o leitor seja instruído e tenha como praticar o lançamento de informações, de uma forma rápida, em uma longa faixa de dados).

Figura 7.13 – Arquivo após a importação das ordens de manutenção

11º Passo: Coloque o Nome da Unidade (campo Usina). Como esta informação será a mesma das linhas anteriores, que são as linhas dos marcos (Início de entressafra, Entrega para a operação e Término de entressafra), o leitor poderá fazer uma cópia direta. Existem várias formas de fazer esta cópia com os comandos comuns do pacote Microsoft Office. Vamos sugerir uma forma própria do MsProject.

Selecione o campo da informação que será copiada (clicando na célula).

Figura 7.14 – Selecionando informação a ser copiada

Com a célula selecionada com a informação a ser copiada, mantenha pressionadas ao mesmo tempo a tecla "shift" (utilizada para digitar as letras maiúsculas), a tecla "ctrl" e a tecla "seta para baixo". Com esta combinação de teclas o MsProject irá selecionar da célula de origem até a última linha do arquivo da mesma coluna.

Figura 7.15 – Selecionando células para cópia

Com todas as células selecionadas, clique com o botão direito do mouse na região selecionada e no menu que surgirá, clique na operação "Preencher Abaixo". Utilize este processo para cópias em massa, pois evita que sejam criadas novas linhas vazias por acidente.

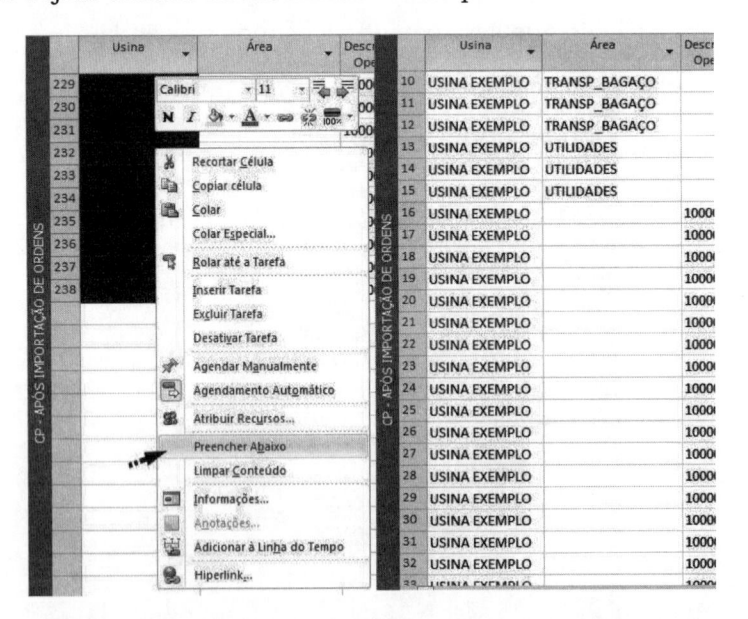

Figura 7.16 – Cópia da informação do campo Usina

O campo Área está pré-configurado com as possibilidades de áreas disponíveis nesse exercício. Com isso, se mantém um padrão caso a empresa tenha mais de uma usina.

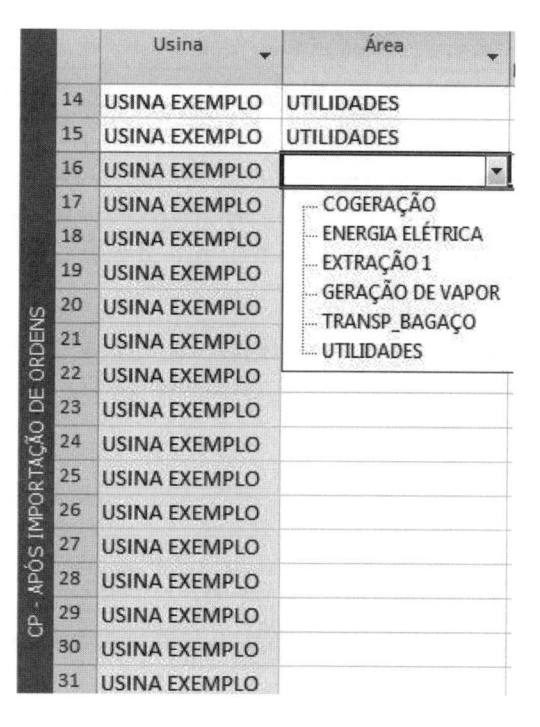

Figura 7.17 – Escolha do nome no campo Área

Para preencher o campo "Área", precisamos identificar na tarefa, de qual área ela pertence. Iremos utilizar o campo "Local de Instalação", filtrando de forma personalizada conforme figura 7.17.

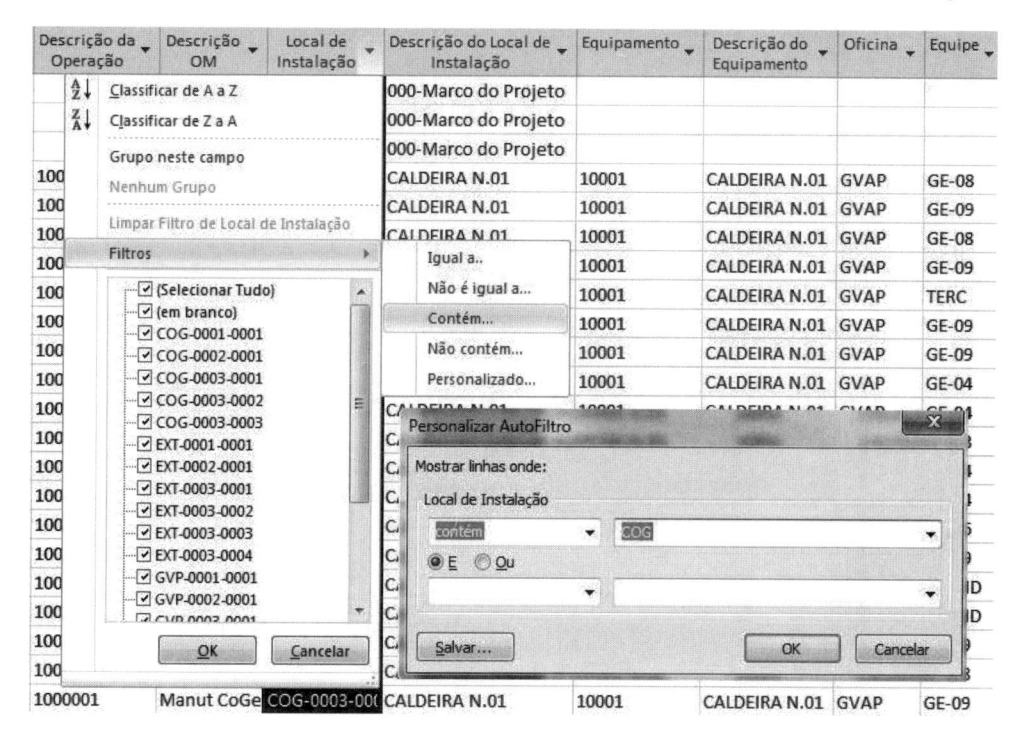

Figura 7.18 – Filtro personalizado.

A seguir temos a Tabela 7.4 pra identificar a área com o código a ser usado no filtro.

Código	Área
COG	COGERAÇÃO
EXT	EXTRAÇÃO 1
GVP	GERAÇÃO DE VAPOR
TRB	TRANSP_BAGAÇO
UTL	UTILIDADES

Tabela 7.4 – Identificação das áreas

Após filtrar, na primeira linha com o campo vazio, escolha a área e faça uma cópia para as linhas seguintes, conforme processos descritos anteriormente. Quando não houver mais tarefas sem a informação de "Área", vá para o modo de exibição "CP – RELATÓRIO RISCOS DE ATRASOS".

Figura 7.19 – Relatório Riscos de Atrasos

Pela Estrutura de Tópicos – solicite o nível 2. Observe que as áreas foram divididas e estão com seus principais Marcos – facilitando a visualização e as possíveis tratativas que virão.

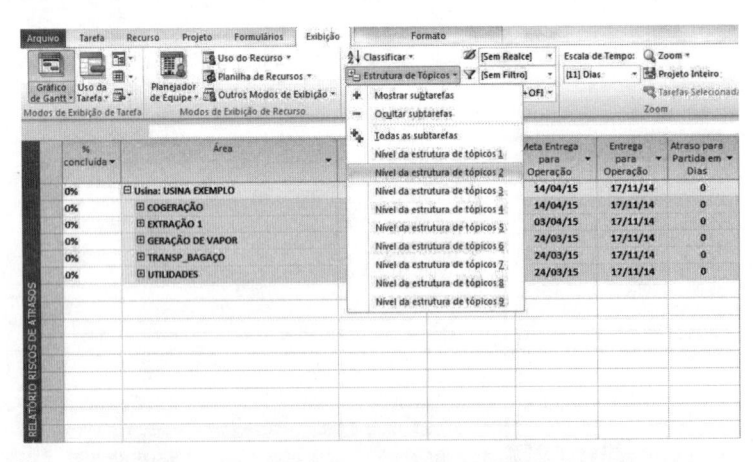

Figura 7.20–Nível da estrutura de tópicos 2

Este modo de exibição “CP – RELATÓRIO RISCOS DE ATRASOS” será amplamente usado durante toda fase de Planejamento como também na fase de Controle.

Nesta fase do processo de planejamento já estamos com todas as informações necessárias para que sejam tratadas e adequadas dentro do espaço tempo de nosso HH disponível: Recursos; Calendário; Férias e Tarefas. Nossa próxima ação é adequarmos estas informações designando recursos para que as tarefas sejam feitas dentro de um planejamento viável.

Exercício para *download*: ***Exercício do livro - 7 B*** - site www.controlplan.com/publicacoes/manutencao-de-entressafra-planejamento-e-controle

7.3 ALOCAÇÃO DE RECURSOS

As informações sobre os recursos participantes das tarefas conforme foram lançadas na Planilha de Ordens não é a ideal para o planejamento de manutenção de entressafra tal qual aqui abordamos. Há a necessidade de que as equipes sejam identificadas conforme as funções necessárias à execução de cada tarefa. Assim com base na identificação das funções componentes de cada equipe conforme na Planilha de Recursos devemos alocar os recursos em cada tarefa. Com isso feito, ai sim teremos o cálculo correto da relação demanda/disponibilidade que é a chave para avaliarmos a exequibilidade do plano.

Agora também teremos que ter muita atenção, pois quando terminarmos nossa alocação de recursos, teremos automaticamente nosso HH Demandado, e já poderemos enxergar nossos possíveis estouros de trabalho baseado em nosso HH Disponível.

Alocando Recursos as Tarefas

No modelo de Project apresentado, existem vários “Modos de Exibição” que facilitam este trabalho, o mais adequado para este processo é o modo de exibição “CP – ATRIBUIR RECURSO”.

7.3.1 Alocação de Recursos - Passo á Passo

1° Passo: Escolher o modo de exibição “CP – ATRIBUIR RECURSO” (este modo já contempla os campos necessários para alocação).

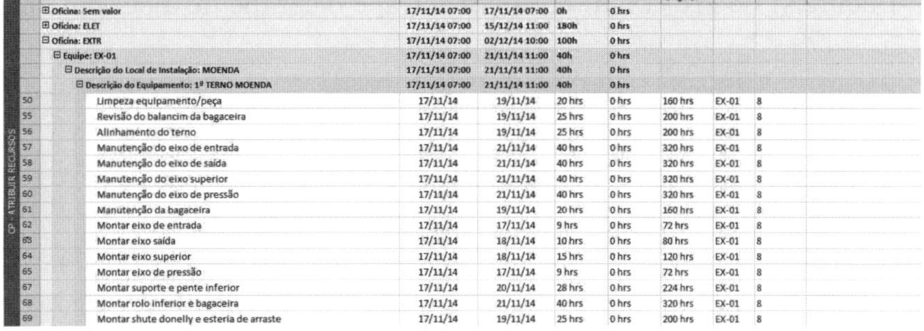

	Descrição da Operação	Início	Término	Duração	Trabalho	Trabalho Original	Equipe	Unidades	Nomes dos recursos
	⊞ Oficina: Sem valor	17/11/14 07:00	17/11/14 07:00	0h	0 hrs				
	⊞ Oficina: ELET	17/11/14 07:00	15/12/14 11:00	180h	0 hrs				
	⊟ Oficina: EXTR	17/11/14 07:00	02/12/14 10:00	100h	0 hrs				
	⊟ Equipe: EX-01	17/11/14 07:00	21/11/14 11:00	40h	0 hrs				
	⊟ Descrição do Local de Instalação: MOENDA	17/11/14 07:00	21/11/14 11:00	40h	0 hrs				
	⊟ Descrição do Equipamento: 1º TERNO MOENDA	17/11/14 07:00	21/11/14 11:00	40h	0 hrs				
50	Limpeza equipamento/peça	17/11/14	19/11/14	20 hrs	0 hrs	160 hrs	EX-01	8	
55	Revisão do balancim da bagaceira	17/11/14	19/11/14	25 hrs	0 hrs	200 hrs	EX-01	8	
56	Alinhamento do terno	17/11/14	19/11/14	25 hrs	0 hrs	200 hrs	EX-01	8	
57	Manutenção do eixo de entrada	17/11/14	21/11/14	40 hrs	0 hrs	320 hrs	EX-01	8	
58	Manutenção do eixo de saída	17/11/14	21/11/14	40 hrs	0 hrs	320 hrs	EX-01	8	
59	Manutenção do eixo superior	17/11/14	21/11/14	40 hrs	0 hrs	320 hrs	EX-01	8	
60	Manutenção do eixo de pressão	17/11/14	21/11/14	40 hrs	0 hrs	320 hrs	EX-01	8	
61	Manutenção da bagaceira	17/11/14	19/11/14	20 hrs	0 hrs	160 hrs	EX-01	8	
62	Montar eixo de entrada	17/11/14	17/11/14	9 hrs	0 hrs	72 hrs	EX-01	8	
63	Montar eixo saída	17/11/14	18/11/14	10 hrs	0 hrs	80 hrs	EX-01	8	
64	Montar eixo superior	17/11/14	18/11/14	15 hrs	0 hrs	120 hrs	EX-01	8	
65	Montar eixo de pressão	17/11/14	17/11/14	9 hrs	0 hrs	72 hrs	EX-01	8	
67	Montar suporte e pente inferior	17/11/14	20/11/14	28 hrs	0 hrs	224 hrs	EX-01	8	
68	Montar rolo inferior e bagaceira	17/11/14	21/11/14	40 hrs	0 hrs	320 hrs	EX-01	8	
69	Montar shute donelly e esteria de arraste	17/11/14	19/11/14	25 hrs	0 hrs	200 hrs	EX-01	8	

Figura 7.21 – Modo de exibição CP – ATRIBUIR RECURSO

Este modo de exibição traz todos os campos necessários para que consigamos alocar os recursos dentro dos critérios estabelecidos pelos superiores hierárquicos.

Observe também que o campo "trabalho" está zerado, pois ainda não alocamos ninguém, assim que o fizermos o software fará o calculo "Trabalho = Duração x Recursos" e nos dará o trabalho calculado.

Planilha em Excel para *download*: **Planilha de recursos.xlsx** - site www.controlplan.com/publicacoes/manutencao-de-entressafra-planejamento-e-controle
Usando as informações da planilha, observe as quantidades que a formam.

Para podermos identificar quais são os recursos formadores de cada equipe, uma vez que a informação que veio na "Planilha de Ordens" devemos: filtrar a planilha pela coluna "Equipe" destacando apenas esses funcionários, ter a coluna função classificada para que assim consiga identificar que funções fazem parte desta equipe e quantos funcionários existem de cada função (Qtd de recursos da equipe).

Por exemplo, uma das equipes que iremos lançar possui funcionários de diversas funções é a equipe EX-01 formada por 8 membros, assim quando você aplicar um filtro nesta planilha sobre a coluna "Equipe" pedindo para mostrar apenas a EX-01 você vai ver as informação sobre o Nome, Equipe, Função (nome do recurso) e dai poderá levantar as quantidades por função desta equipe.

Nome	Equipe	Função (nome do recurso)	Qtd de recursos da equipe
Eduardo	EX-01	AJ-EXTRAÇÃO	
Heitor	EX-01	AJ-EXTRAÇÃO	
Murilo	EX-01	AJ-EXTRAÇÃO	
Vitor	EX-01	AJ-EXTRAÇÃO	
Daniel	EX-01	CA-EXTRAÇÃO	
Pietro	EX-01	MC-EXTRAÇÃO	
Leonardo	EX-01	SO-EXTRAÇÃO	
Vinicius	EX-01	SO-EXTRAÇÃO	AJ-EXTRAÇÃO[4];CA-EXTRAÇÃO;MC-EXTRAÇÃO;SO-EXTRAÇÃO[2]

Tabela 7.5 – Equipe EX-01

Com essa informação em mãos você deverá alocar 4 ajudantes de extração, 1 caldeireiro da extração, 1 mecânico da extração e 2 soldadores da extração quando for a oportunidade de lançar na tarefa os formadores da equipe EX-01.

Marque a opção "Detalhes" no Project (a tela se dividirá) e o campo de alocação aparecerá.

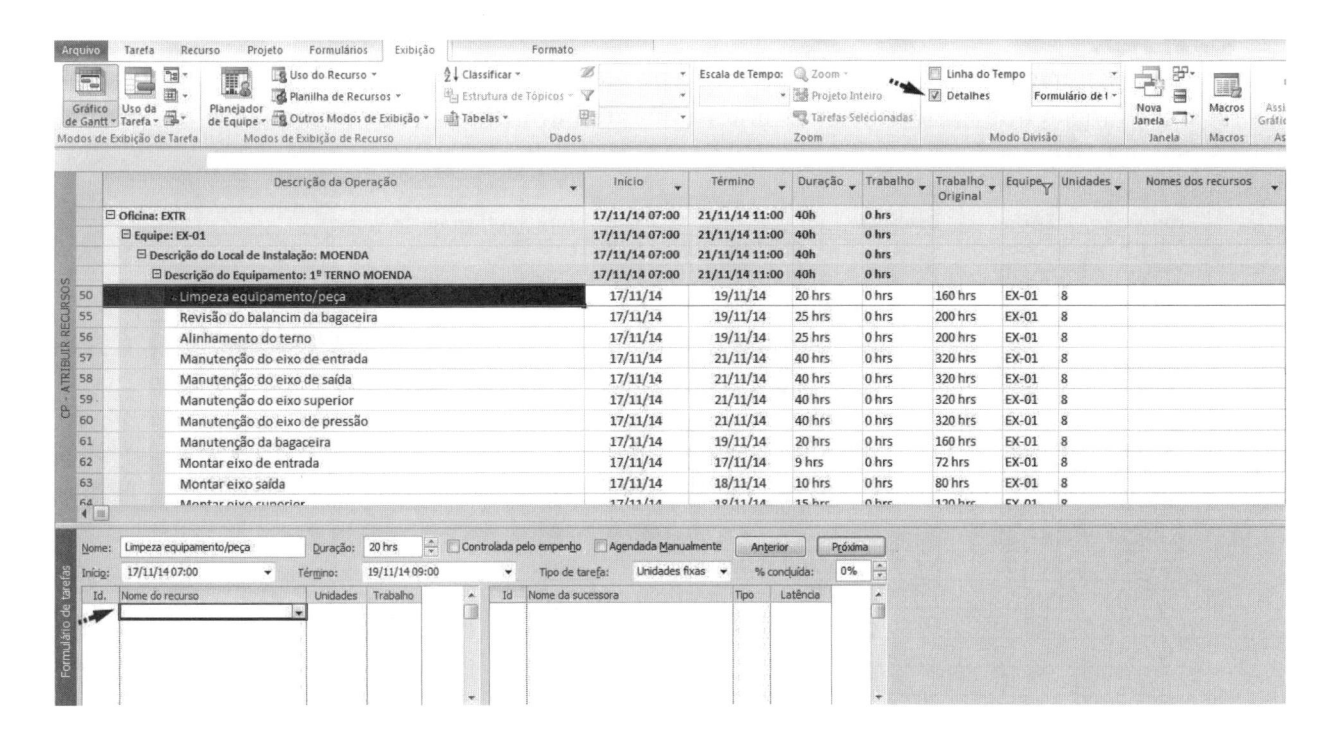

CAPÍTULO 7 PLANEJAMENTO DE TAREFAS E ALOCAÇÃO DE RECURSOS • 129

Figura 7.22 – Alocação de recursos

No plano inferior, na coluna nome do recurso lance cada uma das funções que compõe a equipe com suas respectivas quantidades. Ao concluir o lançamento de toda a equipe nessa tarefa pressione a tecla "OK" e verá no plano superior na coluna "Nomes dos Recursos" surgiu a descrição das funções e quantidades conforme lançadas. *Caso a tarefa seguinte seja da mesma equipe e tenha a mesma quantidade de recursos em cada função, podemos copiar e colar da anterior o conteúdo do campo "Nome dos Recursos". Esta ação deve se repetir até a mudança da equipe (o nosso modo de exibição foi organizado para propiciar tal facilidade), assim lance os recursos para todas as tarefas do projeto sempre se baseando nas quantidades por função descrita na planilha de levantamento de recursos para cada equipe.*

Figura 7.23 – Alocação de recursos

A seguir apresentamos uma tabela que já mostra os resultados do levantamento da quantidade de recursos por função que exemplificamos anteriormente para EX-01 conforme analise na planilha de levantamento de recurso:

Oficina	Equipe	Unidades	Qtd de recursos (função) da equipe
ELET	EE-01	2	AJ-ELÉTRICA;EL-ELÉTRICA
ELET	EE-03	4	AJ-ELÉTRICA[2];EL-ELÉTRICA[2]
ELET	EE-05	4	AJ-ELÉTRICA[2];EL-ELÉTRICA[2]
EXTR	EX-01	8	AJ-EXTRAÇÃO[4];CA-EXTRAÇÃO;MC-EXTRAÇÃO;SO-EXTRAÇÃO[2]
EXTR	EX-02	6	AJ-EXTRAÇÃO[3];CA-EXTRAÇÃO;MC-EXTRAÇÃO;SO-EXTRAÇÃO
EXTR	EX-03	4	AJ-EXTRAÇÃO[2];CA-EXTRAÇÃO;SO-EXTRAÇÃO
EXTR	EX-04	3	CA-EXTRAÇÃO;MC-EXTRAÇÃO;SO-EXTRAÇÃO
EXTR	EX-05	5	AJ-EXTRAÇÃO[2];CA-EXTRAÇÃO;MC-EXTRAÇÃO;SO-EXTRAÇÃO
EXTR	EX-06	4	AJ-EXTRAÇÃO;CA-EXTRAÇÃO;MC-EXTRAÇÃO;SO-EXTRAÇÃO
EXTR	TERC	1	TC-ROLOS
GVAP	GE-01	8	AJ-CALDEIRA[2];CA-CALDEIRA[2];MC-CALDEIRA[2];SO-CALDEIRA[2]
GVAP	GE-03	3	CA-CALDEIRA[2];SO-CALDEIRA
GVAP	GE-04	3	CA-CALDEIRA[2];SO-CALDEIRA
GVAP	GE-06	2	CA-CALDEIRA;SO-CALDEIRA
GVAP	GE-07	2	PI-CALDEIRA[2]
GVAP	GE-08	6	AJ-CALDEIRA[2];MC-CALDEIRA[4]
GVAP	GE-09	4	AJ-CALDEIRA[2];MC-CALDEIRA[2]
GVAP	TERC	1	TC-CALDEIRA
INST	IE-01	4	AJ-INSTRUMENTAÇÃO[2];IN-INSTRUMENTAÇÃO[2]
INST	IE-02	4	AJ-INSTRUMENTAÇÃO[2];IN-INSTRUMENTAÇÃO[2]
MECN	ME-01	3	AJ-MECANICA;MC-MECANICA[2]
MECN	ME-02	3	AJ-MECANICA;MC-MECANICA[2]
MECN	ME-03	3	AJ-MECANICA;MC-MECANICA[2]

Tabela 7.6 – Equipe/recursos

Cuidados 1: Para que a alocação correta em cada tarefa seja calculada, deve-se cadastrar todos os recursos da equipe e suas quantidades e no final clicar em "OK". Caso isto não ocorra poderá erro no computo total das horas de trabalho naquela tarefa. Quando esta operação pode ser substituída pela copia conforme orientada o software irá proceder aos cálculos automaticamente.

Cuidados 2: Se cadastrarmos um recurso errado e precisarmos trocá-lo, não podemos simplesmente substituir um por outro, temos que excluir toda a equipe depois clicar em "OK". Após isso cadastre novamente toda a equipe correta.

Exercício para *download*: **Exercício do livro - 7 C** - site www.controlplan.com/publicacoes/manutencao-de-entressafra-planejamento-e-controle

7.4 DEFININDO OS MARCOS DE ENTRESSAFRA

Imagine que na sua unidade:

- Data de Início de Entressafra: 17/11/14 para as áreas Extração 1, Geração de Vapor e Utilidades e 15/12/14 para as áreas Cogeração e Transp_Bagaço.

CAPÍTULO 7   PLANEJAMENTO DE TAREFAS E ALOCAÇÃO DE RECURSOS   •   **131**

Quando a safra termina, algumas áreas podem começar a manutenção quase imediatamente ao término de safra, porém, outras áreas como a Cogeração precisam iniciar a manutenção de entressafra mais tarde. Assim o modelo metodológico possibilita que você estabeleça diferentes datas para o início de entressafra por área. Você deve proceder da seguinte forma:

As áreas de Extração 1, Geração de Vapor e Utilidade, não precisam ser alteradas, pois iniciam na data do início do projeto (17/11/14 07:00).

As áreas Cogeração e Transp_Bagaço deverão iniciar a manutenção de entressafra mais tarde (15/12/14 07:00). Para isso basta colocar uma restrição de início na tarefa "Início de Entressafra" que é predecessora de todos os equipamentos da área. Vá para o modo de exibição "CP-RESUMO GERAL" e dê 2 cliques na tarefa "Início de Entressafra" da área "Cogeração". Neste instante irá abrir a janela "Informações da tarefa". Clique na aba "Avançado" e no campo "Tipo de restrição:", altere para "Não iniciar antes de" e no campo "Data da restrição:" altere a data para "15/12/2014 07:00".

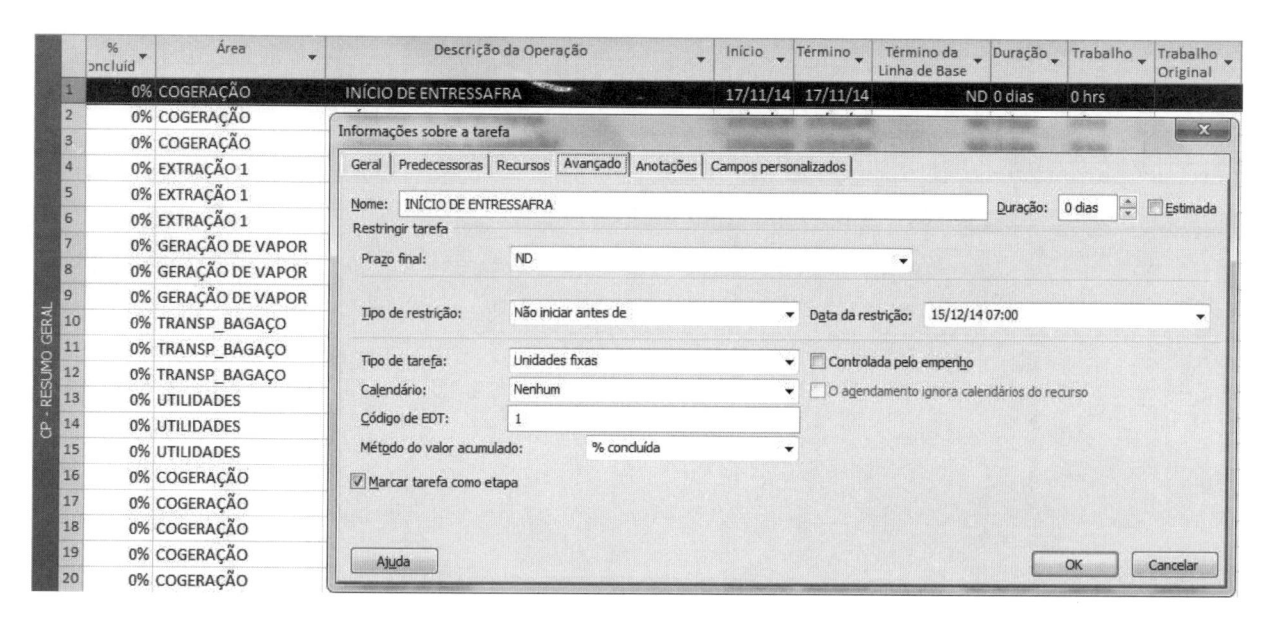

Figura 7.24 – Restrição de início

- Data de Entrega para a Operação:16/03/15 para as áreas Geração de Vapor, Transp_Bagaço e Utilidades e 15/04/15 para as áreas Cogeração e Extração 1.

Da mesma forma, as tarefas "Entrega para a Operação" não serão todas nas mesmas datas para cada área da usina. Como já explicado em capítulos anteriores, por exemplo, a área de Geração de Vapor e Utilidades tem de ser entregues para a operação antecipadamente. O procedimento para assinalar a entrega para operação é o seguinte:

Para estabelecermos o Marco de Entrega para operação de cada área devemos escrever esta informação na célula "Termino da Linha de Base" para esses marcos de cada área. Assim ative o modo de exibição "CP-RESUMO GERAL" e filtre a coluna "Nome" apenas para as tarefas "Entrega para a operação". Na coluna "Término da Linha de Base" digite para COGERAÇÃO a data de 15/04/15 17:00, EXTRAÇÃO 1 a data de 15/04/15 17:00, GERAÇÃO DE VAPOR a data de 24/03/15 17:00, TRASNP_BAGAÇO a data de 24/03/15 17:00 e para UTILIDADE digite a data de 16/03/15 17:00.

	% concluída	Área	Nome	Início	Término	Término da Linha de Base
3	0%	COGERAÇÃO	ENTREGA PARA A OPERAÇÃO	17/11/14 07:00	17/11/14 07:00	15/04/15 17:00
6	0%	EXTRAÇÃO 1	ENTREGA PARA A OPERAÇÃO	17/11/14 07:00	17/11/14 07:00	15/04/15 17:00
9	0%	GERAÇÃO DE VAPOR	ENTREGA PARA A OPERAÇÃO	17/11/14 07:00	17/11/14 07:00	24/03/15 17:00
12	0%	TRANSP_BAGAÇO	ENTREGA PARA A OPERAÇÃO	17/11/14 07:00	17/11/14 07:00	24/03/15 17:00
15	0%	UTILIDADES	ENTREGA PARA A OPERAÇÃO	17/11/14 07:00	17/11/14 07:00	16/03/15 17:00

Figura 7.25 – Inserir data de Entrega para a operação

Exercício para *download*: **Exercício do livro - 7 D** - site www.controlplan.com/publicacoes/manutencao-de-entressafra-planejamento-e-controle

CAPÍTULO 8

CONCLUSÃO DO PLANEJAMENTO

Estabelecimento das precedências, viabilidade e resolução de conflitos, redistribuição de recursos, plano de ação, perspectivas de avanço ou curva S, linha de base e publicação do cronograma referência, concluindo a fase de planejamento com a reunião de kick-off.

8.1 LANÇAMENTO DAS PRECEDÊNCIAS

Tem como objetivo descrever a ordem da sequência de execução das operações do plano de manutenção.

Lembramos que a sequência que será informada nesse processo é uma sequência técnica (pré-requisito de execução), requerida pelo equipamento independente da disponibilidade de recursos (a questão da disponibilidade será analisada mais adiante quando tratarmos do tema redistribuição de recursos).

Para o lançamento da rede de precedências, devemos nos basear nas informações dos supervisores ou de especialistas das áreas ou oficinas, identificando a necessidade da execução de uma operação precedente a outra (ordem de precedência).

"Todas as tarefas componentes de um projeto devem, necessariamente, possuir predecessoras e sucessoras, com exceção da primeira tarefa do projeto, que só tem sucessora, e da última, que só tem predecessora". (Capítulo 3 – Técnicas de gerenciamento de projetos aplicadas à entressafra).

Nesse momento o leitor deve usar o arquivo e os dados que estão sendo trabalhados desde os capítulos 6 e 7 ou usar o arquivo *__Exercício do livro – 7 D__*, que pode ser baixado no *site* www.controlplan.com/publicacoes/manutencao-de-entressafra-planejamento-e-controle

A prática que se segue é um exemplo da metodologia que apresentamos, assim o cenário aqui colocado é de finalidade didática. A relação de precedência no caso da aplicação real em cada usina deve ser estabelecida pelos supervisores de cada oficina descrevendo a sequência técnica essencial do reparo dos equipamentos e seus componentes.

Para um melhor aproveitamento do exercício, disponibilizamos através de download uma planilha para que seja feita a pratica do lançamento de todas as precedências: *__Mapa de precedências.xlsx__* - site www.controlplan.com/publicacoes/manutencao-de-entressafra-planejamento-e-controle

O modo de exibição ideal para o lançamento das precedências é o modo de exibição CP - RESUMO FASE DE PLANEJAMENTO.

Figura 8.1 – CP – RESUMO FASE DE PLANEJAMENTO

No menu "Exibição", marque a opção "Detalhe" para dividir a tela.

Caso não apareçam no plano inferior as colunas Predecessoras e Sucessoras, clique com o botão inverso do mouse e surgirá um menu interativo com as opções de formato deste formulário, que você vê na parte inferior direita, e opte por Predecessoras e Sucessoras.

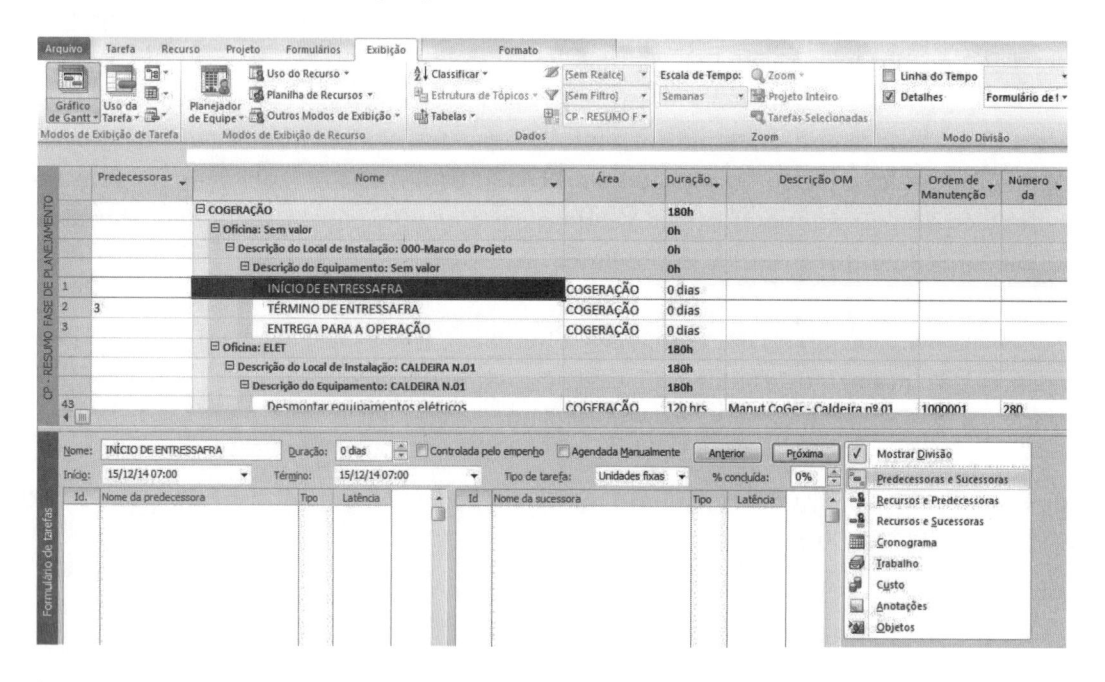

Figura 8.2 – Opção Predecessoras e Sucessoras

O plano superior (metade superior da tela) permanece com o modo de exibição que estávamos empregando; no plano inferior surge um formulário que vem a ser o detalhamento da linha que você está apontando, neste momento no plano superior. À medida que você mudar de linha no plano superior, no plano inferior será exibido então o formulário com mais detalhes de informação em relação à tarefa que você agora aponta.

CAPÍTULO 8 CONCLUSÃO DO PLANEJAMENTO • 137

Marcando cada tarefa estabeleça a relação entre elas usando os números do campo "ID".

A relação de precedência entre duas tarefas A e B é estabelecida no *software* quando selecionamos no plano superior a tarefa B (nesse instante, no plano inferior irão aparecer, no formulário de tarefas, os detalhes da tarefa B); daí digitamos na coluna Predecessoras no formulário do plano inferior, o número de identificação (ID) da tarefa A (aquela que é pré-requisito de execução de B). Utilizando o Mapa de Precedência, deve se selecionar a Área, Equipamento e Oficina que será inserido a precedência. Depois da seleção destes itens, selecione o Nome da tarefa que será inserida a predecessora. Nas colunas ao lado se encontra, Nome da Predecessora, Tipo de ligação - Predecessora e latência da tarefa selecionada.

Com o Nome da tarefa selecionado, no MS-Project devemos localizar o Nome da Predecessora e a ID correspondente a tarefa, que deve localizar na mesma Área.

Caso a coluna Tipo de ligação – Predecessora e latência estejam vazias na planilha Mapa de precedências, devemos considerar essas opções, sendo padrão no MS-Project.

MAPA PRECEDENCIA			
ÁREA - EXTRAÇÃO 1 Equipamento - 1º, 2º, 3º E 4ºTERNO Oficina:EXTR			
Nome da tarefa	Nome da Predecessora	Tipo de ligação - Predecessora	Latência
Desmontar equipamento	INÍCIO DE ENTRESSAFRA		
Limpeza equipamento/peça	Desmontar equipamento		

Tabela 8.1 - Mapa de precedências

EX: Nome da Tarefa: Limpeza equipamento/ peça; Nome da Predecessora: Desmontar Equipamento. Na janela que se dividiu, localizar o numero da ID tarefa desejada, e inserir o numero da ID, Tipo de Ligação e Latência que foi solicitada para a tarefa.

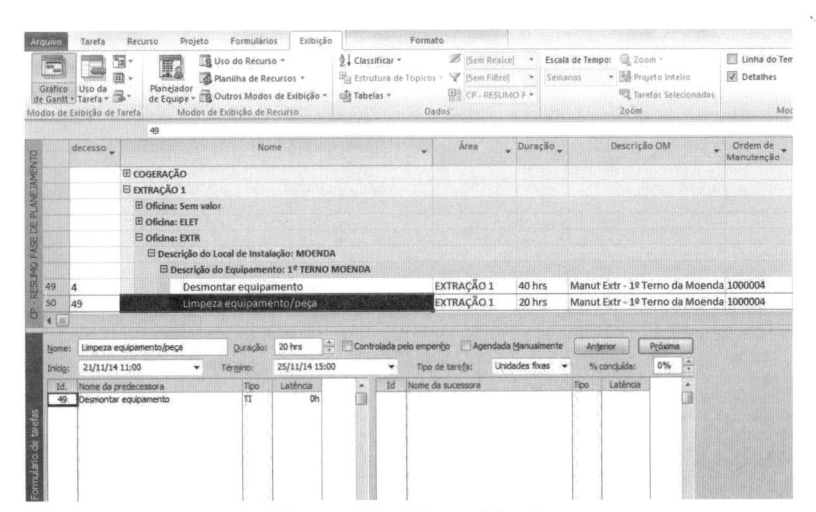

Figura 8.3 – Precedência

No Project o tipo padrão de predecessoras é TI (término/início), ou seja, uma tarefa tem que terminar para que a outra se inicie.

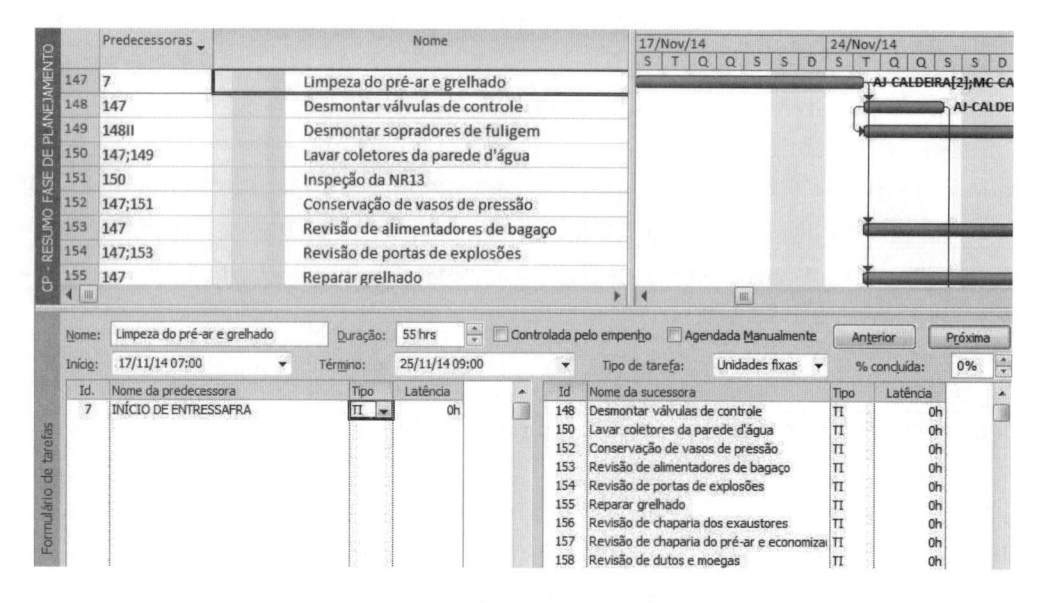

Figura 8.4 – Término/início

Também é comum encontrarmos o tipo de precedência II (início a início = para o início da sucessora basta a condição de início da sua predecessora).

Se não houver latência entre essas duas tarefas, significa que a sucessora pode começar imediatamente ao início da predecessora, porém se tal simultaneidade não for aplicável, devemos indicar em latência o intervalo de tempo após o início da predecessora que tem de ser respeitado para que a sucessora possa iniciar.

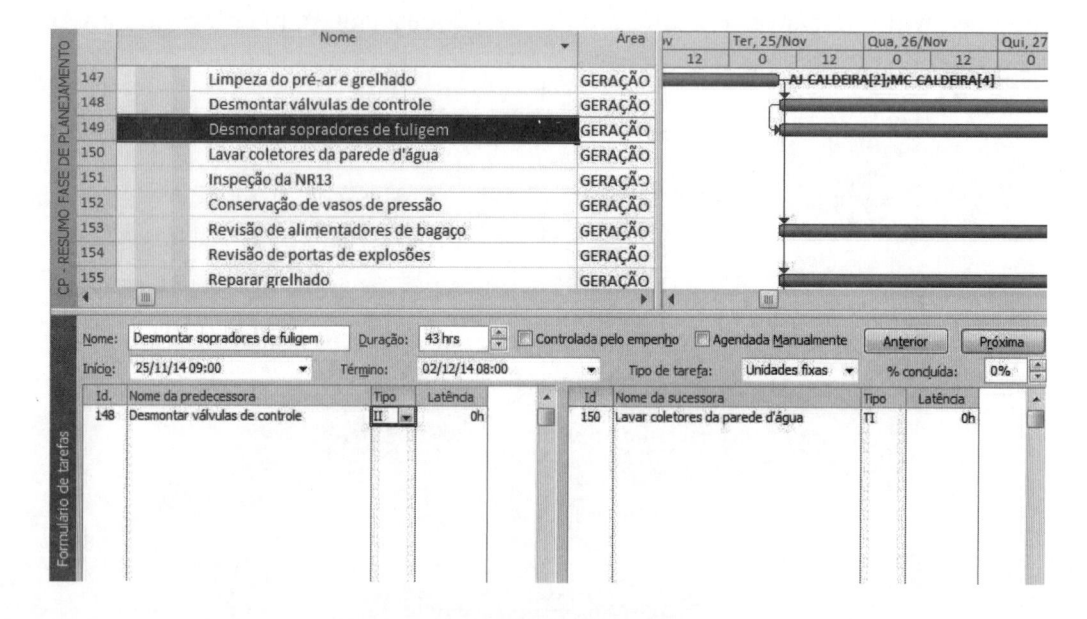

Figura 8.5 – Início a início

O que determinará sua dependência é a análise ou conhecimento técnico dos supervisores ou especialistas de área que delinearam as necessidades. O Planejador pelo seu conhecimento do software e de manutenção também opinará sobre as predecessoras e sucessoras.

Como se trata de um procedimento um pouco longo e você decida "pular" essa pratica, em parte, existe disponível no site do livro um arquivo com todas as precedências lançadas, **_Exercício do livro – 8 A_** - site www.controlplan.com/publicacoes/manutencao-de-entressafra-planejamento-e-controle

8.2 VIABILIDADE DO PLANO

Normalmente o planejamento de manutenção começa entre seis e quatro meses antes da data provável de término de safra. Em um primeiro instante são abertas as ordens, que historicamente a usina repete a cada entressafra, e grandes reparos que os supervisores já pressentem como necessários, o que normalmente representa mais de 50% dos trabalhos necessários. Para que possam ser tomadas medidas administrativas que podem envolver inclusive a necessidade de contratação de terceiros, deve-se desde já iniciar os estudos de viabilidade e resolução de conflitos.

A partir daí, com incidentes operacionais do dia a dia e chegada de informações atualizadas de preditiva, a lista dos serviços necessários vai sendo complementada com a abertura e atualização no MS Project dos lotes adicionais de ordens. A cada um desses lotes adicionais é necessária uma revisão do planejamento com estudos de viabilidade e resolução de conflitos, pois a relação demanda x disponibilidade só tende a piorar.

8.2.1 Redistribuição de Recursos

Após termos alocados nossos recursos e havermos estabelecido a rede de precedências devemos proceder à redistribuição dos recursos (nivelamento de recursos), uma vez que o estado atual do cronograma não foi ainda processado, para analisar se temos recursos suficientes para atender a demanda que o cronograma ora aponta. Pode ser que nesse instante, as tarefas de desmontagem que estão simultâneas requeiram mais recursos do que dispomos. A redistribuição irá postergar algumas dessas tarefas simultâneas de tal forma que nunca haja uma demanda de recursos maior do que a disponibilidade, o que em tese pode até vir a atrasar o término do projeto. A operação de redistribuição visa colocar como simultâneas tarefas até que o total de recursos dessas tarefas fique abaixo do limite da disponibilidade, como se esse limite de disponibilidade funcionasse como nível. Por isso, na maioria das traduções, a operação não se chama de redistribuição e sim de nivelamento.

A redistribuição (nivelamento) é um processo de grande complexidade e pode ter até diferentes opções de respostas possíveis, dependendo de opções selecionadas na janela de diálogo de Nivelamento de Recursos. No nosso exercício estamos sempre usando a opção que vai procurar a solução que tem a menor perda de folgas.

Passo a passo:

O cenário desse conflito de demanda e disponibilidade é identificável no modo de exibição CP–PLANILHA DE RECURSOS, pois, qualquer recurso que pelo menos em um instante do projeto tenha um "estouro de disponibilidade" é indicado pela cor vermelha. O fato de um projeto ainda não redistribuído aparecer com todos os recursos em vermelho é o usual.

Nome do Recurso	Tipo	Oficina	Função	Qtd original	Necessidade	Unidades máximas	Média HH	Trabalho	Pode redistribuir	Recursos por Administração	Calendário base
⊟ Grupo: ELET		ELET			0	10		4.074 hrs	Não	0	
AJ-ELÉTRICA	Trabalho	ELET	AJUDANTE	5	0	5	407,4	2.037 hrs	Sim	0	Exercício do livro
EL-ELÉTRICA	Trabalho	ELET	ELETRICISTA	5	0	5	407,4	2.037 hrs	Sim	0	Exercício do livro
⊟ Grupo: EXTR		EXTR			0	31		14.997 hrs	Não	0	
AJ-EXTRAÇÃO	Trabalho	EXTR	AJUDANTE	12	0	12	594,42	7.133 hrs	Sim	0	Exercício do livro
CA-EXTRAÇÃO	Trabalho	EXTR	CALDEIREIRO	6	0	6	383,33	2.300 hrs	Sim	0	Exercício do livro
MC-EXTRAÇÃO	Trabalho	EXTR	MECÂNICO	5	0	5	380,8	1.904 hrs	Sim	0	Exercício do livro
SO-EXTRAÇÃO	Trabalho	EXTR	SOLDADOR	7	0	7	517,71	3.624 hrs	Sim	0	Exercício do livro
TC-ROLOS	Trabalho	EXTR	TERC	1	0	1	36	36 hrs	Não	0	Exercício do livro
⊟ Grupo: GVAP		GVAP			0	31		12.894 hrs	Não	0	
AJ-CALDEIRA	Trabalho	GVAP	AJUDANTE	8	0	8	361	2.888 hrs	Sim	0	Exercício do livro
CA-CALDEIRA	Trabalho	GVAP	CALDEIREIRO	7	0	7	496	3.472 hrs	Sim	0	Exercício do livro
MC-CALDEIRA	Trabalho	GVAP	MECÂNICO	8	0	8	439	3.512 hrs	Sim	0	Exercício do livro
PI-CALDEIRA	Trabalho	GVAP	PINTOR	2	0	2	62	124 hrs	Sim	0	Exercício do livro
SO-CALDEIRA	Trabalho	GVAP	SOLDADOR	5	0	5	523,2	2.616 hrs	Sim	0	Exercício do livro
TC-CALDEIRA	Trabalho	GVAP	TERC	1	0	1	282	282 hrs	Não	0	Exercício do livro
⊟ Grupo: INST		INST			0	8		4.000 hrs	Não	0	
AJ-INSTRUMENTAÇÃO	Trabalho	INST	AJUDANTE	4	0	4	500	2.000 hrs	Sim	0	Exercício do livro
IN-INSTRUMENTAÇÃO	Trabalho	INST	INSTRUMENTIS	4	0	4	500	2.000 hrs	Sim	0	Exercício do livro
⊟ Grupo: MECN		MECN			0	9		3.495 hrs	Não	0	
AJ-MECANICA	Trabalho	MECN	AJUDANTE	3	0	3	388,33	1.165 hrs	Sim	0	Exercício do livro
MC-MECANICA	Trabalho	MECN	MECÂNICO	6	0	6	388,33	2.330 hrs	Sim	0	Exercício do livro

Figura 8.6 – Planilha de recursos antes do nivelamento

Se formos observar o modo de exibição "CP-RELATÓRIO RISCOS DE ATRASOS" não há atrasos, pois por enquanto as datas mais tarde de cada área ainda são mais cedo que as datas estabelecidas como metas de entrega para a operação.

% concluída	Área	Início	Término	Meta Entrega para	Entrega para Operação	Atraso para Partida em Dias
0%	⊟ Usina: USINA EXEMPLO	17/11/14 07:00	04/03/15 16:00	15/04/15	04/03/15	0
0%	⊞ COGERAÇÃO	15/12/14 07:00	04/03/15 16:00	15/04/15	04/03/15	0
0%	⊞ EXTRAÇÃO 1	17/11/14 07:00	12/01/15 08:00	15/04/15	12/01/15	0
0%	⊞ GERAÇÃO DE VAPOR	17/11/14 07:00	27/01/15 17:00	24/03/15	27/01/15	0
0%	⊞ TRANSP_BAGAÇO	15/12/14 07:00	28/01/15 14:00	24/03/15	28/01/15	0
0%	⊞ UTILIDADES	17/11/14 07:00	07/01/15 09:00	16/03/15	07/01/15	0

Figura 8.7 – Riscos de atrasos antes de redistribuir

No menu **Recurso → Opções de redistribuição:** selecione as seguintes opções:

Redistribuição de cálculos: Manual
Procurar superlocações em uma "A cada minuto" **base**

Selecione "Limpar nivelamentos anteriores"

Em **Intervalo de redistribuição para 'Exercício do livro – 8 A.mpp'**, selecione "Redistribuir o projeto inteiro"

Ordem de redistribuição: Padrão

Obs.: os cinco campos a partir de "Redistribuir sem atrasar o projeto" não devem estar marcados. Após seguir as orientações acima, clique no botão "Redistribuir Tudo".

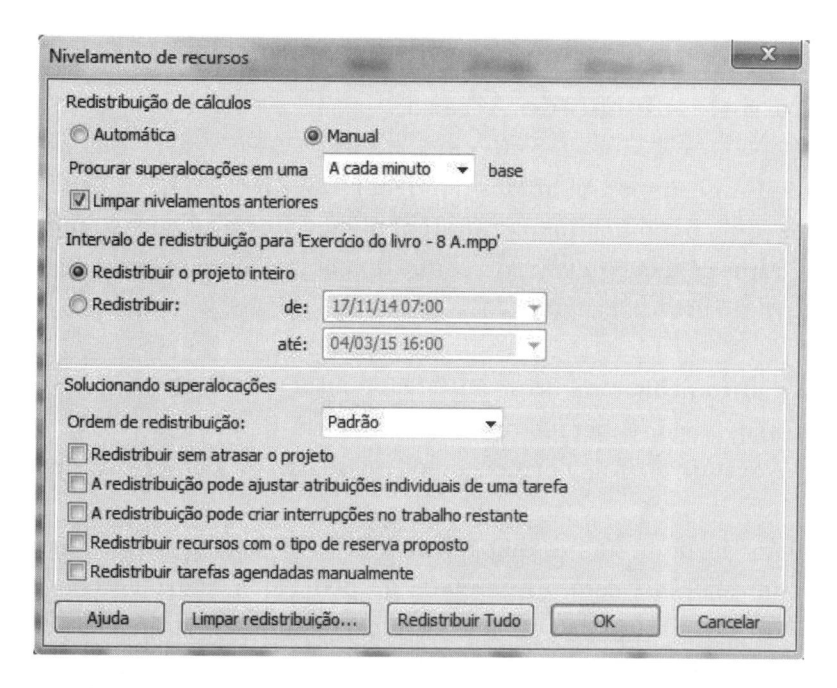

Figura 8.8 – Janela de diálogo Nivelamento de recursos

Agora, após a redistribuição dos recursos, o modo de exibição CP - RELATÓRIO RISCOS DE ATRASOS aponta que a área da Geração de Vapor ficou com 9,96 dias de atraso. O objetivo de um trabalho sério de planejamento é o de analisar se os atuais meios que a empresa dispõe são suficientes para alcançar o objetivo empresarial dentro de suas necessidades estratégicas. E caso identificado que não sejam suficientes, tal trabalho tem que apontar claramente o que é necessário para que o objetivo seja alcançado conforme o desejado.

% concluída	Área	Início	Término	Meta Entrega para	Entrega para Operação	Atraso para Partida em Dias
0%	⊟ Usina: USINA EXEMPLO			15/04/15	08/04/15	9,96
0%	⊞ COGERAÇÃO			15/04/15	08/04/15	0
0%	⊞ EXTRAÇÃO 1			15/04/15	03/04/15	0
0%	⊞ GERAÇÃO DE VAPOR			24/03/15	03/04/15	9,96
0%	⊞ TRANSP_BAGAÇO			24/03/15	30/03/15	5,96
0%	⊞ UTILIDADES			16/03/15	25/03/15	8,67

Figura 8.9 – Atrasos por área após redistribuir recursos

Com este modo de exibição conseguimos identificar em qual área ou em quais áreas estão ocorrendo atrasos pelo nivelamento. Nosso próximo passo será melhor identificar os causadores dos atrasos e resolvê-los da melhor forma possível (pode haver mais de uma solução aplicável).

Observe na planilha de recursos que todos os recursos próprios mudaram de cor, indicando que foram redistribuídos.

Exercício para *download*: **Exercício do livro – 8 B** - *site* www.controlplan.com/publicacoes/manutencao-de-entressafra-planejamento-e-controle

8.2.2 Meios para a Resolução de Atrasos

Devemos alterar os dados de disponibilidades dos recursos, adequando-os dentro das necessidades do projeto, uma vez que o planejamento já tenha comprovado que a relação cronograma x disponibilidade de recursos é inexequível; isto é, não dispomos de recursos suficientes para executar todas as tarefas dentro do prazo desejado.

Neste caso, após a redistribuição, o relatório CP- RELATÓRIO RISCOS DE ATRASOS identificou que existem riscos de atrasos, logo, sabemos onde é necessária a aplicação das correções para tornar o cronograma viável e exequível. Tais correções podem se dar baseadas em uma série de opções.

a. Solução da relação da demanda x disponibilidade. Por algum procedimento factível iremos disponibilizar mais recursos, com a finalidade de podermos realizar mais tarefas simultâneas e com isso diminuir o prazo do projeto até alcançar as datas desejadas. Temos que identificar quais recursos a operação de nivelamento fez atrasar o plano, pois tais recursos precisam de uma solução de disponibilidade. As opções apontadas devem ser avaliadas segundo a mais aplicável para cada recurso superalocado.

   1. Pela contratação de mais recursos próprios;
   2. Pela colaboração de recursos de mesma função (com sobra de disponibilidade), mas de outra oficina;
   3. Pela contratação de serviços de terceiros para substituir a mão de obra própria;

      i. Por empreitada: são contratados terceiros para executarem tarefas (operações) específicas do cronograma. Nessa condição de contratação os terceiros não participarão de nenhuma outra tarefa e a responsabilidade quanto à eficiência do efetivo contratado é da prestadora de serviços contratada.
      ii. Por administração: são contratados de uma empresa terceira recursos de funções específicas para atenderem (suprirem) a demanda necessária de recursos próprios identificados em conflito. No dia a dia, tais recursos vão agir como se fossem recursos próprios se misturando, quando necessário, às equipes da usina sob comando operacional da contratada. Nesse caso é essencial, antes de contratarmos, a identificação clara da quantidade necessária por função.

b. Por um reestudo das ordens e operações no sentido de identificar tarefas que possam estar com suas durações superestimadas (e daí corrigir, redistribuir o plano e avaliar se as soluções apresentadas foram suficientes para viabilizar o cenário).

Um ponto crucial de nossa metodologia é que devemos primeiro procurar soluções para as áreas que representam maiores atrasos, pois, via de regra, a solução dessa indisponibilidade vai minimizar ou em muitos casos sanar atrasos de outras áreas. Isso é muito típico quando o problema de disponibilidade é causado por recursos de oficinas que trabalhem em diversas áreas da usina.

8.2.3 Resolução dos Atrasos no Software

Já identificamos pelo modo de exibição CP - RELATÓRIO RISCOS DE ATRASOS que a área Geração de Vapor está causando atraso no plano. Agora vamos identificar as possíveis causas.

Ao descer mais um nível na Geração de Vapor (nesse modo de exibição), nota-se que as oficinas GVAP e a INST estão com datas de término de suas atividades para além da data meta de entrega para a operação (24/03/15), contudo a GVAP é a que representa o maior atraso.

% concluída	Área	Início	Término	Meta Entrega para	Entrega para Operação	Atraso para Partida em Dias
0%	Usina: USINA EXEMPLO	17/11/14 07:00	08/04/15 16:00	15/04/15	08/04/15	9,96
0%	COGERAÇÃO	15/12/14 07:00	08/04/15 16:00	15/04/15	08/04/15	0
0%	EXTRAÇÃO 1	17/11/14 07:00	03/04/15 12:00	15/04/15	03/04/15	0
0%	GERAÇÃO DE VAPOR	17/11/14 07:00	03/04/15 16:00	24/03/15	03/04/15	9,96
0%	Oficina: Sem valor	17/11/14 07:00	03/04/15 16:00	24/03/15	03/04/15	9,96
0%	Oficina: ELET	17/11/14 07:00	04/03/15 14:00	ND	ND	0
0%	Oficina: GVAP	17/11/14 07:00	03/04/15 16:00	ND	ND	0
0%	Oficina: INST	17/11/14 07:00	25/03/15 11:00	ND	ND	0
0%	Oficina: MECN	17/11/14 07:00	20/02/15 16:00	ND	ND	0
0%	TRANSP_BAGAÇO	15/12/14 07:00	30/03/15 16:00	24/03/15	30/03/15	5,96
0%	UTILIDADES	17/11/14 07:00	25/03/15 09:00	16/03/15	25/03/15	8,67

Figura 8.10 – Identificação de oficinas em atraso

No modo de exibição CP – USO DO RECURSO POR OFICINA, na GVAP, pode-se perceber que nessa oficina onde suas atividades prolongam-se além da data desejada, são os soldadores e caldeireiros que têm seu % aloc mais próximo do limite de disponibilidade, logo precisaremos verificar a possibilidade de colaboração de recursos entre áreas e/ou partir para a contratação de terceiros ou próprios.

	Nome	Início	Término	Unidades máximas	Pico	Detalhes	19/01	26/01	02/02	09/02	16/02	23/02	02/03	09/03	16/03	23/03	30/03	06/04
	Grupo: GVAP	17/11/14	08/04/15	31	32	Unid. pico ()	20	25	27	26	27	28	14	14	19	19	16	8
						% aloc.	63%	67%	84%	79%	80%	65%	44%	39%	57%	56%	33%	15%
1	AJ-CALDEIRA	17/11/14	08/04/15	8	8	Unid. pico	4	6	6	6	6	8	2	2	4	4	4	2
						% aloc.	50%	55%	75%	75%	75%	63%	25%	16%	43%	50%	32%	15%
6	CA-CALDEIRA	17/11/14	08/04/15	7	7	Unid. pico	5	5	5	5	7	7	6	6	6	6	4	2
						% aloc.	71%	71%	71%	71%	79%	87%	86%	86%	86%	70%	36%	17%
9	MC-CALDEIRA	17/11/14	08/04/15	8	8	Unid. pico	6	6	8	8	8	8	2	2	4	4	4	2
						% aloc.	75%	75%	96%	91%	96%	63%	25%	16%	43%	50%	32%	15%
13	SO-CALDEIRA	17/11/14	08/04/15	5	5	Unid. pico	5	5	5	5	5	4	4	5	5	4	2	
						% aloc.	100%	100%	100%	100%	98%	82%	71%	71%	95%	89%	51%	24%
14	TC-CALDEIRA	25/11/14	20/02/15	1	2	Unid. pico		1	1	2	1							
						% aloc.		18%	100%	120%	84%							
12	PI-CALDEIRA	25/11/14	05/02/15	2	2	Unid. pico		2	2									
						% aloc.		18%	64%									

Figura 8.11 – Uso do recurso

Mudando o agrupamento para "CP- USO DO RECURSO POR FUNÇÃO", poderemos ver agrupados todos os soldadores e caldeireiros e verificar qual oficina poderá colaborar com a Geração de Vapor, conforme a figura 8.12.

	Nome	Início	Término	Unidades máximas	Pico
	AJUDANTE	17/11/14	08/04/15	32	32
	CALDEIREIRO	17/11/14	08/04/15	13	12
6	CA-CALDEIRA	17/11/14	08/04/15	7	7
16	CA-EXTRAÇÃO	17/11/14	03/04/15	6	5
	ELETRICISTA	17/11/14	03/04/15	5	5
	INSTRUMENTISTA	17/11/14	25/03/15	4	4
	MECÂNICO	17/11/14	08/04/15	19	19
	PINTOR	25/11/14	05/02/15	2	2
	SOLDADOR	17/11/14	08/04/15	12	12
13	SO-CALDEIRA	17/11/14	08/04/15	5	5
17	SO-EXTRAÇÃO	17/11/14	03/04/15	7	7

Figura 8.12 – Uso do recurso – agrupamento por função

Observe que de todos os caldeireiros, o CA.EXTRACÃO não utiliza em nenhuma semana a totalidade dos recursos, quantidade que é expressada "pico". No exemplo temos como unidades máximas 6 CA.EXTRAÇÃO e apenas pico de 5, logo podemos fazer uma realocação de recursos na quantidade de 1 caldeireiro da extração para a geração de vapor. Já no caso dos soldadores, essa possibilidade não existe, pois em muitas semanas os picos coincidem com as unidades máximas. Assim, nesse caso precisaremos contratar terceiros ou próprios (a contratação de terceiros por administração é, via de regra, uma solução mais econômica. Por esse motivo será essa a solução que usaremos neste exercício).

Clicando 2 vezes no recurso CA.EXTRACÃO, na janela Informações sobre o recurso iremos diminuir sua quantidade de recursos de 6 para 5, conforme a figura a seguir, pois iremos emprestar 1 para colaborar com a GVAP.

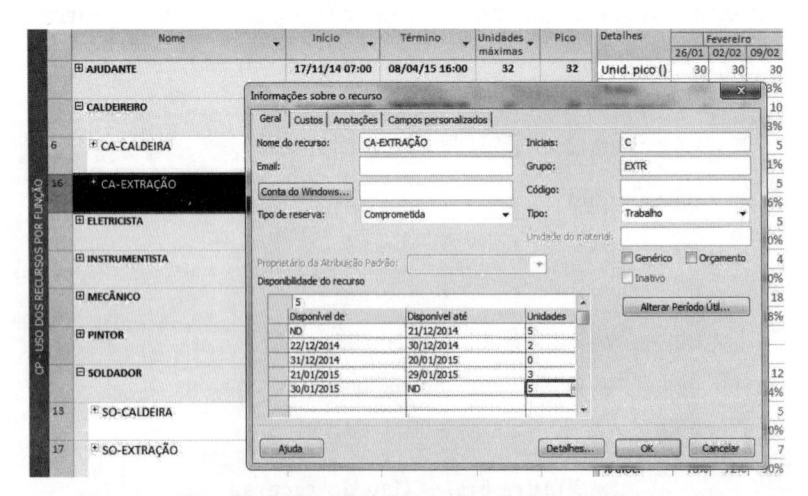

Figura 8.13 – Realocação de recursos

Após alterar a disponibilidade do recurso, faça uma anotação clicando na aba "Anotações", para documentar que foi emprestado 1 recurso de CA.EXTRACÃO para CA.CALDEIRA.

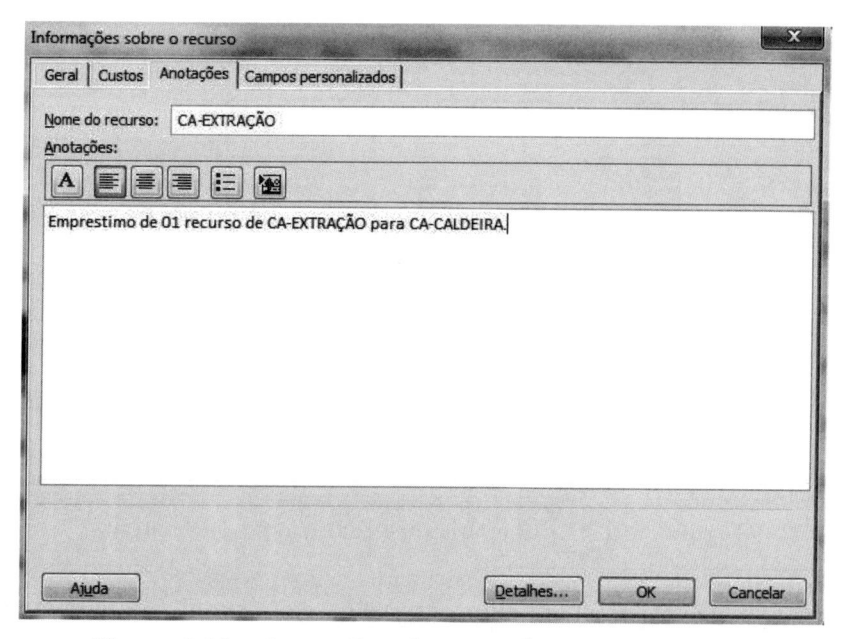

Figura 8.14 – Anotação sobre a realocação do recurso

Em contrapartida, a retirada de 1 recurso de CA.EXTRACÃO, deve-se adicionar 1 recurso em CA.CALDEIRA, conforme a figura 8.16.

Figura 8.15 – Realocação de recursos

Após alterar a disponibilidade do recurso, faça uma anotação para lembrar que foi emprestado 1 recurso de CA.EXTRACÃO para CA.CALDEIRA.

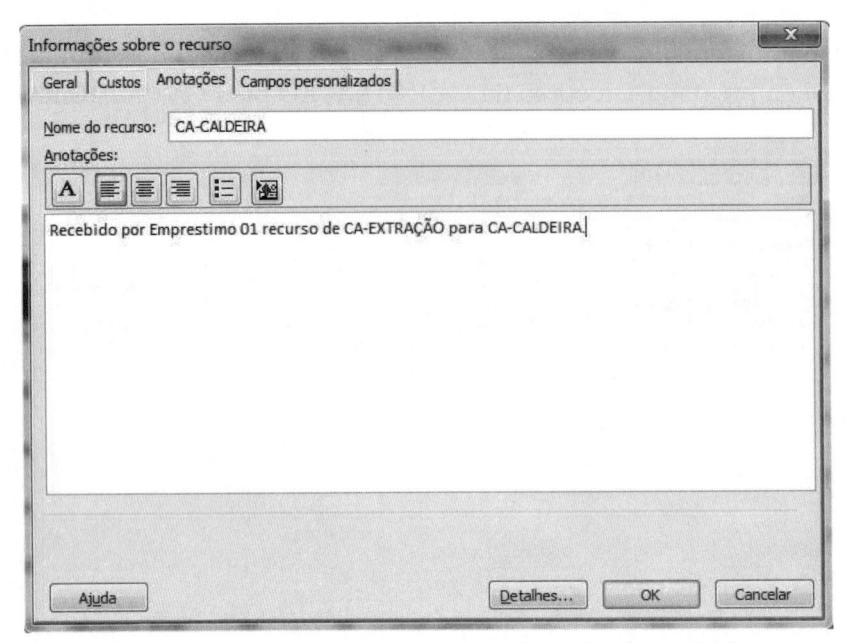

Figura 8.16 – Anotação sobre realocação de recurso

Com relação ao SO.CALDEIRA, não podemos proceder da mesma forma, pois não é claro que podemos ter colaboração. Nesse caso e também para a finalidade didática do exercício, iremos aplicar a solução de contratação de terceiro.

Clicando 2 vezes no recurso SO.CALDEIRA, abre-se uma janela que permite acrescentar o novo recurso, conforme a figura abaixo.

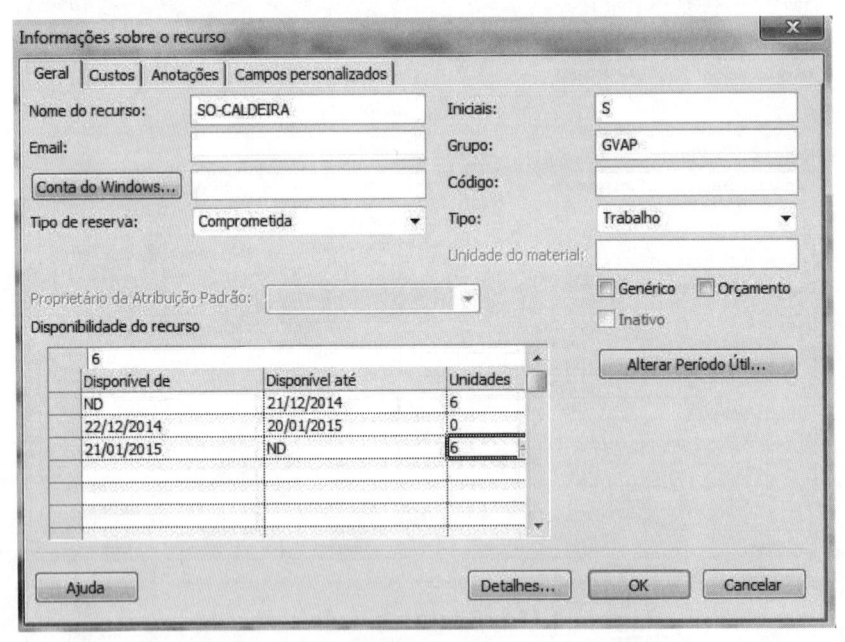

Figura 8.17 – Realocação de recursos

Após alterar a disponibilidade do recurso, faça uma anotação para documentar que foi contratado 1 recurso de SO.CALDEIRA por administração.

CAPÍTULO 8 CONCLUSÃO DO PLANEJAMENTO

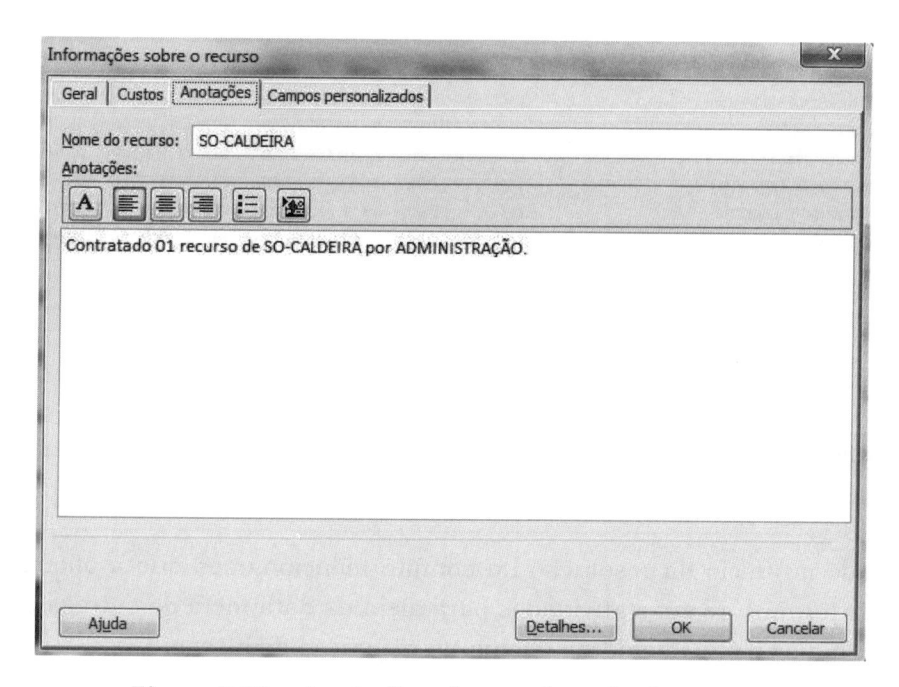

Figura 8.18 – Anotação sobre realocação de recurso

Após a documentação em "Informações sobre o recurso", devemos ir em CP – PLANILHA DE RECURSOS e lançar no campo "Recursos por Administração" o valor 1.

#	Nome do Recurso	Tipo	Oficina	Função	Qtd original	Necessidade	Unidades máximas	Média HH	Trabalho	Pode redistribuir	Recursos por Administração	Calendário base
	⊟ Grupo: ELET		ELET			0	10		4.074 hrs	Não	0	
2	AJ-ELÉTRICA	Trabalho	ELET	AJUDANTE	5	0	5	407,4	2.037 hrs	Sim	0	Exercício do livro
7	EL-ELÉTRICA	Trabalho	ELET	ELETRICISTA	5	0	5	407,4	2.037 hrs	Sim	0	Exercício do livro
	⊟ Grupo: EXTR		EXTR			-1	30		14.997 hrs	Não	0	
3	AJ-EXTRAÇÃO	Trabalho	EXTR	AJUDANTE	12	0	12	594,42	7.133 hrs	Sim	0	Exercício do livro
16	CA-EXTRAÇÃO	Trabalho	EXTR	CALDEIREIRO	6	-1	5	460	2.300 hrs	Sim	0	Exercício do livro
10	MC-EXTRAÇÃO	Trabalho	EXTR	MECÂNICO	5	0	5	380,8	1.904 hrs	Sim	0	Exercício do livro
17	SO-EXTRAÇÃO	Trabalho	EXTR	SOLDADOR	7	0	7	517,71	3.624 hrs	Sim	0	Exercício do livro
15	TC-ROLOS	Trabalho	EXTR	TERC	1	0	1	36	36 hrs	Sim	0	Exercício do livro
	⊟ Grupo: GVAP		GVAP			2	33		12.894 hrs	Não	0	
1	AJ-CALDEIRA	Trabalho	GVAP	AJUDANTE	8	0	8	361	2.888 hrs	Sim	0	Exercício do livro
6	CA-CALDEIRA	Trabalho	GVAP	CALDEIREIRO	7	1	8	434	3.472 hrs	Sim	0	Exercício do livro
9	MC-CALDEIRA	Trabalho	GVAP	MECÂNICO	8	0	8	439	3.512 hrs	Sim	0	Exercício do livro
12	PI-CALDEIRA	Trabalho	GVAP	PINTOR	2	0	2	62	124 hrs	Sim	0	Exercício do livro
13	SO-CALDEIRA	Trabalho	GVAP	SOLDADOR	5	1	6	436	2.616 hrs	Sim	1	Exercício do livro
14	TC-CALDEIRA	Trabalho	GVAP	TERC	1	0	1	282	282 hrs	Não	0	Exercício do livro
	⊟ Grupo: INST		INST			0	8		4.000 hrs	Não	0	
4	AJ-INSTRUMENTAÇÃO	Trabalho	INST	AJUDANTE	4	0	4	500	2.000 hrs	Sim	0	Exercício do livro
8	IN-INSTRUMENTAÇÃO	Trabalho	INST	INSTRUMENTISTA	4	0	4	500	2.000 hrs	Sim	0	Exercício do livro
	⊟ Grupo: MECN		MECN			0	9		3.495 hrs	Não	0	
5	AJ-MECANICA	Trabalho	MECN	AJUDANTE	3	0	3	388,33	1.165 hrs	Sim	0	Exercício do livro
11	MC-MECANICA	Trabalho	MECN	MECÂNICO	6	0	6	388,33	2.330 hrs	Sim	0	Exercício do livro

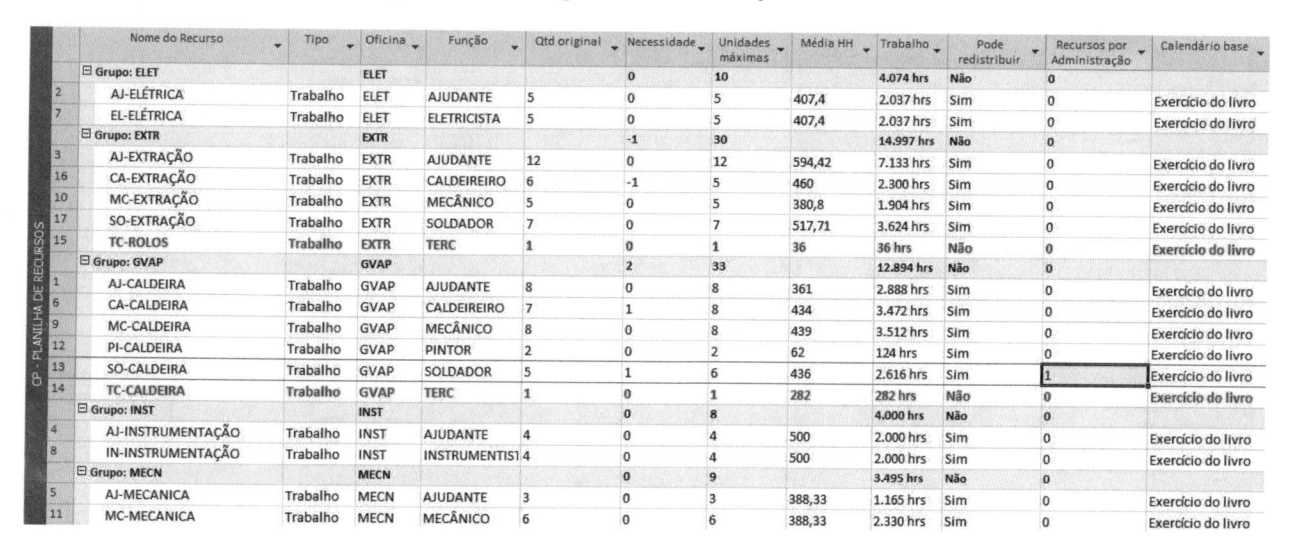

Figura 8.19 – Inclusão de recurso por administração

Após cada realocação dos recursos, deve-se executar novamente a redistribuição através da aba Recursos e a Opção de Redistribuição. Assim, podemos verificar a cada passo a melhoria do cenário de atraso.

Neste caso constatamos após a redistribuição que o atraso diminuiu, contudo não foi totalmente eliminado.

MANUTENÇÃO DE ENTRESSAFRA

% concluída	Área	Início	Término	Meta Entrega para Operação	Entrega para Operação	Atraso para Partida em Dias
0%	Usina: USINA EXEMPLO	17/11/14 07:00	08/04/15 16:00	15/04/15 17:00	08/04/15 16:00	7
0%	COGERAÇÃO	15/12/14 07:00	08/04/15 16:00	15/04/15 17:00	08/04/15 16:00	0
0%	EXTRAÇÃO 1	17/11/14 07:00	03/04/15 12:00	15/04/15 17:00	03/04/15 12:00	0
0%	GERAÇÃO DE VAPOR	17/11/14 07:00	31/03/15 17:00	24/03/15 17:00	31/03/15 17:00	7
0%	TRANSP_BAGAÇO	15/12/14 07:00	23/03/15 09:00	24/03/15 17:00	23/03/15 09:00	0
0%	UTILIDADES	17/11/14 07:00	13/03/15 11:00	16/03/15 17:00	13/03/15 11:00	0

Figura 8.20 – Relatório de Riscos de Atrasos

Exercício para *download*: **Exercício do livro - 8 C** - *site* www.controlplan.com/publicacoes/manutencao-de-entressafra-planejamento-e-controle

Lembremo-nos que no início da resolução do conflito mencionamos que a oficina INST também apresenta data de término de suas atividades para além da data meta de entrega para a operação, portanto cabe averiguar o impacto dessa oficina na resolução do atraso.

Observe que no modo de exibição CP – PLANILHA DE RECURSOS que das oficinas-meio (Elétrica, Instrumentação e Mecânica), a Instrumentação está com uma alocação bem maior que as outras (500 horas/recurso), portanto mais um indicativo de que seja ela que esteja causando o atraso.

	Nome do Recurso	Tipo	Oficina	Função	Qtd original	Necessidade	Unidades máximas	Média HH	Trabalho	Pode redistribuir	Recursos por Administração	Calendário base
	Grupo: ELET		ELET			0	10		4.074 hrs	Não	0	
2	AJ-ELÉTRICA	Trabalho	ELET	AJUDANTE	5	0	5	407,4	2.037 hrs	Sim	0	Exercício do livro
7	EL-ELÉTRICA	Trabalho	ELET	ELETRICISTA	5	0	5	407,4	2.037 hrs	Sim	0	Exercício do livro
	Grupo: EXTR		EXTR			-1	30		14.997 hrs	Não	0	
3	AJ-EXTRAÇÃO	Trabalho	EXTR	AJUDANTE	12	0	12	594,42	7.133 hrs	Sim	0	Exercício do livro
16	CA-EXTRAÇÃO	Trabalho	EXTR	CALDEIREIRO	6	-1	5	460	2.300 hrs	Sim	0	Exercício do livro
10	MC-EXTRAÇÃO	Trabalho	EXTR	MECÂNICO	5	0	5	380,8	1.904 hrs	Sim	0	Exercício do livro
17	SO-EXTRAÇÃO	Trabalho	EXTR	SOLDADOR	7	0	7	517,71	3.624 hrs	Sim	0	Exercício do livro
15	TC-ROLOS	Trabalho	EXTR	TERC	1	0	1	36	36 hrs	Não	0	Exercício do livro
	Grupo: GVAP		GVAP			2	33		12.894 hrs	Não	1	
1	AJ-CALDEIRA	Trabalho	GVAP	AJUDANTE	8	0	8	361	2.888 hrs	Sim	0	Exercício do livro
6	CA-CALDEIRA	Trabalho	GVAP	CALDEIREIRO	7	1	8	434	3.472 hrs	Sim	0	Exercício do livro
9	MC-CALDEIRA	Trabalho	GVAP	MECÂNICO	8	0	8	439	3.512 hrs	Sim	0	Exercício do livro
12	PI-CALDEIRA	Trabalho	GVAP	PINTOR	2	0	2	62	124 hrs	Sim	0	Exercício do livro
13	SO-CALDEIRA	Trabalho	GVAP	SOLDADOR	5	1	6	436	2.616 hrs	Sim	1	Exercício do livro
14	TC-CALDEIRA	Trabalho	GVAP	TERC	1	0	1	282	282 hrs	Não	0	Exercício do livro
	Grupo: INST		INST			0	8		4.000 hrs	Não	0	
4	AJ-INSTRUMENTAÇÃO	Trabalho	INST	AJUDANTE	4	0	4	500	2.000 hrs	Sim	0	Exercício do livro
8	IN-INSTRUMENTAÇÃO	Trabalho	INST	INSTRUMENTIST	4	0	4	500	2.000 hrs	Sim	0	Exercício do livro
	Grupo: MECN		MECN			0	9		3.495 hrs	Não	0	
5	AJ-MECANICA	Trabalho	MECN	AJUDANTE	3	0	3	388,33	1.165 hrs	Sim	0	Exercício do livro
11	MC-MECANICA	Trabalho	MECN	MECÂNICO	6	0	6	388,33	2.330 hrs	Sim	0	Exercício do livro

Figura 8.21 – Planilha de recursos

No modo de Exibição CP - USO DOS RECURSOS POR OFICINA observe que os recursos da oficina-meio INST (Instrumentação) estão 100% alocados (conforme a figura a seguir), confirmando que não temos recursos suficientes para atender a demanda de atividades do cronograma.

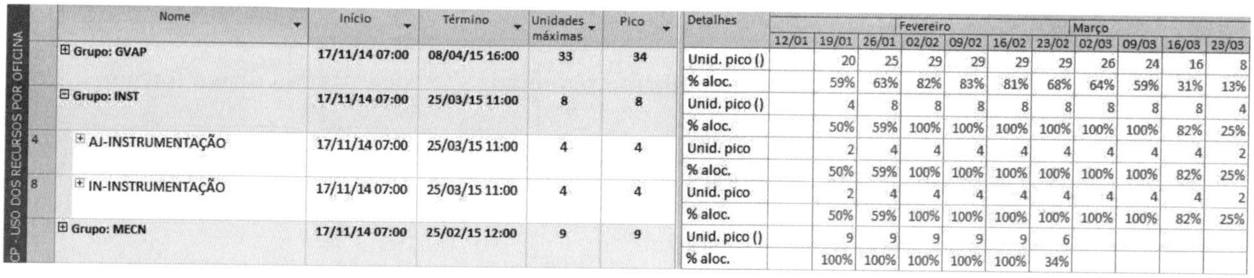

CAPÍTULO 8 CONCLUSÃO DO PLANEJAMENTO • 149

Nome	Início	Término	Unidades máximas	Pico	Detalhes	12/01	19/01	26/01	02/02	09/02	16/02	23/02	02/03	09/03	16/03	23/03
⊞ Grupo: GVAP	17/11/14 07:00	08/04/15 16:00	33	34	Unid. pico ()	20	25	29	29	29	29	26	24	16	8	
					% aloc.	59%	63%	82%	83%	81%	68%	64%	59%	31%	13%	
⊞ Grupo: INST	17/11/14 07:00	25/03/15 11:00	8	8	Unid. pico ()	4	8	8	8	8	8	8	8	8	4	
					% aloc.	50%	59%	100%	100%	100%	100%	100%	100%	82%	25%	
⊞ AJ-INSTRUMENTAÇÃO	17/11/14 07:00	25/03/15 11:00	4	4	Unid. pico	2	4	4	4	4	4	4	4	4	2	
					% aloc.	50%	59%	100%	100%	100%	100%	100%	100%	82%	25%	
⊞ IN-INSTRUMENTAÇÃO	17/11/14 07:00	25/03/15 11:00	4	4	Unid. pico	2	4	4	4	4	4	4	4	4	2	
					% aloc.	50%	59%	100%	100%	100%	100%	100%	100%	82%	25%	
⊞ Grupo: MECN	17/11/14 07:00	25/02/15 12:00	9	9	Unid. pico ()	9	9	9	9	9	6					
					% aloc.	100%	100%	100%	100%	100%	34%					

Figura 8.22 – Uso do recurso por oficina

Caso tivéssemos recursos próprios com a qualificação necessária em outra área, poderíamos então usá-los em colaboração com essa oficina, ou ainda poderíamos contratar mão de obra sob regime de administração, somando à equipe esses profissionais, de forma semelhante a solução da GVAP. Uma vez que atividades dessa outra oficina requerem profissionais com capacitação especializada, a solução que iremos adotar neste exemplo é a de terceirizar parte das atividades (contratação por empreitada).

Ao filtrarmos as atividades para a oficina INST da área de Geração de Vapor no modo de exibição CP – RESUMO FASE DE PLANEJAMENTO, verificamos que temos uma única Ordem de Serviço com 3 operações para a instrumentação. Neste exemplo iremos terceirizá-los.

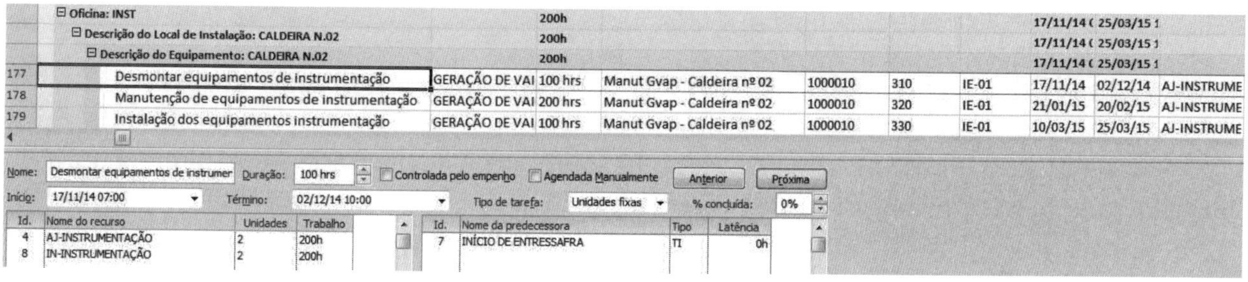

Figura 8.23 – Oficina INST – Ordem 1000010 - Antes da alteração de recurso

Pelo modo de exibição CP – PLANILHA DE RECURSOS, cadastre o recurso TC-INSTRUMENTAÇÃO na oficina INST, na função TERC e com a coluna *Pode redistribuir* como Não. Após o cadastramento, o recurso se organizará automaticamente nas tabelas.

Agora necessitamos alterar tarefas originalmente previstas para serem executadas por recursos próprios, para que sejam executadas por recursos terceiros (e assim serão executadas por regime de empreitada). Há então a necessidade que em cada uma dessas tarefas sejam trocados os AJ-INSTRUMENTAÇÃO e IN-INSTRUMENTAÇÃO por TC-INSTRUMENTAÇÃO. Atenção que na forma que estamos procedendo na metodologia tais recursos são substituídos por quantidade global. Assim, a quantidade total de recursos da instrumentação é trocada nessas tarefas por tantos recursos TC-INSTRUMENTAÇÃO, mesmo sabendo que:

- Como terceiro ele não está obrigado a ter a mesma quantidade de recursos que a equipe da usina, e sim apenas cumprir as datas conforme planejadas (e contratadas dessa forma);

- Que suas tarefas e recursos não irão ser afetados pela operação de redistribuição, uma vez que configuramos quando cadastramos o recurso terceiro na CP-PLANILHA DE RECURSO que a propriedade dele "Pode redistribuir" = não.

Estamos procedendo desta forma para mantermos o HH planejado em históricos, podendo assim, quando do planejamento das entressafras seguintes, ter como estimar essa tarefa para ser executada por recursos próprios, se nesta nova entressafra ficar caracterizada essa possibilidade (que é a mais econômica).

A cada tarefa conte quantos recursos temos para serem substituídos. Com a janela dividida, exclua tais recursos e pressione a ficha ok da tarefa (obrigatório!). Depois lance nessa tarefa a mesma quantidade de recursos Terc quanto o contabilizado de recursos da oficina de INST.

Passo a passo:

Selecione a tarefa, aba Exibir – Detalhes: com a janela dividida remova (tecla delete) os recursos AJ-INSTRUMENTAÇÃO (que são 2) e INSTRUMENTAÇÃO (que são 2). Assim, tiramos um total de 4 recursos dessa tarefa.

Pressione a tecla ok (na parte de baixo da janela)

Agora lance 4 TC-INSTRUMENTAÇÃO nessa tarefa e pressione de novo a tecla ok (tanto a duração planejada quanto o HH planejado serão preservados)

Repita esse procedimento nas outras 2 tarefas dessa mesma ordem de serviço.

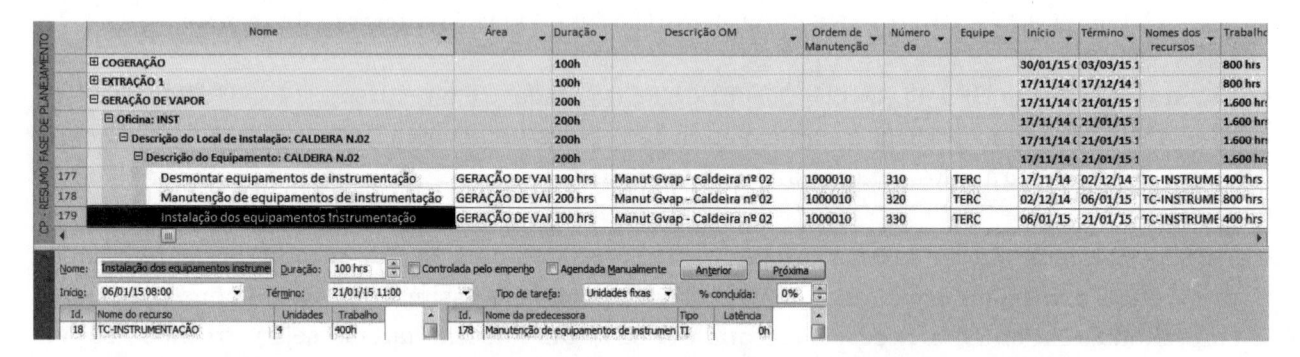

Figura 8.24 – Oficina INST – Ordem 1000010 – Após a alteração de recurso

Após as referidas alterações de recursos próprios por terceiros, o projeto deverá ser redistribuído.

% concluída	Área	Início	Término	Meta Entrega para	Entrega para Operação	Atraso para Partida em Dias
0%	⊟ Usina: USINA EXEMPLO	17/11/14 07:00	08/04/15 16:00	15/04/15	08/04/15	0
0%	⊞ COGERAÇÃO	15/12/14 07:00	08/04/15 16:00	15/04/15	08/04/15	0
0%	⊞ EXTRAÇÃO 1	17/11/14 07:00	03/04/15 12:00	15/04/15	03/04/15	0
0%	⊞ GERAÇÃO DE VAPOR	17/11/14 07:00	20/03/15 11:00	24/03/15	20/03/15	0
0%	⊞ TRANSP_BAGAÇO	15/12/14 07:00	23/03/15 09:00	24/03/15	23/03/15	0
0%	⊞ UTILIDADES	17/11/14 07:00	13/03/15 11:00	16/03/15	13/03/15	0

Figura 8.25 – Correção dos atrasos

Então sabemos que nossas três ações deram resultado com a eliminação do atraso para partida. As modificações que anotamos são de grande importância, pois vão requerer ações gerenciais que estarão definidas em um documento denominado Plano de ação descrito a seguir.

Exercício para *download*: **Exercício do livro - 8 D** - site www.controlplan.com/publicacoes/manutencao-de-entressafra-planejamento-e-controle

8.2.4 Plano de Ação

Com base nas necessidades de mão de obra que foram definidas e daí anotadas na janela de diálogo Informações sobre o recurso, a gerência irá listar as ações necessárias para atender a essas necessidades; para cada ação irá definir um responsável, data limite e suporte, caso seja necessário. No nosso caso ter o plano de ação organizado por oficina, facilita a clareza do documento. A data limite é a data na qual temos a confirmação que podemos efetivamente contar com o recurso na forma requerida pelo plano. Para que possamos confiar que o cronograma referência seja honrável, a data limite para confirmação dessas contratações deve ser anterior e com folgas à publicação do cronograma referência, pois é fortemente desejável que todas as ações contidas no plano de ação estejam sanadas até a conclusão da fase de planejamento.

Oficina	Descrição da Ação	Responsável	Suporte	Data Limite
GVAP	Colaboração de Caldeireiro da Extração a partir de 17/11/14	Coordenador da Geração de Vapor	Coordenador da Extração	07/11/2014
GVAP	Contratação de 01 soldador por administração a partir de 17/11/14	Suprimentos (contratação de serviços)	Coordenador da Geração de Vapor	07/11/2014
INST	Contratação Serviços de instrumentação a partir de 17/11/14	Suprimentos (contratação de serviços)	Coordenador de Instrumentação	07/11/2014

Tabela 8.2 – Plano de ação

A cada revisão do planejamento (após cada novo lote de ordens) podem surgir novas ações para serem incluídas no plano de ação.

8.2.5 Perspectivas de Avanço

Para lançarmos as previsões sobre a evolução periódica do plano de entressafra, emprega-se uma planilha de Excel com três tabelas aparentemente iguais, organizadas por área e subdivida por período (semana, quinzena ou espaço de tempo que melhor lhe atenda).

Na primeira tabela iremos lançar período a período, área a área as projeções que iremos fazer, apontando os percentuais ideais que aquela área deve ter alcançado até aquela data.

Na segunda tabela iremos lançar período a período, área a área os valores reais de andamento que serão atualizados no MS Project e copiados para o Excel à medida da execução da entressafra (isso será visto nos capítulos que descrevem a fase de controle).

A terceira tabela, que já traz calculadas (por fórmula) as distorções para a identificação das áreas com piores resultados.

Uma quarta tabela sintetiza as informações comparadas ao planejado e realizado, apresentando assim os dados base de um gráfico denominado Curva S.

Projeções												
Reuniões	17/nov	01/dez	15/dez	29/dez	12/jan	26/jan	09/fev	23/fev	09/mar	23/mar	06/abr	20/abr
Usina: USINA EXEMPLO	0%	0%	0%	0%	0%	0%	0%	0%	0%	0%	0%	0%
COGERAÇÃO	0%	0%	0%	0%	0%	0%	0%	0%	0%	0%	0%	0%
EXTRAÇÃO 1	0%	0%	0%	0%	0%	0%	0%	0%	0%	0%	0%	0%
GERAÇÃO DE VAPOR	0%	0%	0%	0%	0%	0%	0%	0%	0%	0%	0%	0%
TRANSP_BAGAÇO	0%	0%	0%	0%	0%	0%	0%	0%	0%	0%	0%	0%
UTILIDADES	0%	0%	0%	0%	0%	0%	0%	0%	0%	0%	0%	0%

Medidas Reais												
Reuniões	17/nov	01/dez	15/dez	29/dez	12/jan	26/jan	09/fev	23/fev	09/mar	23/mar	06/abr	20/abr
Usina: USINA EXEMPLO	0%	0%	0%	0%	0%	0%	0%	0%	0%	0%	0%	0%
COGERAÇÃO	0%	0%	0%	0%	0%	0%	0%	0%	0%	0%	0%	0%
EXTRAÇÃO 1	0%	0%	0%	0%	0%	0%	0%	0%	0%	0%	0%	0%
GERAÇÃO DE VAPOR	0%	0%	0%	0%	0%	0%	0%	0%	0%	0%	0%	0%
TRANSP_BAGAÇO	0%	0%	0%	0%	0%	0%	0%	0%	0%	0%	0%	0%
UTILIDADES	0%	0%	0%	0%	0%	0%	0%	0%	0%	0%	0%	0%

Distorções												
Reuniões	17/nov	01/dez	15/dez	29/dez	12/jan	26/jan	09/fev	23/fev	09/mar	23/mar	06/abr	20/abr
Usina: USINA EXEMPLO	0%	0%	0%	0%	0%	0%	0%	0%	0%	0%	0%	0%
COGERAÇÃO	0%	0%	0%	0%	0%	0%	0%	0%	0%	0%	0%	0%
EXTRAÇÃO 1	0%	0%	0%	0%	0%	0%	0%	0%	0%	0%	0%	0%
GERAÇÃO DE VAPOR	0%	0%	0%	0%	0%	0%	0%	0%	0%	0%	0%	0%
TRANSP_BAGAÇO	0%	0%	0%	0%	0%	0%	0%	0%	0%	0%	0%	0%
UTILIDADES	0%	0%	0%	0%	0%	0%	0%	0%	0%	0%	0%	0%

Gráfico Curva S												
Reuniões	17/nov	01/dez	15/dez	29/dez	12/jan	26/jan	09/fev	23/fev	09/mar	23/mar	06/abr	20/abr
Previsto Usina: USINA EXEMPLO									0%	0%	0%	0%
Real Usina: USINA EXEMPLO												

Tabela 8.3 – Planilha de acompanhamento de Curva S

Então para cada quinzena ou espaço de tempo que preferir, teremos nosso objetivo em percentual.

Execução passo a passo

Nesse momento o leitor fará diversas simulações de avanço no cronograma, logo para garantir a integridade dos dados até agora construídos, sugerimos que salve seu plano de entressafra zerado com outro nome (medidas, como exemplo).

Arquivo → *Salvar como*

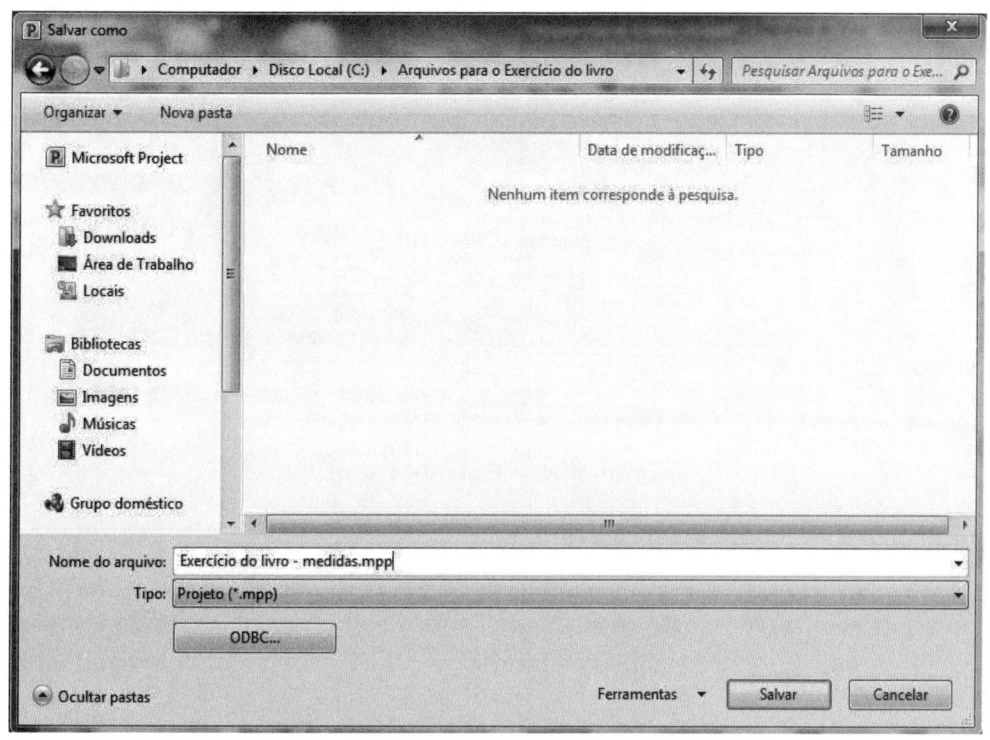

Figura 8.26 – Como salvar cópia reserva

Peça o relatório CP – RELATÓRIO RISCOS DE ATRASO

% concluída	Área	Início	Término	Meta Entrega para	Entrega para Operação	Atraso para Partida em Dias
0%	Usina: USINA EXEMPLO	17/11/14 07:00	08/04/15 16:00	15/04/15	08/04/15	0
0%	COGERAÇÃO	15/12/14 07:00	08/04/15 16:00	15/04/15	08/04/15	0
0%	EXTRAÇÃO 1	17/11/14 07:00	03/04/15 12:00	15/04/15	03/04/15	0
0%	GERAÇÃO DE VAPOR	17/11/14 07:00	20/03/15 11:00	24/03/15	20/03/15	0
0%	TRANSP_BAGAÇO	15/12/14 07:00	23/03/15 09:00	24/03/15	23/03/15	0
0%	UTILIDADES	17/11/14 07:00	13/03/15 11:00	16/03/15	13/03/15	0

Figura 8.27 – CP – RELATÓRIO RISCOS DE ATRASO (2º NIVEL)

Na aba *Projetos* → *Informações sobre o projeto*.

Na janela que se abre – em Data de status – coloque a 1º data que será medido o plano. Em nosso exercício, por definirmos ciclo quinzenal, será 01/12/14 17:00 (sempre coloque a hora de término da jornada de trabalho).

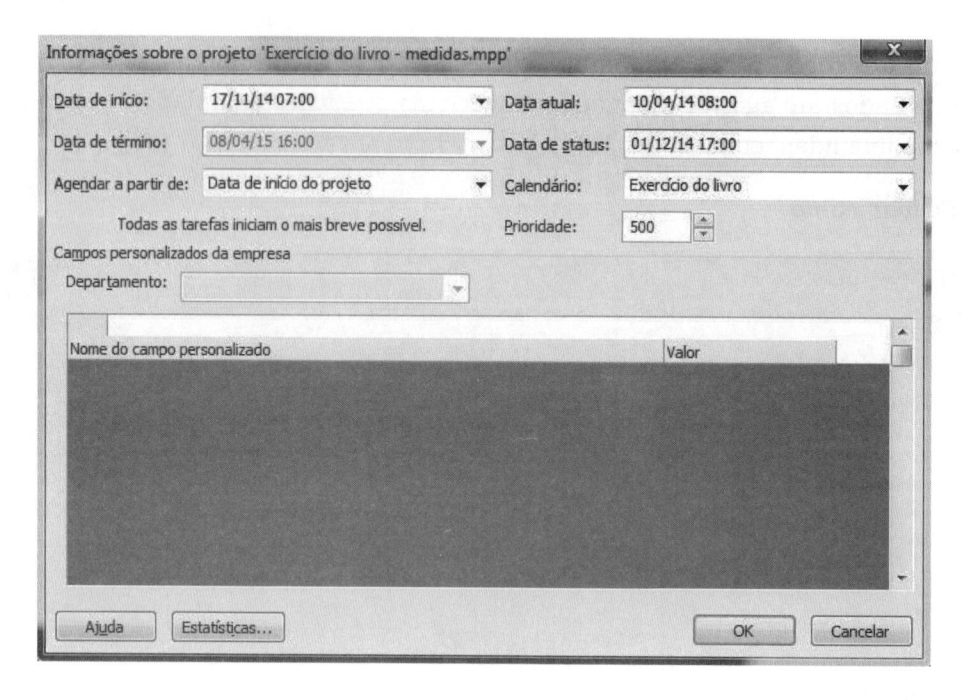

Figura 8.28 – Data de status

Agora na aba **Projetos → Atualizar projeto.**

Na janela que se abre, observe se está com a data de status que você colocou e as opções marcadas "Atualizar trabalho como concluído até:", "Definir 0% a 100% concluído" e "Projeto inteiro".

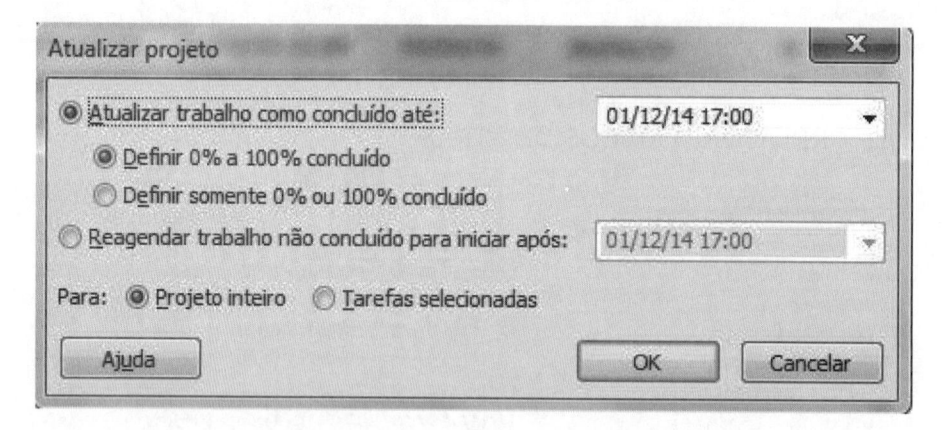

Figura 8.29 – Atualização do plano

Dê um "OK" e observe os percentuais que deveremos atingir até 15/12/14. São eles:

% concluída	Área	Início	Término	Meta Entrega para	Entrega para Operação	Atraso para Partida em Dias
17%	⊟ Usina: USINA EXEMPLO	17/11/14 07:00	08/04/15 16:00	15/04/15	08/04/15	0
0%	⊞ COGERAÇÃO	15/12/14 07:00	08/04/15 16:00	15/04/15	08/04/15	0
21%	⊞ EXTRAÇÃO 1	17/11/14 07:00	03/04/15 12:00	15/04/15	03/04/15	0
33%	⊞ GERAÇÃO DE VAPOR	17/11/14 07:00	20/03/15 11:00	24/03/15	20/03/15	0
0%	⊞ TRANSP_BAGAÇO	15/12/14 07:00	23/03/15 09:00	24/03/15	23/03/15	0
31%	⊞ UTILIDADES	17/11/14 07:00	13/03/15 11:00	16/03/15	13/03/15	0

Figura 8.30 - Percentuais da 1ª medição

Transfira essas medidas para a planilha em Excel disponível para *download*: **Planilha de acompanhamento Curva S.xlsx** - *site* www.controlplan.com/publicacoes/manutencao-de-entressafra-planejamento-e-controle

	Projeções											
Reuniões	17/nov	01/dez	15/dez	29/dez	12/jan	26/jan	09/fev	23/fev	09/mar	23/mar	06/abr	20/abr
Usina: USINA EXEMPLO	0%	0%	0%	0%	0%	0%	0%	0%	0%	0%	0%	0%
COGERAÇÃO	0%	0%	0%	0%	0%	0%	0%	0%	0%	0%	0%	0%
EXTRAÇÃO 1	0%	0%	0%	0%	0%	0%	0%	0%	0%	0%	0%	0%
GERAÇÃO DE VAPOR	0%	0%	0%	0%	0%	0%	0%	0%	0%	0%	0%	0%
TRANSP_BAGAÇO	0%	0%	0%	0%	0%	0%	0%	0%	0%	0%	0%	0%
UTILIDADES	0%	0%	0%	0%	0%	0%	0%	0%	0%	0%	0%	0%

Tabela 8.4 - 1ª Simulação de medição

Repita as medidas para cada data até preencher totalmente sua planilha. Descarte esse arquivo e retome o arquivo que vínhamos utilizando até a solução dos atrasos.

Exercício para *download*: **Exercício do livro - medidas** - *site* www.controlplan.com/publicacoes/manutencao-de-entressafra-planejamento-e-controle

8.2.5.1 Avaliação da Perspectiva de Avanço do Projeto (base da curva S)

Com um plano viável e exequível, devemos simular as perspectivas de avanço semanais ou quinzenais e apresentar tais curvas de avanço para os supervisores de áreas ou oficinas, para que eles opinem, se pela experiência deles tais percentuais simulados são metas honráveis. Caso discordem disso, juntamente com o PCM, eles devem reavaliar, normalmente por tipo de tarefa, quais devem ser postergadas pelo estabelecimento de restrições "não iniciar antes de", lembrando-nos que a forma do plano é de fato muito desafiadora, pois pelo padrão as tarefas são "o mais breve possível" e, assim, todas programadas para serem iniciadas logo após suas predecessoras.

8.2.5.2 Exemplo Extra – Emprego de Restrições

Uma tarefa pode mudar da restrição "o mais breve possível" (que é o padrão) para "não iniciar antes de" pelo processo:

Identifica-se a tarefa e, clicando com o botão inverso do mouse na opção "informações..." e selecionando a ficha "Avançado" no campo tipo de restrição, opta-se por "não iniciar antes de". No campo "data de restrição", informamos a data mais cedo que consideramos viável para tal tarefa. Suponha por exemplo que o supervisor da geração de vapor considere que as expectativas de avanço estão por demais otimistas e que ele considere também que dentro de características do trabalho ele não tem como iniciar as desmontagens dos sopradores de fuligem antes do início de dezembro. Então, o PCM procederia a modificação da restrição da data de início dessa tarefa conforme a imagem que segue.

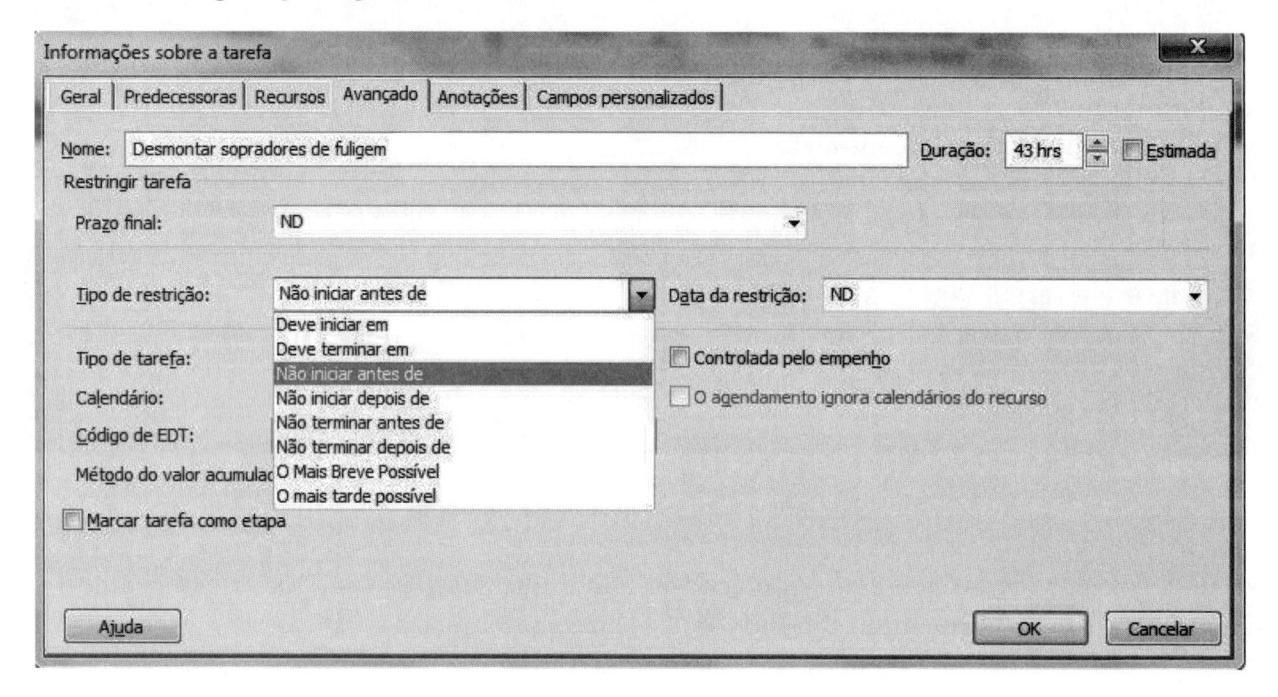

Figura 8.31 – Mudança do Tipo de Restrição

Tais revisões de datas de restrição podem sujeitar o plano a algum atraso. É obrigatório nesse caso retornarmos à etapa de Redistribuição de Recursos e Resolução de Atrasos.

Retornando à evolução do trabalho no nosso exercício principal, admitimos que os supervisores estavam de acordo com as perspectivas de avanço e essas também foram validadas pela gerência. Assim, os percentuais indicados na planilha servirão de base para comparações futuras.

Em algumas empresas, uma vez validados e aceitos esses percentuais de avanço, eles são usados como metas de PPR.

Tais avaliações devem ser feitas antes de salvarmos a linha de base, pois críticas podem levar à revisão do plano.

Após a aprovação do Cronograma por todos, temos agora um plano viável e exequível, logo podemos salvar a linha de base e providenciar a divulgação das metas de PPR da Unidade e publicar o Cronograma Referência.

De fato, um plano só está pronto quando se salva a linha de base. Ela registra todas suas datas de planejamento e as congela, para que durante as medições do plano, mesmo que as datas previstas mudem, tenhamos um referencial de nosso planejamento.

8.2.6 Como Salvar a Linha de Base

Vá para a aba **Projetos** → **Definir Linha de Base**.

Na janela que se abre é só dar um "OK"

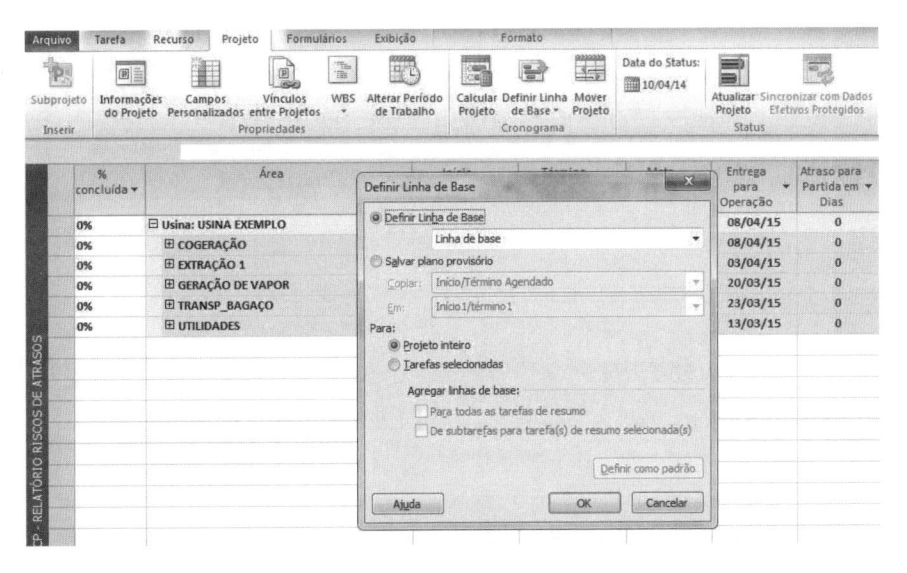

Figura 8.32 – Definição da linha de base

Se quiser observar o que ocorre quando salvamos a linha de base, vá para a aba Exibir Gráfico de Gantt de Controle.

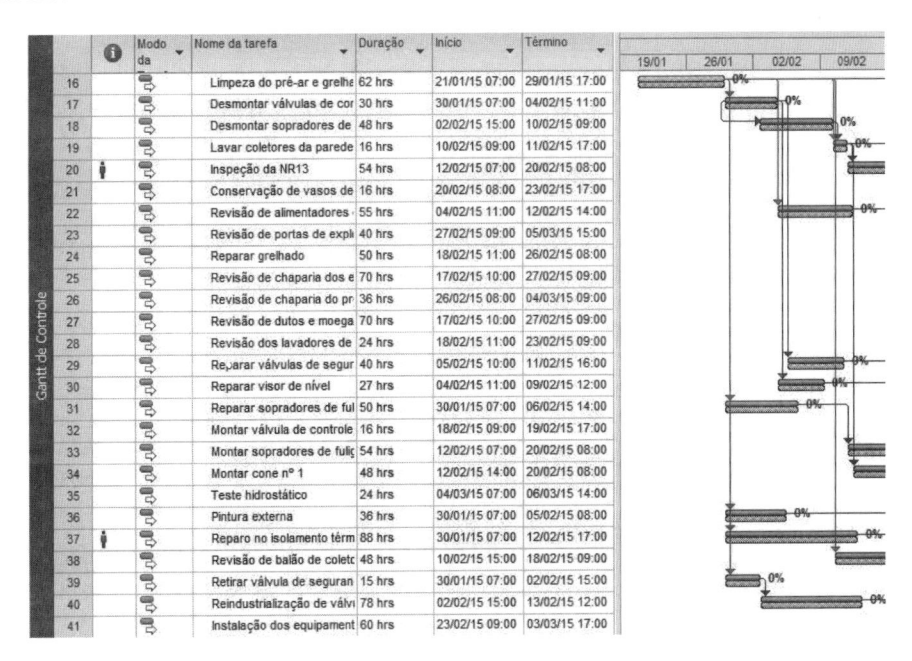

Figura 8.33 – Resultado da definição da linha de base

As barras azuis são as datas planejadas e as cinzas são as de linha de base. Quando houver medidas na Fase de Controle provavelmente haverá alterações nas planejadas, mas as da linha de base permanecerão intactas.

Atenção: quando a linha de base for definida, o Marco de Entressafra "Meta de Entrega para Operação" terão suas datas sobrescritas incondicionalmente como é exibido na figura a seguir.

% concluída	Área	Início	Término	Meta Entrega para	Entrega para Operação	Atraso para Partida em Dias
0%	⊟ Usina: USINA EXEMPLO	17/11/14 07:00	08/04/15 16:00	08/04/15	08/04/15	0
0%	⊞ COGERAÇÃO	15/12/14 07:00	08/04/15 16:00	08/04/15	08/04/15	0
0%	⊞ EXTRAÇÃO 1	17/11/14 07:00	03/04/15 12:00	03/04/15	03/04/15	0
0%	⊞ GERAÇÃO DE VAPOR	17/11/14 07:00	20/03/15 11:00	20/03/15	20/03/15	0
0%	⊞ TRANSP_BAGAÇO	15/12/14 07:00	23/03/15 09:00	23/03/15	23/03/15	0
0%	⊞ UTILIDADES	17/11/14 07:00	13/03/15 11:00	13/03/15	13/03/15	0

Figura 8.34 – Meta de entrega para operação após definição da Linha de Base

É necessário que retornemos às datas originais que haviam sido estabelecidas pelos supervisores para tais marcos.

Como proceder ao retorno da condição original das Metas de Entrega para Operação:
Selecione o modo de exibição "CP-RESUMO GERAL" e filtre a coluna "Nome" apenas para as tarefas "Entrega para a operação". Na coluna "Término da Linha de Base" digite para COGERAÇÃO a data de 15/04/15 17:00, EXTRAÇÃO 1 a data de 15/04/15 17:00, GERAÇÃO DE VAPOR a data de 24/03/15 17:00, TRASNP_BAGAÇO a data de 24/03/15 17:00 e para UTILIDADE digite a data de 16/03/15 17:00.

Faça isso para todas as metas de cada área, mesmo que tenha mudado somente a hora.

	% concluída	Área	Nome	Início	Término	Término da Linha de Base
3	0%	COGERAÇÃO	ENTREGA PARA A OPERAÇÃO	08/04/15 16:00	08/04/15 16:00	15/04/15 17:00
6	0%	EXTRAÇÃO 1	ENTREGA PARA A OPERAÇÃO	03/04/15 12:00	03/04/15 12:00	15/04/15 17:00
9	0%	GERAÇÃO DE VAPOR	ENTREGA PARA A OPERAÇÃO	20/03/15 11:00	20/03/15 11:00	24/03/15 17:00
12	0%	TRANSP_BAGAÇO	ENTREGA PARA A OPERAÇÃO	23/03/15 09:00	23/03/15 09:00	24/03/15 17:00
15	0%	UTILIDADES	ENTREGA PARA A OPERAÇÃO	13/03/15 11:00	13/03/15 11:00	16/03/15 17:00

Figura 8.35 – Condição original da Meta de Entrega para Operação

Após todos os procedimentos descritos neste capítulo, podemos dar a fase de planejamento como concluída com a reunião de *Kick-off* e a publicação do cronograma referência, quando então o cronograma deve ser salvo em local específico da rede e comunicado a todos os grandes escalões envolvidos.

8.3 REUNIÃO DE KICK-OFF

O evento administrativo que deve preceder ou iniciar a fase de controle trata-se de uma reunião denominada reunião de *kick-off*, (reunião para comunicar planejamento oficializado e que entrará em execução).

Todos os principais envolvidos devem participar, Gerente da Unidade, Supervisores, Líderes e PCMs; é interessante também a participação de profissionais de outras áreas envolvidas como Suprimentos e Pessoal.

Temas da reunião:

a) Apresentação do Cronograma referência

b) Apresentação dos temas críticos daquela entressafra:

1. Apontar recursos que estão no limite da disponibilidade
2. Relação dos itens que serão enviados para a reindustrialização (priorização desses trabalhos, datas limites etc.)
3. Apresentação das maiores tarefas que envolvem contratação de terceiros
4. Apresentação das tarefas com maior HH de recursos próprios
5. Necessidade da mobilização de recursos entre as oficinas

c) Apresentação dos itens de temas sobre possíveis metas intermediárias como PPR, suas regras e medição.

d) Apresentação de regras básicas de revisão do cronograma referência (como se, por exemplo, a data de início da próxima safra sofre alteração).

Exercício para *download*: **Exercício do livro - 8 E** - site www.controlplan.com/publicacoes/manutencao-de-entressafra-planejamento-e-controle

8.3.1 Responsabilidades Assumidas

O nosso plano deve ser tão bom quanto possível para acreditarmos que ele possa servir como nossa orientação para o dia a dia de trabalho como uma agenda, porém sem a utopia de que as coisas irão acontecer exatamente conforme planejadas. Aqui vale uma brilhante frase do Marechal de Campo Helmuth Von Moltke que podemos sintetizar com "Não existe planejamento que permaneça inalterado após o primeiro contato com o inimigo".

A capacidade gerencial será posta a prova quando nas etapas seguintes houver informações, análises e soluções que façam com que as surpresas impostas pela realidade afetem o mínimo possível o andamento do projeto, pois todos validaram o cronograma referência.

CAPÍTULO 9

OBJETIVOS DA FASE DE CONTROLE

Objetivos do controle, etapas do processo, como acontece; objetivos dos principais relatórios de controle; finalidade dos relatórios de controle ; preparação e emissão da planilha de monitoramento.

9.1 FINALIDADE DO CONTROLE

A finalidade da fase de controle é a de prover meios para que o projeto seja concluído o mais próximo possível do que foi estabelecido quando do seu cronograma referência. Para isso, são necessárias medições sobre a evolução do projeto e também a verificação, em intervalos de tempo regulares, durante toda a execução de todo o projeto, para que quando forem identificadas distorções a gerência possa tomar ações para mitigar tais efeitos.

Essas distorções serão acompanhadas na nossa metodologia, procurando nos ater a três dimensões. O objetivo de cada uma dessas dimensões de análise é:

1º O cronograma aponta algum risco claro de atraso?
2º O trabalho está sendo executado dentro do ritmo esperado?
3º As tarefas estão conseguindo ser iniciadas segundo a programação?

O gerenciamento de projetos envolve um grande número de perspectivas possíveis de análise, porém, para a manutenção de entressafra, nossa experiência demonstra que com essas três dimensões chegamos a resultados de excelente qualidade.

Neste capítulo vamos então apresentar:

- O processo de controle
- Finalidade de cada uma das dimensões do controle
- Reunião de Coordenação

9.2 PROCESSO DE CONTROLE

O processo de controle está baseado na repetição periódica de um ciclo de processos. Sugerimos que esse ciclo se repita semanalmente ou quinzenalmente durante todo o projeto (outras periodicidades podem ser válidas dentro do ciclo de negócio particular de uma usina), e tais processos irão ocorrer ao longo da semana ou quinzena daquele ciclo.

A gerência, com base nas informações que serão coletadas "em campo" refletindo o real estado de andamento das tarefas, informações essas que foram transcritas em relatórios de análise, irá identificar, analisar e deliberar que ações devem ser tomadas, para que os efeitos de atrasos na execução possam ser administrados de tal forma que o projeto sempre possa atender às datas de entrega para a operação conforme previstas (e assim a usina ter condições de iniciar a safra na data planejada).

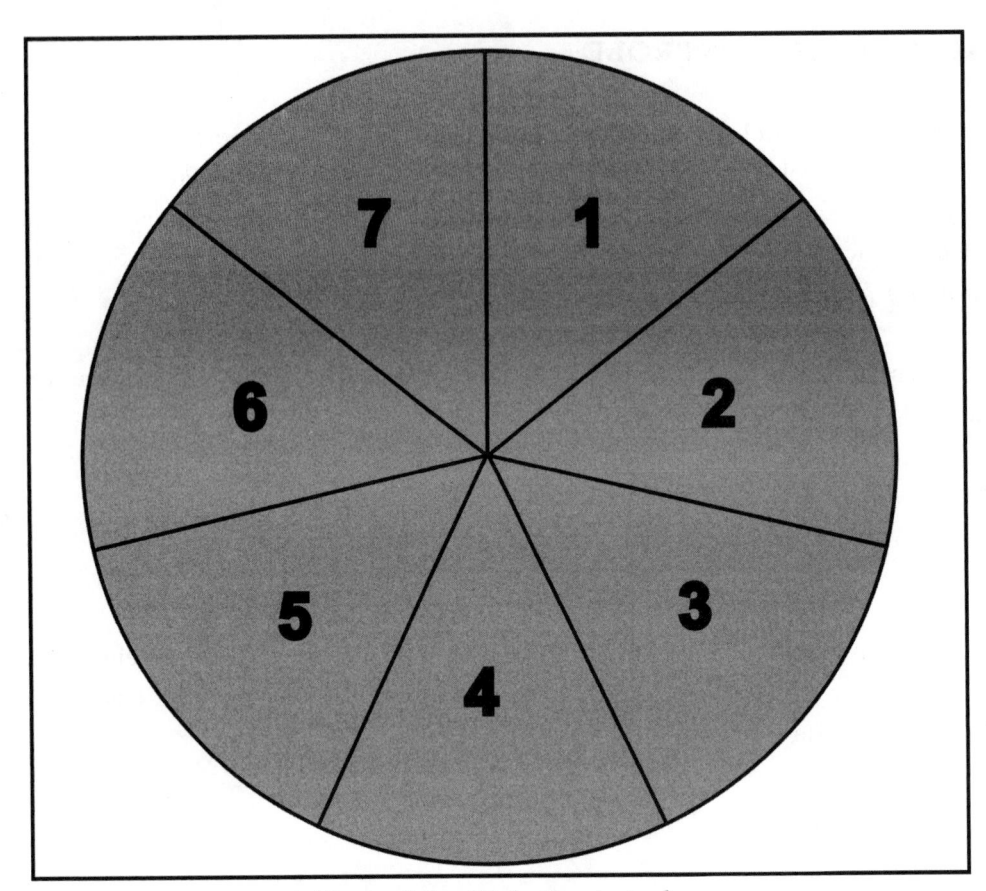

Figura 9.1 – Ciclo de controle

① **Emissão dos documentos de controle:** a planilha de monitoramento e o plano de ação são distribuídos (enviados por *e-mail*) aos supervisores para que esses atualizem tais dados e informações durante o processo seguinte.

② **Monitoramento:** é o acompanhamento da execução das tarefas previstas no cronograma. Assim, com base na planilha de Excel que retrata as datas previstas das tarefas (as operações de manutenção), os supervisores irão reportar as datas reais de início e término para as tarefas que forem concluídas e as datas de início e o % de avanço físico da tarefa (% concluída) para aquelas ainda não completadas. Irão também proceder ao acompanhamento do status de execução das providências gerenciais listadas no plano de ação.

③ **Retorno e importação da documentação de controle:** com pelo menos dois dias completos de antecipação à data estabelecida para a reunião de coordenação de cada ciclo, os supervisores devem devolver para o PCM (também por *e-mail*) as planilhas de monitoramento e os planos de ação, conforme atualizados até aquela data, para importação para o MS Project (tal antecipação é essencial para que possa haver as análises com a tranquilidade necessária).

④ **Atualização do cronograma e plano de ação:** com base nas informações recebidas da planilha de monitoramento, o PCM fará a atualização dessas informações no cronograma, estabelecendo com clareza quais tarefas foram executadas e o quanto elas foram executadas.

⑤ **Identificação dos riscos do projeto**: com base nas operações de reagendamento do projeto e redistribuição de recursos será possível identificar riscos de atraso no projeto:

O reagendamento do projeto: quando todas as tarefas que deveriam ter sido concluídas mas ainda não foram, tem suas datas ou parcelas restantes de trabalho reprogramadas para ocorrerem após essa data de reagendamento. Então, é possível ficar caracterizado preliminarmente o quanto tais atrasos podem ter prejudicado o término do projeto (e metas intermediárias, caso haja);

Redistribuição de recursos: uma vez o cronograma reagendado é necessário novamente o procedimento para ajuste da disponibilidade dos recursos em face de novas datas de tarefas que possam ter sido remanejadas (Esta operação pode até projetar maiores perspectivas de riscos de atrasos no projeto).

A partir de relatórios predefinidos do sistema, o PCM identifica as distorções significativas e procura antecipar possíveis soluções, para levar aos supervisores das áreas/oficinas que estejam impactando o plano.

⑥ **Deliberação das medidas corretivas:** o PCM junto a cada um dos supervisores das áreas, que impactaram o plano ou com graves pendências nos plano de ação, delibera em reuniões separadas (uma com cada supervisão) quais as melhores medidas corretivas de ajustes para o cronograma, e medidas de ajuste para o plano de ação. Tais decisões são documentadas em um plano de ação preliminar que será validado na reunião de coordenação.

⑦ **Aprovação do cronograma oficial na Reunião de Coordenação:** com a presença de todos os supervisores, são lidos e comentados os planos de ação preliminares e validados pela gerência da unidade, oficializando todas as medidas a serem tomadas.

9.3 FINALIDADE DE CADA UMA DAS DIMENSÕES DO CONTROLE

A análise das não conformidades é realizada com base na interpretação de três relatórios:

9.3.1 O Relatório de Riscos de Atrasos (CP - RISCOS DE ATRASOS)

Tem como informação: alerta sobre a mudança da data prevista da entrega para a operação de qualquer área, quando essa data é posterior à data estabelecida no cronograma referência como meta para a entrega à operação de tal área.

Tem como objetivo: identificar as medidas necessárias e onde aplicá-las, quanto a remanejamento ou contratação de recursos e aplicação de períodos de trabalho extra, para a aceleração da execução das tarefas.

O que se faz: o PCM com base no Modo de Exibição CP - RELATÓRIO DE RISCO DE ATRASO identifica as possíveis áreas em atraso e com o CP - USO DO RECURSO identifica quais recursos que, em se melhorando a disponibilidade, fazem acelerar a execução do projeto, requerendo daí decisões envolvendo possíveis situações, como aplicação de horas extras, remanejamento de recursos entre oficinas e contratação de recursos terceiros ou próprios.

9.3.2 O Acompanhamento de Aderência (curva "S")

Tem como informação: a relação entre o avanço previsto (% concluído) de toda a usina e o desdobramento em cada área, comparado com o percentual de avanço real de cada um desses itens (usina e área).

Tem como objetivo: identificar se a Usina como um todo ou alguma área em específico está com a execução de todos os seus serviços em um percentual de execução abaixo do previsto.

O que se faz: com base na atualização da planilha de Excel denominada Planilha de Acompanhamento, identifica áreas com andamento abaixo do previsto e os supervisores deliberam medidas para a aceleração da execução dos serviços.

9.3.3 O Relatório de Controle Detalhado (CP-CONTROLE DETALHADO)

Tem como informação: da quantidade de tarefas que estavam programadas para começar até esta data, quais as que efetivamente começaram até a/ na data planejada.

Tem como objetivo: avaliar o quão conforme está a execução dos trabalhos de cada oficina, em cada uma das áreas da usina, em relação às datas que haviam sido planejadas de/ no início dessas tarefas. Diversas tarefas de uma mesma oficina que estejam com suas datas de início prejudicadas podem indicar:

- Falta de material para a execução de tarefas específicas devendo ser acionada de imediato a área de suprimentos.
- Recursos de terceiros iniciando tardiamente suas atividades, quando a gerência do projeto deve agir administrativamente exigindo do terceiro o cumprimento da programação de tarefas conforme foram contratadas.
- Falta no cumprimento de datas estabelecidas no plano pelos supervisores, quando devem ser alertados sobre a sua responsabilidade assumida no momento da aprovação do cronograma referência.

O que se faz: na reunião de coordenação a gerência deve avaliar e identificar junto com os supervisores de cada uma das oficinas que estejam apontando um desempenho ruim neste particular, qual a causa da existência de uma quantidade significativa dessas tarefas que a oficina não está conseguindo fazer iniciar nas datas apontadas pela programação, e daí deliberar medidas corretivas para o ajuste de execução.

Este modo de exibição apresenta indicadores gráficos coloridos, que foram destacados em razão do percentual de tarefas que deveriam começar e não começaram, agrupados por área e oficina.

Grau	Cor	Percentual
Excelente	Azul	Maior que 94%
Bom	Verde Escuro	Maior que 90% e menor ou igual a 94%
Aceitável	Verde Claro	Maior que 80% e menor ou igual a 90%
Requer Atenção	Amarelo	Maior que 65% e menor ou igual a 80%
Grave	Vermelho	Maior que 50% e menor ou igual 65%
Alarmante / Emergência	Preto	Menor ou igual a 50%)

Tabela 9.1 – Indicadores de atraso Grau, Cor e Percentual

Abaixo do nível de oficina, as tarefas individualmente somente apontam em Preto, se não forem realizadas conforme previsão, e em Azul, caso a situação esteja conforme.

9.4 REUNIÃO DE COORDENAÇÃO

Até essa data, o cronograma já deve ter sido atualizado e ajustado com as deliberações advindas das reuniões entre supervisores e PCMs para o ajuste de andamento do projeto.

Também o Plano de ação já deve contemplar a atualização de status de ações, que estavam pendentes na reunião anterior, com as deliberações de novas ações necessárias à solução dos riscos de atraso do projeto; as ações para a melhoria da *performance* de oficinas, para ajuste quanto à previsão do percentual concluído geral da usina, e por área; e as ações necessárias para que as tarefas que eram para ter sido iniciadas e não foram possam ser executadas o mais breve possível.

Devem participar todos os envolvidos no ciclo de gestão: Gerente da Unidade, Supervisores, PCMs e Líderes, que participem do monitoramento e controle do projeto. Eventualmente podem ser convidados representantes da área de suprimentos, RH e qualquer outra necessidade de suporte identificada.

Com a leitura e validação das ações sugeridas nos planos de ação preliminares, toda a equipe de gerência do projeto toma ciência dos maiores desafios do próximo ciclo de gestão, podendo até sugerir outras ações para obter um melhor resultado geral.

CAPÍTULO 10

CICLO COMPLETO DO CONTROLE

A emissão dos documentos de controle; o uso da planilha de monitoramento, recebimento e atualização dessas planilhas no MS Project; reagendamento do plano; como compreender os principais desvios na execução do projeto; como reagir ao risco de atrasos para a operação; analise dos demais relatórios para a melhoria da gestão; deliberação de medidas de ajuste, e a documentação dessas análises no plano de ação.

10.1 EMISSÃO DOS DOCUMENTOS DE CONTROLE

Planilhas de monitoramento devem ser emitidas para cada uma das oficinas do plano e enviadas por *e-mail* aos respectivos supervisores, para que esses reportem o status das tarefas das ordens de manutenção e retornem essa documentação para as necessárias análises e deliberações, antes da reunião de coordenação.

Mais adiante os supervisores e coordenadores deverão percorrer a Usina organizando, cobrando e documentando a realização dos trabalhos de manutenção. Como é pouco provável que eles tenham em mãos um documento informatizado para carregar no dia a dia de trabalho, é conveniente que a planilha possa ser preparada como documento impresso, porém deixando as colunas de "datas reais" vazias para que se possa escrever nesses campos.

Como estamos realizando o primeiro ciclo da fase de controle, entendemos que o plano de ação não tem pendências. Nos ciclos seguintes é quase certo que haverá a necessidade também da emissão do plano de ação, pois via de regra existirão ajustes a fazer em cada etapa do ciclo de controle.

Descrevemos a seguir o processo de emissão das planilhas de monitoramento que devem ser emitidas para cada uma das oficinas.

10.1.1 Nome para a Planilha de Monitoramento

Para a nomenclatura da planilha de monitoramento é recomendável que a planilha de monitoramento seja enviada por *e-mail* aos supervisores (e também devolvida por *e-mail*), devendo-se batizá-la com o nome da oficina e a data limite de sua devolução (data de status), para que fiquem evidenciados a oficina responsável por tais informações e o conhecimento do supervisor da existência da data limite para a sua devolução.

Nesse momento o leitor deve usar o arquivo e os dados que estão sendo trabalhados desde o capítulo 6, 7 e 8 ou usar o arquivo *Exercício do livro – 8 E*, que pode ser baixado no *site* www.controlplan.com/publicacoes/manutencao-de-entressafra-planejamento-e-controle

Em ***Arquivo à Salvar Como à Tipo*** "Pasta de Trabalho do Excel 97-2003" e dê o nome ao arquivo que será gerado com as atividades de cada oficina.

172 • MANUTENÇÃO DE ENTRESSAFRA

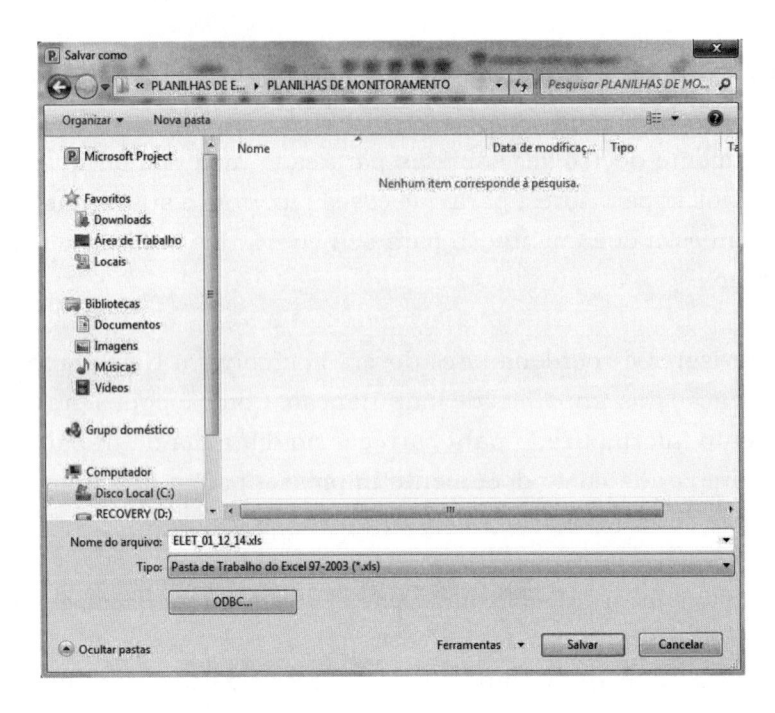

Figura 10.1 – Como salvar a Planilha de monitoramento

Clique em **Salvar** e em **Avançar** nas próximas duas janelas. Na terceira janela selecione a opção **Usar mapa existente** e na próxima selecione o mapa "CP – EXPORTA MONITORAMENTO".

O mapa que utilizamos para importar as planilhas de monitoramento é o "CP – IMPORTA MONITORAMENTO" (Previamente carregado no Capítulo 7 – imagem ilustrativa 7.3).

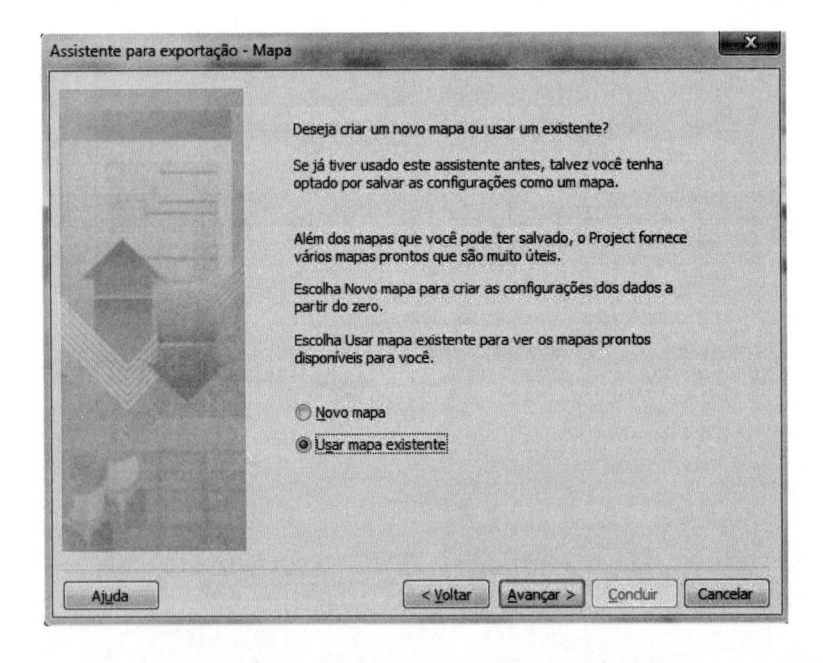

Figura 10.2 – Limpeza do mapa existente

CAPÍTULO 10   CICLO COMPLETO DO CONTROLE • 173

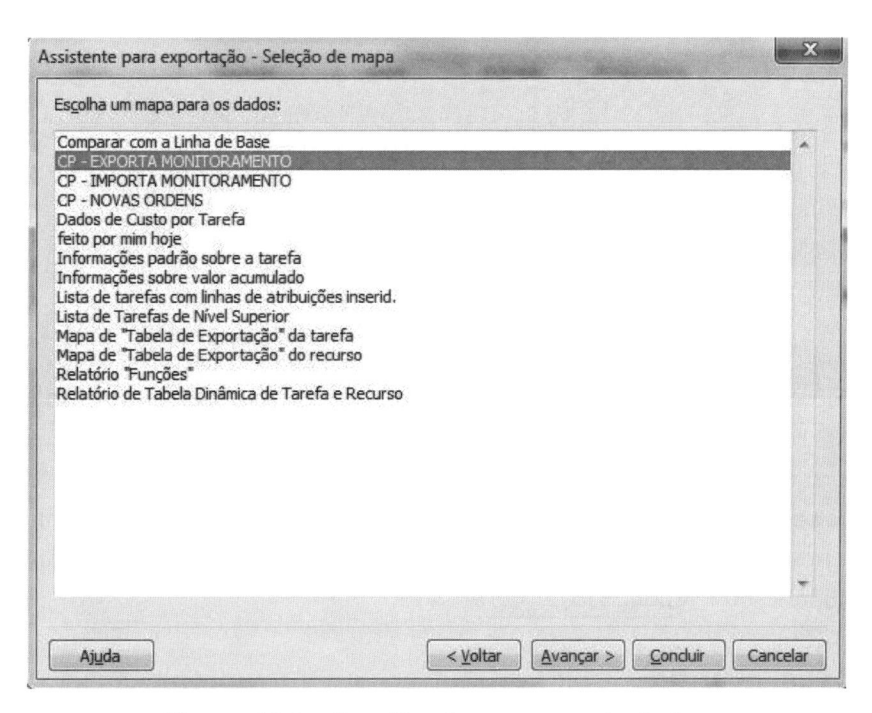

Figura 10.3 – Escolha de um mapa de dados

Clique em **Avançar** nas próximas duas janelas. Verifique se o **Filtro de exportação:** está preenchido com "CP – EXPORTAÇÃO PLANILHA DE MONITORAMENTO" e clique em **Concluir**.

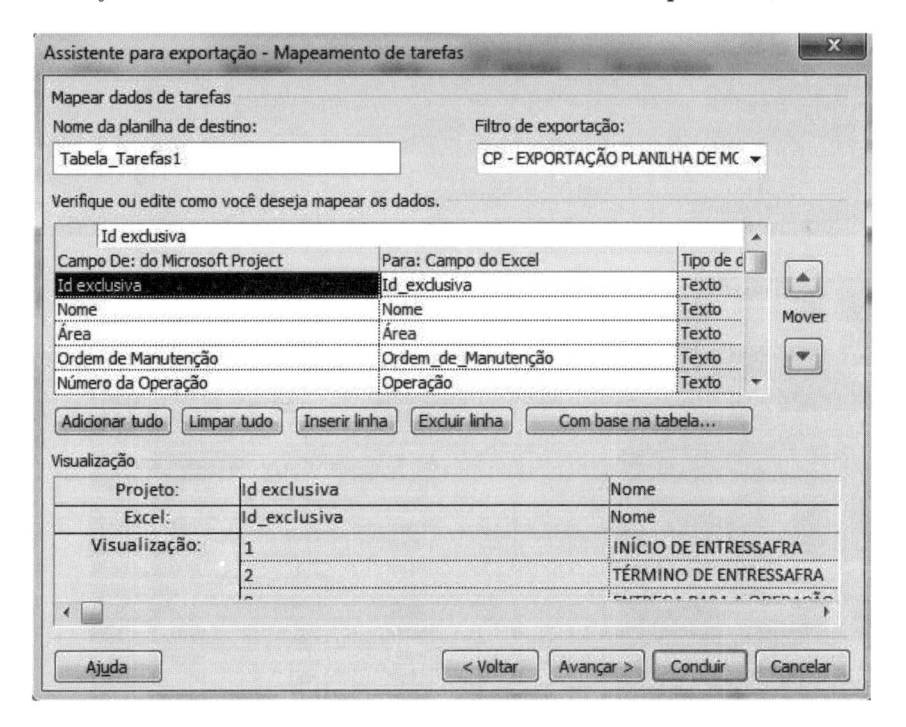

Figura 10.4 – Mapeamento dos dados de tarefas

Três novas caixas de diálogo se abrem: "EMITIR PARA A OFICINA:". É nesse campo que definiremos para qual oficina essa planilha será emitida;

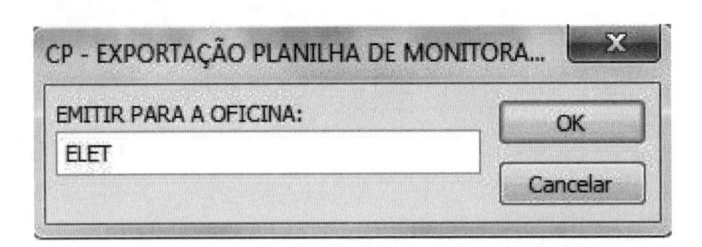

Figura 10.5 – Emissão para a oficina

"PARA INICIO ATÉ" - nesse campo vamos definir o horizonte das tarefas que constarão na planilha de monitoramento. Esse horizonte deve compreender pelo menos o próximo ciclo de controle, ou seja, todas as operações previstas para início até o fim do próximo ciclo serão listadas na planilha. Contudo, podemos escolher um período maior, permitindo que o supervisor tenha uma visão maior (de médio a longo prazo) das atividades previstas e lhe possibilitando uma flexibilidade em caso de alguma impossibilidade na execução do programado.

Esse campo define um horizonte de emissão do plano a ser acompanhado, pois obrigatoriamente deve abranger todas as tarefas previstas até a próxima medição. Entretanto, deve permitir uma relativa antecipação de tarefas originalmente programadas para um período posterior à nossa próxima data de medição, até mesmo para poder administrar o volume de serviço quando tarefas que deveriam ter sido executadas, não puderam ser executadas, substituindo esse esforço por tarefas que estavam programadas para mais tarde.

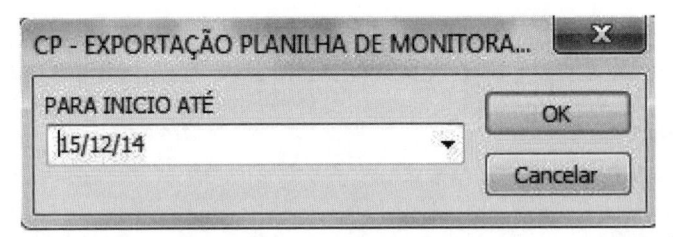

Figura 10.6 – Para inicio até

"PRÓXIMA DATA DE STATUS" - é a data da próxima medição do plano. Como definimos que o ciclo do exercício será quinzenal, a primeira medição será em 01/12/14.

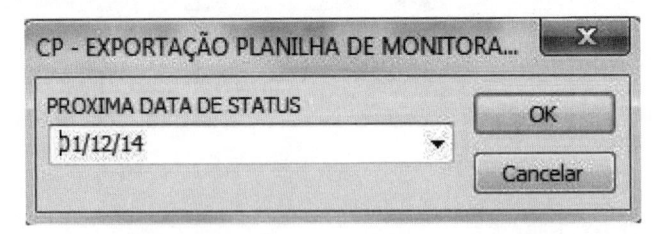

Figura 10.7 – Próxima data de status

Assim, os supervisores devem receber obrigatoriamente, a cada ciclo, a planilha de monitoramento da sua oficina; plano de ação se houver tarefas atribuídas para ele, e o documento auxiliar impresso da planilha.

10.1.2 Monitoramento

Com a planilha de monitoramento em mãos, a chefia (supervisores e líderes) deve organizar e cobrar o trabalho para ser realizado conforme o previsto, porém devemos nos lembrar que a realidade é diferente, pelo menos em detalhes, das nossas previsões. Logo, os fatos reais podem se desenrolar de forma diversa daquilo que foi previsto e o nosso monitoramento tem que apontar essa realidade.

A planilha de monitoramento tal qual informada por cada supervisor deve realmente retratar o andamento de "campo", essa é uma das razões pela qual a planilha é enviada para ele, e que independente dele poder delegar o apontamento ele é sempre o responsável pela coerência do que está informado e do que aconteceu em campo. Sugerimos inclusive que essas medições devam ser auditadas.

10.1.3 Preparação da Planilha em Excel

Agora abra a planilha de monitoramento que foi gerada, formate a largura das colunas e datas (nunca limpe os campos com as datas 00/01/1900, a não ser quando for lançar as datas reais), salve como **Pasta de trabalho do Microsoft Excel 97-2003** e envie para o supervisor.

Lembramos que esse procedimento deve ser repetido para as demais oficinas.

10.1.4 Cuidados no Apontamento das Planilhas de Monitoramento

Usar a planilha de monitoramento como uma agenda para os trabalhos;

Manter no dia a dia uma cópia impressa da planilha (o supervisor);

Ao iniciar uma tarefa, informar a data e hora que essa tarefa for iniciada;

Ao concluir uma tarefa, informar a data e hora de sua conclusão;

Na data estabelecida como a data de devolução da planilha, informar o "% concluído" de todas as tarefas em andamento (aquelas que iniciaram, mas até agora não foram concluídas);

Também na data de devolução da planilha, informar as tarefas canceladas, colocando a palavra cancelada no campo anotações e colocando a data e hora de término igual à data e hora de início (o que fará com que a tarefa fique com a duração zero);

Deve-se evitar colocar 100% concluído nas tarefas já executadas, pois basta a data e hora de término para que o sistema entenda dessa forma. Um erro comum é apenas apontar 100% sem a colocação da data de término, pois o sistema presume que a tarefa terminou com a duração prevista, o que pode não ser verdade.

Devolver a planilha atualizada para o PCM até a data estabelecida, acrescentando ao nome da planilha a palavra atualizada.

10.1.5 Sobre o Monitoramento

Para a simulação dos objetivos didáticos deste livro vamos ter como cenário que parte das tarefas não ocorreu conforme o previsto. Assim, o andamento do dia a dia aconteceu de acordo com as planilhas de monitoramento que deverão ser baixadas.

Portanto, os supervisores devem devolver com até 2 dias úteis de antecipação à data da reunião de coordenação as planilhas tais quais preenchidas para os PCMs.

10.2 RECEBIMENTO DAS PLANILHAS DE MONITORAMENTO E ATUALIZAÇÃO DO CRONOGRAMA

Nesse momento o leitor deve baixar em nosso *site* www.controlplan.com/publicacoes/manutencao-de-entressafra-planejamento-e-controle as 5 planilhas de monitoramento em Excel com os dados preenchidos: **ELET 01 12 2014**, **EXTR 01 12 2014**, **GVAP 01 12 2014 –** , **INST 01 12 2014**, **MECN 01 12 2014**.

O PCM deve verificar a qualidade das informações das planilhas preenchidas pelos supervisores;

1. Verifique nas colunas início real e término real se:

    i. há informações de data e hora (dd/mm/aaaa hh:mm);
    ii. os valores são menores que a data de status (data de atualização do plano), pois não é possível ter uma tarefa iniciada ou concluída no futuro;

3. Verifique no campo anotações se o supervisor indicou cancelamentos ou alguma outra informação útil;
4. Verifique nas tarefas que têm início real, mas não têm dado em término real, se está informado o "% concluída";
5. Verifique se as tarefas concluídas têm informações de início real e término real;
6. Exclua todas as linhas onde não exista inicio real, pois tais tarefas não tiveram andamento algum;
7. Salve a planilha na versão Pasta de Trabalho Excel 97- 2003

Id_exclusi	Nome	Área	Ordem_de	Operação	Texto_Bre	Descrição	Descrição	Trabalho	Duração	Início_da_linha	Início	Término	Início_real	Término_real	Porcentag	Anotações
141	Desmonta	EXTRAÇÃ	1000008	10	Manut ger	MOENDA	MOENDA	160 hrs	80 hrs	17/11/14 7:00	17/11/14 7:00	27/11/14 17:00	17/11/14 7:00	ND	85%	
174	Desmonta	GERAÇÃC	1000010	280	Manut Gv	CALDEIR	CALDEIR	360 hrs	90 hrs	17/11/14 7:00	17/11/14 7:00	1/12/14 9:00	17/11/14 7:00	ND	50%	

Tabela 10.1 – Planilha de monitoramento Oficina Elétrica

10.2.1 Atualização das Planilhas no Cronograma - Passo á Passo

Com base nas planilhas conferidas de cada um dos supervisores, o PCM deverá proceder à importação dessas planilhas.

Para importação das planilhas de monitoramento, a cada vez que for importar e para cada uma das oficinas, selecione (no MS Project) o modo de exibição CP - IMPORTAÇÃO PLANILHA DE MONITORAMENTO (que deve trazer a massa de dados vazia).

1º Passo: no MS Project, vá ao menu *Arquivo àAbrir*;

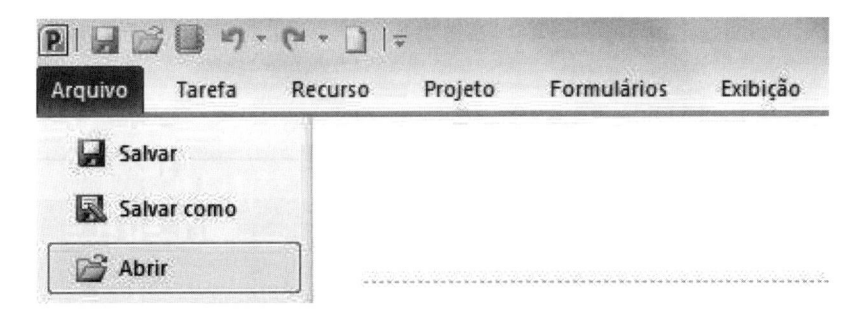

Figura 10.8 – Arquivo à Abrir

2º Passo: busque o seu arquivo onde estiver guardado. Em tipo do arquivo, escolha "Pasta de Trabalho do Excel 97-2003". Para a importação, como orientado anteriormente, a Planilha de monitoramento deve estar salva como arquivo do Microsoft Excel 97-2003;

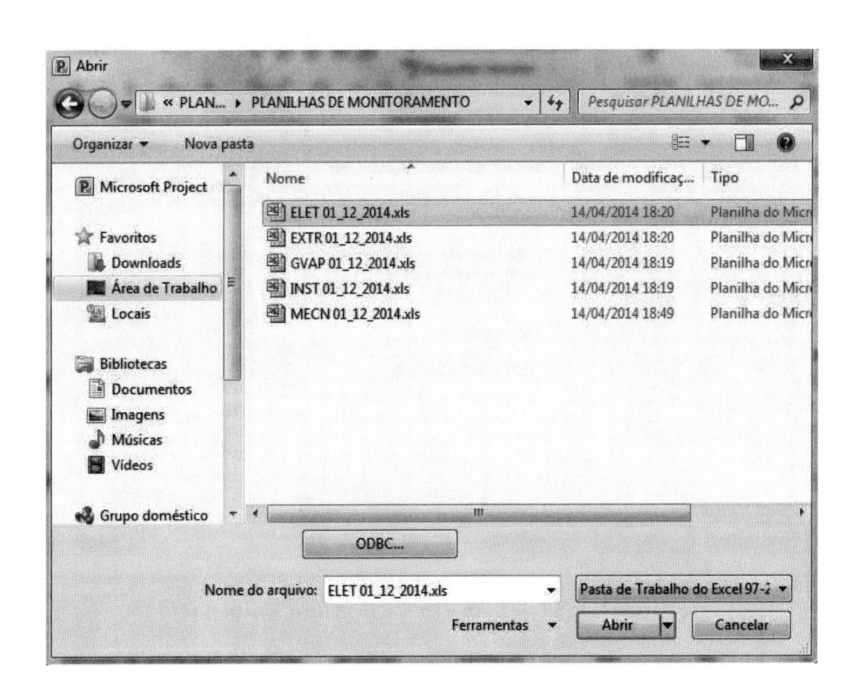

Figura 10.9 – Janela "Abrir"

3º Passo: na janela do Assistente para importação clique em "Avançar";

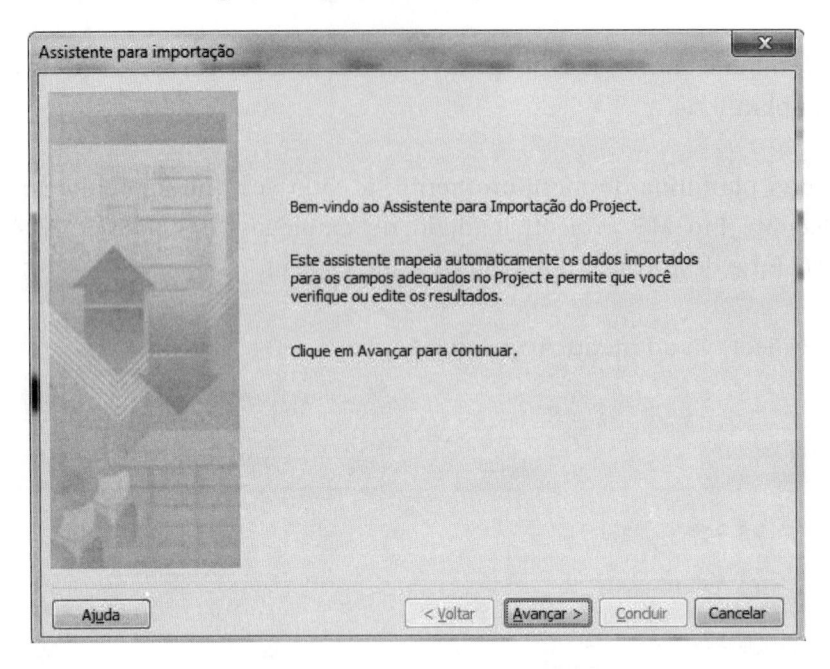

Figura 10.10 – Assistente para importação

4º Passo: marque a opção "Usar mapa existente" e clique em "Avançar";

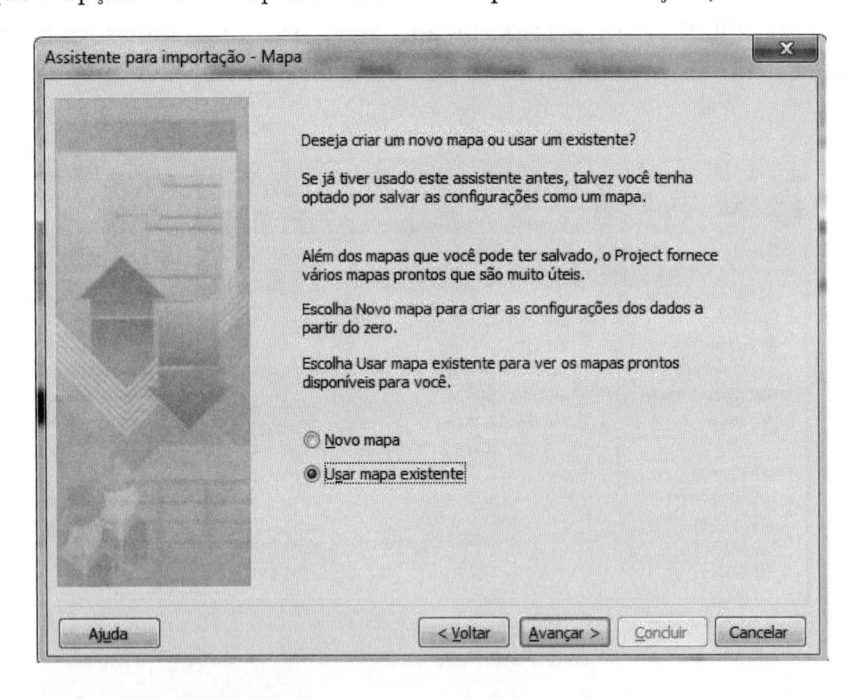

Figura 10.11 – Limpeza do mapa existente

5º Passo: marque o Mapa que irá usar "CP – IMPORTAÇÃO PLANILHA DE MONITORAMENTO" e clique em "Avançar";

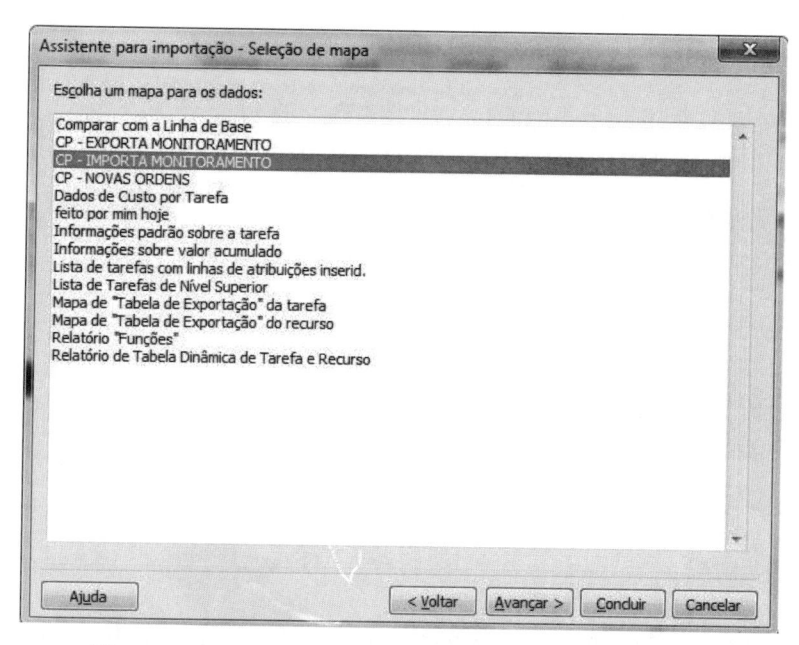

Figura 10.12 – Escolha de um mapa para os dados

6º Passo: marque a opção "Mesclar os dados ao projeto ativo" e clique em "Avançar";

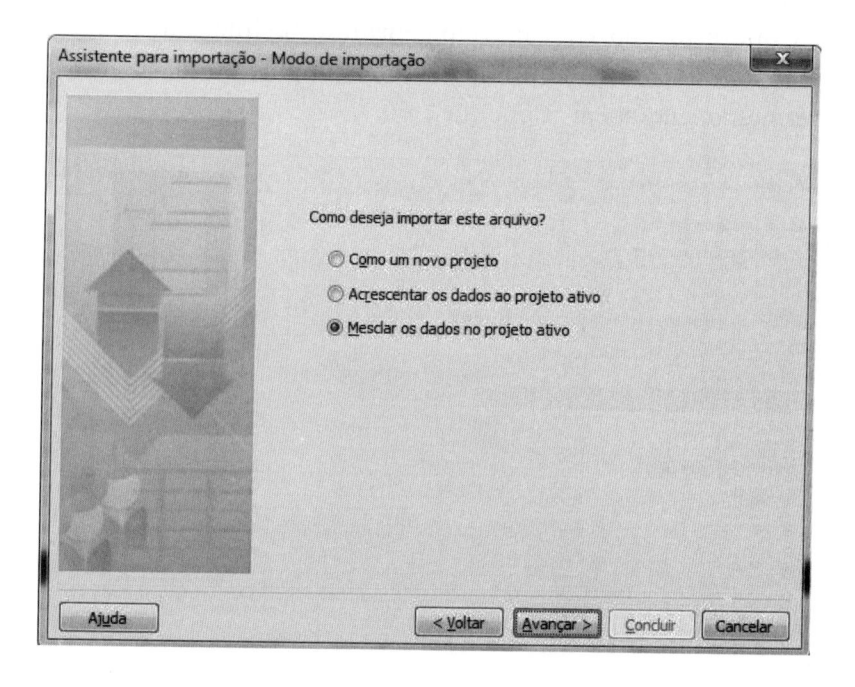

Figura 10.13 – Assistente para importação – Modo de importação

7º Passo: marque as opções: "Tarefas" e "Incluir cabeçalhos ao importar" e clique em "Avançar";

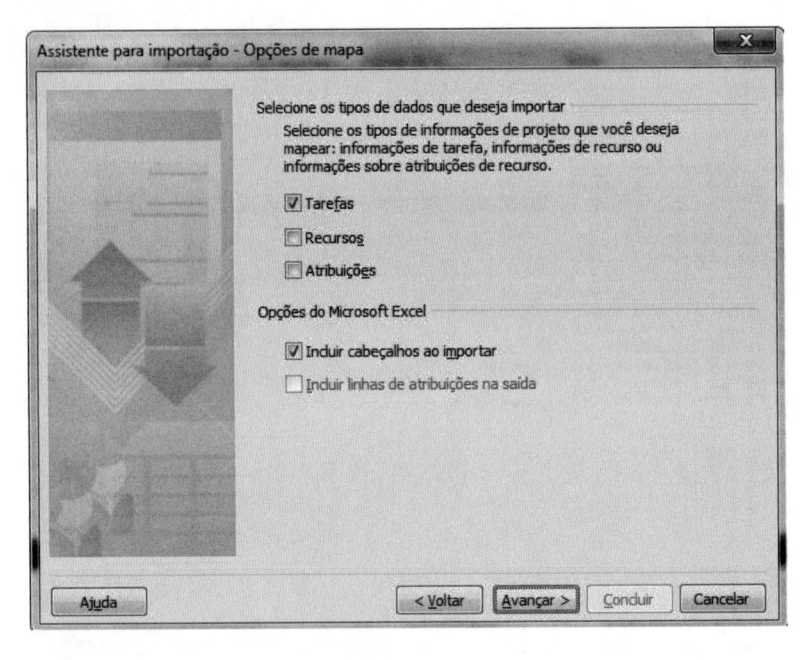

Figura 10.14 – Assistente para importação – Opções de mapa

8º Passo: essa etapa é a de maior atenção. Deve-se observar se há alguma linha na cor vermelha nos campos com informações, vindos do Excel, e nos campos que vão para o MS Project. Se houver, essa condição indica que algo não está correto. Portanto, a informação não irá para o campo corretamente. Nesse caso a importação deverá ser interrompida e o problema corrigido. Caso não existam linhas em vermelho, clique em "Concluir";

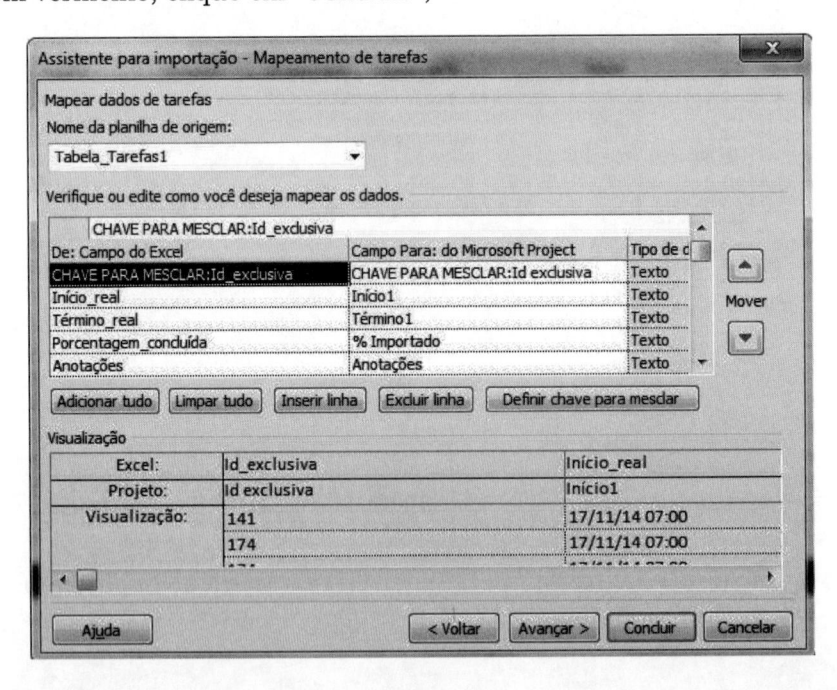

Figura 10.15 – Assistente para importação – Mapeamento de tarefas

9º Passo: confira a importação realizada no modo de exibição CP - IMPORTAÇÃO PLANILHA DE MONITORAMENTO;

10º Passo: copie a coluna Início 1 para Início Real;

11º Passo: coloque um auto filtro na coluna Término 1, de modo que somente linhas que contenham datas sejam mostradas (diferente de ND), ou seja, as concluídas. Copie agora as datas da coluna Término 1 para a coluna Término Real;

12º Passo: agora inverta o filtro em Término 1 (agora igual a ND), para listarmos somente as tarefas que não estão concluídas. Copie os percentuais da coluna Ajuste de % para a coluna % concluída e em seguida retire o filtro;

13º Passo: limpe as informações das colunas Início 1, Término 1 e % Importado.
Após repetir esse procedimento para cada planilha, na coluna "% concluída" dos marcos de projeto Início de Entressafra da Extração 1, Geração de Vapor e Utilidades, aponte 100% (modo de exibição CP – RESUMO FASE DE CONTROLE). Faça o reagendamento e o nivelamento do plano conforme orientado nas próximas seções a seguir.

Exercício para download: ***Exercício do livro - 10 A*** - site www.controlplan.com/publicacoes/manutencao-de-entressafra-planejamento-e-controle

10.3 IDENTIFICAÇÃO DE RISCOS DE ATRASOS NO PROJETO

10.3.1 Reagendamento

O reagendamento é a reprogramação de qualquer tarefa ou parcela de uma tarefa que deveria ter sido realizada e ainda não foi, para datas além da data da medição; assim, por exemplo, uma tarefa, que era para ter sido executada e para qual não foi lançada data de início na planilha de monitoramento, é reprogramada em termos de data para data mais tarde do que a atual.

Assim, o reagendamento pode impactar causando atrasos quer pela sequência de precedências ou por modificação na relação demanda x disponibilidade de todas as tarefas agora colocadas para além da data de status.

No modo de exibição CP – RELATÓRIO RISCOS DE ATRASOS, vá para a aba ***Projetos à Informações sobre o Projeto*** e no campo ***Data de Status:*** e coloque a data de medição do plano, no nosso caso 01/12/14 17:00 (sempre coloque a hora de término da jornada de trabalho).

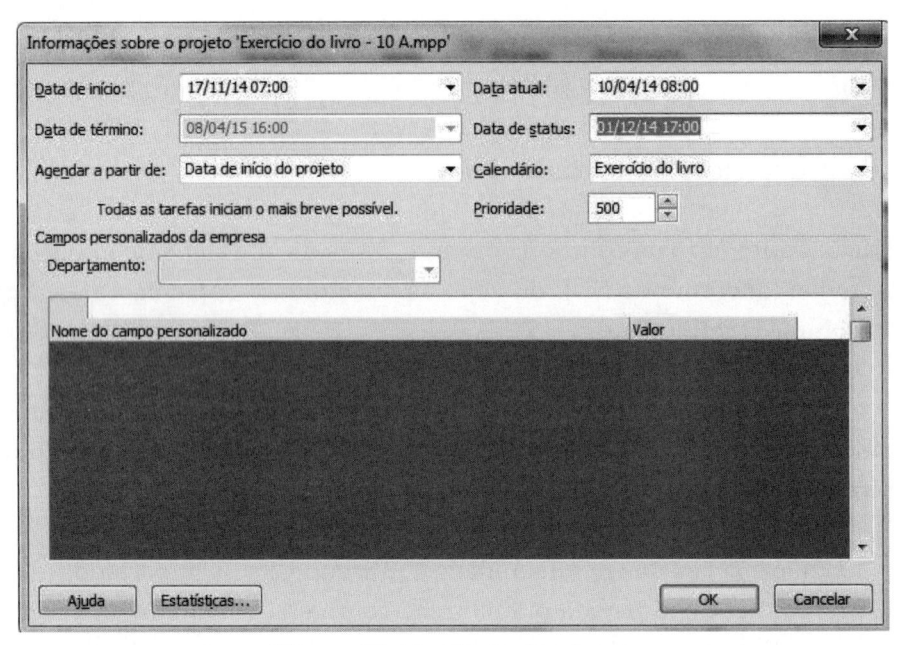

Figura 10.16 – Data de status

Agora em **Projetos à Atualizar projeto** verifique se a data de status está correta e selecione as opções "Reagendar trabalho não concluído para iniciar após:" e "Projeto inteiro".

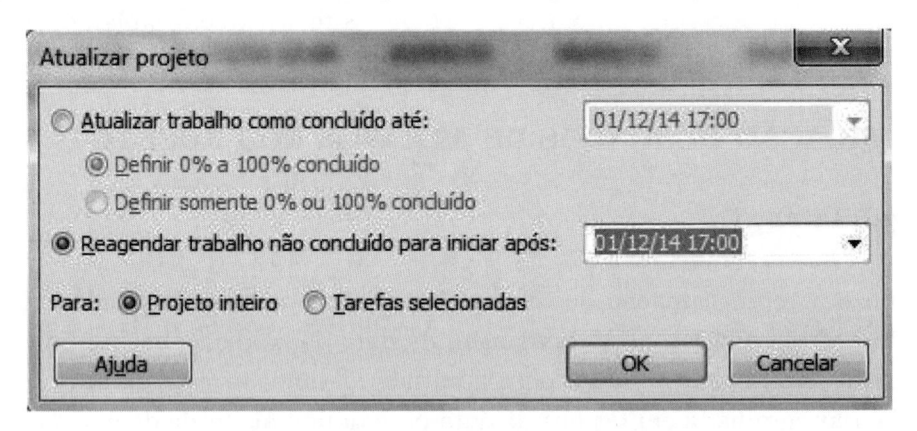

Figura 10.17 – Reagendamento do plano

Agora, após o reagendamento, o modo de exibição CP - RELATÓRIO RISCOS DE ATRASOS aponta que a área da Geração de Vapor ficou com 5,79 dias de atraso.

% concluída	Área	Início	Término	Meta Entrega para Operação	Entrega para Operação	Atraso para Partida em Dias
14%	Usina: USINA EXEMPLO	17/11/14 07:00	13/04/15 15:00	15/04/15 17:00	13/04/15 15:00	5,79
0%	COGERAÇÃO	15/12/14 07:00	08/04/15 16:00	15/04/15 17:00	08/04/15 16:00	0
17%	EXTRAÇÃO 1	17/11/14 07:00	13/04/15 15:00	15/04/15 17:00	13/04/15 15:00	0
26%	GERAÇÃO DE VAPOR	17/11/14 07:00	30/03/15 12:00	24/03/15 17:00	30/03/15 12:00	5,79
0%	TRANSP_BAGAÇO	15/12/14 07:00	23/03/15 09:00	24/03/15 17:00	23/03/15 09:00	0
31%	UTILIDADES	17/11/14 07:00	13/03/15 11:00	16/03/15 17:00	13/03/15 11:00	0

Figura 10.18 – Atrasos após reagendamento

Exercício para *download*: **Exercício do livro - 10 B** - site www.controlplan.com/publicacoes/manutencao-de-entressafra-planejamento-e-controle

10.4 SOLUÇÃO DOS CONFLITOS (NIVELAMENTO DE RECURSOS)

Sempre depois de um reagendamento, devemos proceder à redistribuição dos recursos (nivelamento de recursos), uma vez que, no estado atual do cronograma, a relação de simultaneidade entre as tarefas foi alterada. Logo, o *software* deve resolver a questão da relação demanda/disponibilidade. A redistribuição poderá postergar algumas dessas tarefas, o que em tese pode até vir a atrasar o término do projeto.

No menu **Recurso à Opções de redistribuição:**, proceda da seguinte forma:
Redistribuição: Manual; / **Procurar superlocações em uma** "A cada minuto" **base**;
Selecione "Limpar nivelamentos anteriores"; / **Redistribuir: de** 01/12/14 17:00 / **até:** ND;
Ordem de redistribuição: Padrão /
Obs.: os cinco campos abaixo não devem ser selecionados.
Após seguir as orientações acima clique no botão "Redistribuir Tudo".

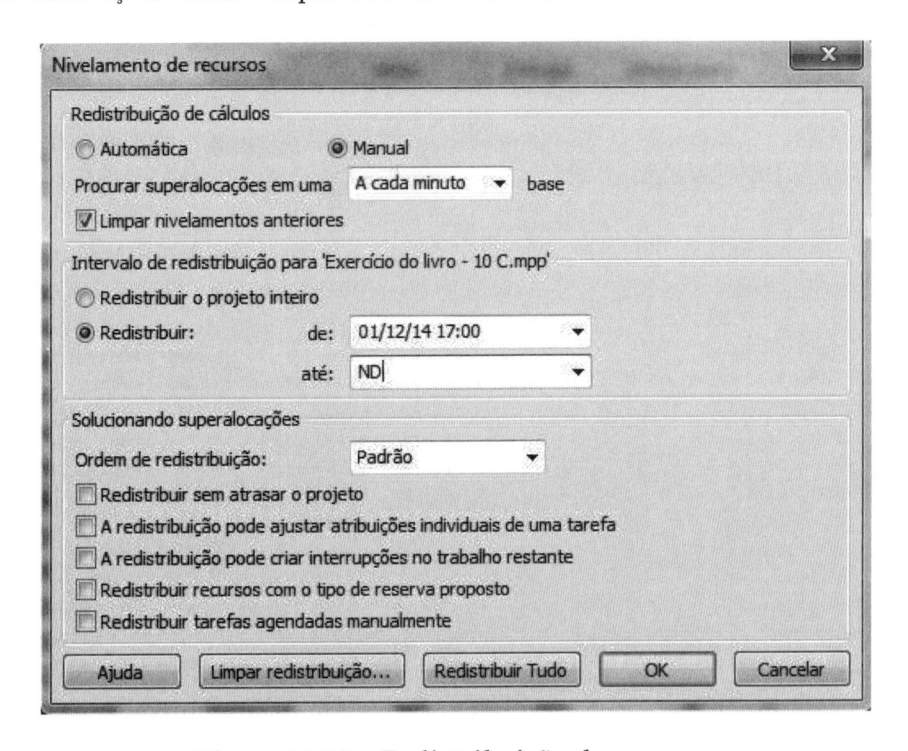

Figura 10.19 – Redistribuição de recursos

Exercício para *download*: **Exercício do livro – 10 C** - site www.controlplan.com/publicacoes/manutencao-de-entressafra-planejamento-e-controle

Agora, após o reagendamento e a redistribuição dos recursos, o modo de exibição CP - RELATÓRIO RISCOS DE ATRASOS aponta que a área da Geração de Vapor ficou com 5,96 dias de atraso.

CP - RELATÓRIO RISCOS DE ATRASOS

% concluída	Área	Início	Término	Meta Entrega para Operação	Entrega para Operação	Atraso para Partida em Dias
14%	⊟ Usina: USINA EXEMPLO	17/11/14 07:00	08/04/15 16:00	15/04/15 17:00	08/04/15 16:00	5,96
0%	⊞ COGERAÇÃO	15/12/14 07:00	08/04/15 16:00	15/04/15 17:00	08/04/15 16:00	0
17%	⊞ EXTRAÇÃO 1	17/11/14 07:00	07/04/15 14:00	15/04/15 17:00	07/04/15 14:00	0
26%	⊞ GERAÇÃO DE VAPOR	17/11/14 07:00	30/03/15 16:00	24/03/15 17:00	30/03/15 16:00	5,96
0%	⊞ TRANSP_BAGAÇO	15/12/14 07:00	23/03/15 09:00	24/03/15 17:00	23/03/15 09:00	0
31%	⊞ UTILIDADES	17/11/14 07:00	13/03/15 11:00	16/03/15 17:00	13/03/15 11:00	0

Figura 10.20 – Atrasos após redistribuir recursos

Como vimos anteriormente, no capítulo 8, nosso próximo passo será proceder à resolução dos atrasos, da melhor forma possível, pois lembramos que pode haver mais de uma solução aplicável.

10.4.1 Resolução de Riscos de Atraso

Já identificamos pelo modo de exibição CP - RELATÓRIO RISCOS DE ATRASOS, que a área da Geração de Vapor está causando o atraso no plano. Então, o PCM deve identificar as possíveis causas.

Ao descer mais um nível na Geração de Vapor (neste modo de exibição), nota-se que a própria oficina GVAP está com data de término de suas atividades para além da data meta de entrega, para a operação (30/03/15) e a ELET está no limite.

CP - RELATÓRIO RISCOS DE ATRASOS

% concluída	Área	Início	Término	Meta Entrega para Operação	Entrega para Operação	Atraso para Partida em Dias
14%	⊟ Usina: USINA EXEMPLO	17/11/14 07:00	08/04/15 16:00	15/04/15 17:00	08/04/15 16:00	5,96
0%	⊞ COGERAÇÃO	15/12/14 07:00	08/04/15 16:00	15/04/15 17:00	08/04/15 16:00	0
17%	⊞ EXTRAÇÃO 1	17/11/14 07:00	07/04/15 14:00	15/04/15 17:00	07/04/15 14:00	0
26%	⊟ GERAÇÃO DE VAPOR	17/11/14 07:00	30/03/15 16:00	24/03/15 17:00	30/03/15 16:00	5,96
0%	⊞ Oficina: Sem valor	17/11/14 07:00	30/03/15 16:00	24/03/15 17:00	30/03/15 16:00	5,96
13%	⊞ Oficina: ELET	17/11/14 07:00	24/03/15 10:00	ND	ND	0
32%	⊞ Oficina: GVAP	17/11/14 07:00	30/03/15 16:00	ND	ND	0
13%	⊞ Oficina: INST	17/11/14 07:00	28/01/15 15:00	ND	ND	0
30%	⊞ Oficina: MECN	17/11/14 07:00	26/02/15 14:00	ND	ND	0
0%	⊞ TRANSP_BAGAÇO	15/12/14 07:00	23/03/15 09:00	24/03/15 17:00	23/03/15 09:00	0
31%	⊞ UTILIDADES	17/11/14 07:00	13/03/15 11:00	16/03/15 17:00	13/03/15 11:00	0

Figura 10.21 – Visualização da Geração de Vapor – nível 2

No modo de exibição CP – USO DO RECURSO POR OFICINA, na GVAP, pode-se perceber que nessa oficina, onde suas atividades prolongam-se além da data desejada, não há recursos com “Pico” e “% aloc” próximos do limite de disponibilidade, contudo a ELET apresenta claramente “% aloc” próximo do limite em várias semanas. Logo, devemos avaliar a possibilidade de emprego de horas extras para essa oficina.

CAPÍTULO 10   CICLO COMPLETO DO CONTROLE   •   185

Nome	Início	Término	Unidades máximas	Pico	Detalhes	12/01	19/01	26/01	02/02	09/02	16/02	23/02	02/03	09/03	16/03	23/03	30/03	06/04
Grupo: ELET	17/11/14 07:00	03/04/15 11:00	10	10	Unid. pico ()	4	8	10	10	10	10	8	10	10	10	4		
					% aloc.	40%	47%	91%	100%	100%	82%	80%	95%	100%	52%	36%		
AJ-ELÉTRICA	17/11/14 07:00	03/04/15 11:00	5	5	Unid. pico	2	4	5	5	5	5	4	5	5	5	2		
					% aloc.	40%	47%	91%	100%	100%	82%	80%	95%	100%	52%	36%		
EL-ELÉTRICA	17/11/14 07:00	03/04/15 11:00	5	5	Unid. pico	2	4	5	5	5	5	4	5	5	5	2		
					% aloc.	40%	47%	91%	100%	100%	82%	80%	95%	100%	52%	36%		
Grupo: EXTR	17/11/14 07:00	07/04/15 14:00	30	29	Unid. pico ()	13	24	24	27	27	24	24	24	24	24	24	8	
					% aloc.	68%	70%	80%	75%	88%	80%	80%	80%	80%	74%	55%	9%	
Grupo: GVAP	17/11/14 07:00	08/04/15 16:00	33	34	Unid. pico ()	20	25	29	29	29	29	26	24	16	8	8	8	
					% aloc.	59%	63%	82%	83%	81%	68%	64%	59%	31%	19%	7%	14%	
AJ-CALDEIRA	17/11/14 07:00	08/04/15 16:00	8	8	Unid. pico	4	6	6	8	6	8	6	6	4	2	2	2	
					% aloc.	50%	55%	75%	81%	75%	60%	52%	52%	32%	19%	7%	15%	
CA-CALDEIRA	17/11/14 07:00	08/04/15 16:00	8	8	Unid. pico	5	5	6	6	8	8	8	6	4	2	2	2	
					% aloc.	63%	63%	69%	75%	89%	99%	94%	75%	32%	19%	7%	15%	
MC-CALDEIRA	17/11/14 07:00	08/04/15 16:00	8	8	Unid. pico	6	6	8	8	8	8	6	6	4	2	2	2	
					% aloc.	75%	75%	96%	97%	96%	60%	52%	52%	32%	19%	7%	15%	
SO-CALDEIRA	17/11/14 07:00	08/04/15 16:00	6	6	Unid. pico	5	5	6	6	5	6	6	4	2	2	2		
					% aloc.	83%	83%	92%	100%	86%	83%	89%	85%	42%	26%	9%	20%	
TC-CALDEIRA	25/11/14 09:00	20/02/15 08:00	1	2	Unid. pico		1	1	2	1								
					% aloc.		18%	100%	120%	84%								
PI-CALDEIRA	25/11/14 09:00	05/02/15 08:00	2	2	Unid. pico		2	2										
					% aloc.		18%	64%										

Figura 10.22 – Uso do recurso

Como solução, vamos empregar o uso de horas extras conforme a necessidade de dias apontados pelo nivelamento. Iremos programar os últimos seis sábados da entressafra para que a equipe de elétrica trabalhe em regime extraordinário.

Como já visto e cadastrado no capítulo 6, disponibilização de hora extra, faremos uma alteração no calendário ora criado, calendário: Exercício do Livro – Hora Extra.

Vá ao menu **Projeto à Alterar Período de Trabalho**

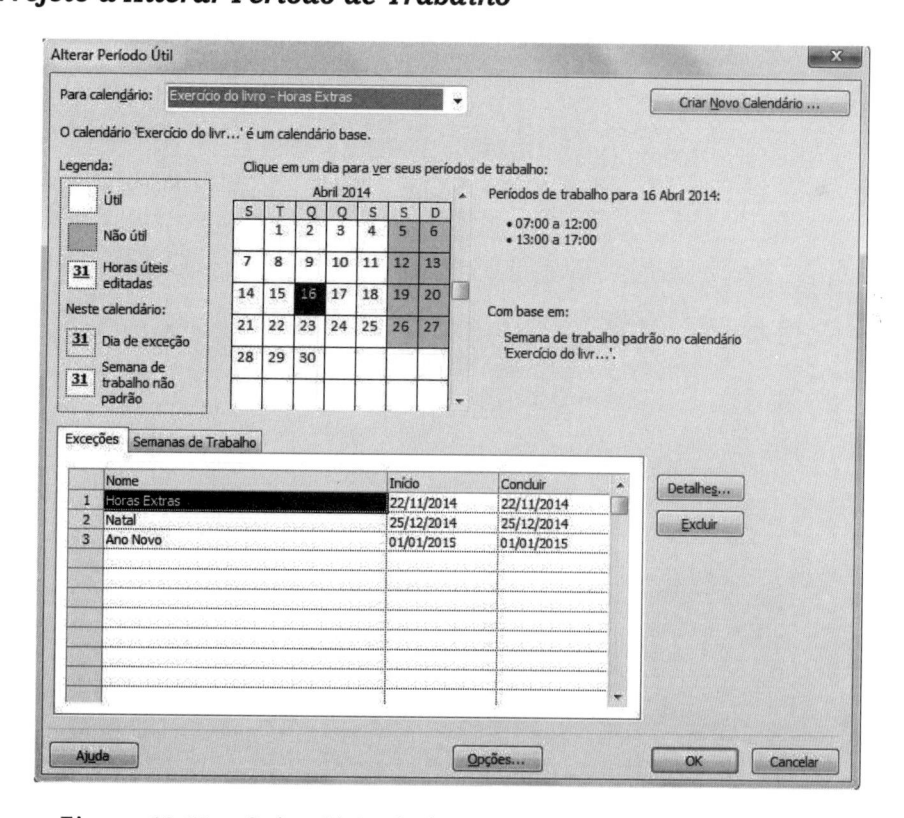

Figura 10.23 – Calendário de horas extras criado no capítulo 6

Selecione o calendário "Exercício do livro - Horas Extras". Renomeie o nome "Horas Extras" para "Horas Extras – Sábado 1" e, na aba "Exceções", vamos alterá-las para o dia 14/02/2014 e confirmar o horário útil de 07 às 16 horas, com 1 hora de intervalo para o almoço através do botão Detalhes.

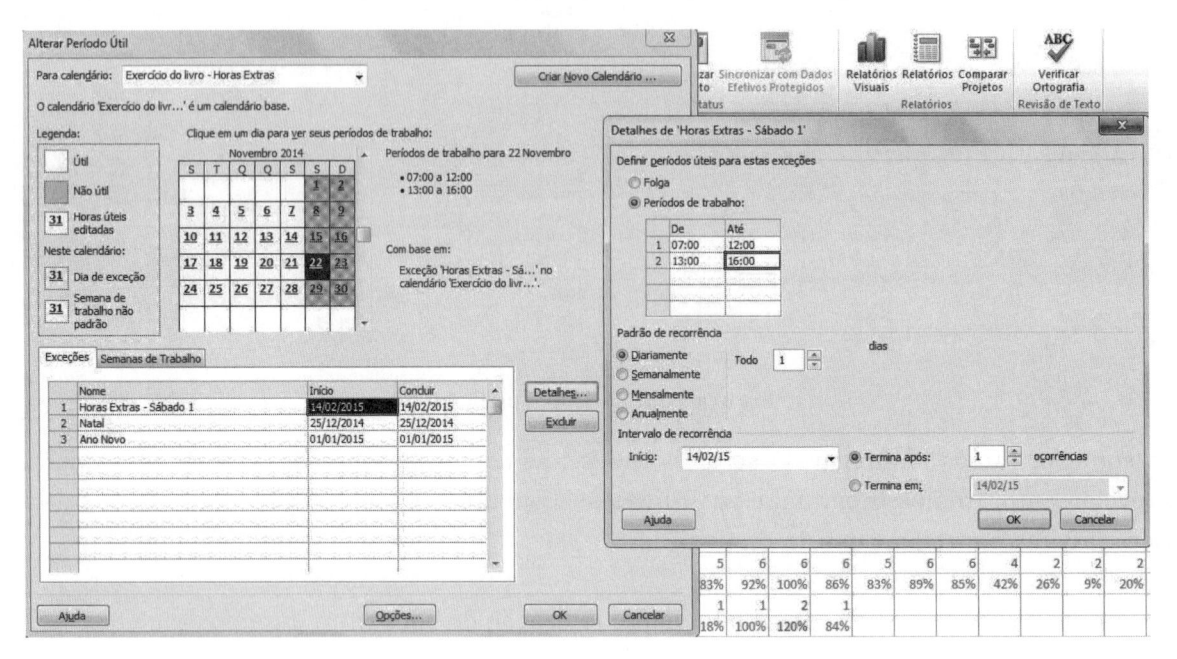

Figura 10.24 – Alteração de calendário de horas extras

Repita o procedimento, criando mais cinco exceções para os dias 21/02, 28/02, 07/03, 14/03 e 21/03/15.

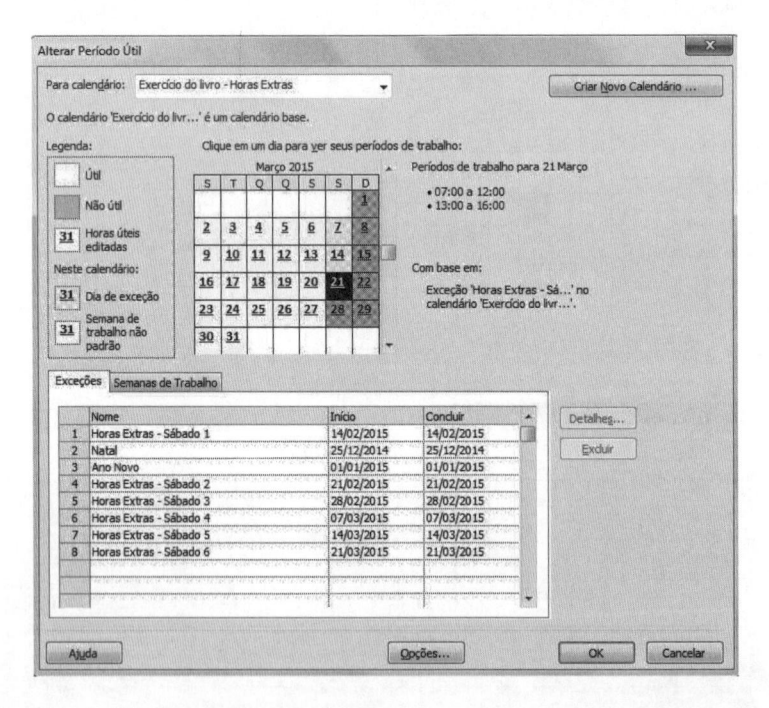

Figura 10.25 – Calendário de horas extras com 6 **sábados acrescentados**

Agora com o calendário de "Exercício do livro - Horas Extras" alterado vamos atribuí-lo à equipe da oficina elétrica.

No modo de exibição "CP – PLANILHA DE RECURSOS", altere os campos da coluna "Calendário base" referentes à oficina ELET para "Exercício do livro - Horas Extras".

Nome do Recurso	Tipo	Oficina	Função	Qtd original	Necessidade	Unidades máximas	Média HH	Trabalho	Pode redistribuir	Recursos por Administração	Calendário base
⊟ Grupo: ELET		ELET			0	10		4.074 hrs	Não	0	
AJ-ELÉTRICA	Trabalho	ELET	AJUDANTE	5	0	5	407,4	2.037 hrs	Sim	0	Exercício do livro - Horas Extras
EL-ELÉTRICA	Trabalho	ELET	ELETRICISTA	5	0	5	407,4	2.037 hrs	Sim	0	Exercício do livro - Horas Extras

Figura 10.26 – Atribuição de novo calendário aos recursos da ELET

Após a configuração do calendário de hora extra, execute a redistribuição novamente conforme o passo a passo da última redistribuição.

No modo de exibição CP - RELATÓRIO RISCOS DE ATRASOS, podemos constatar que nossa ação teve o resultado esperado, eliminando o atraso para partida.

A operação de nivelamento mudou a relação de simultaneidade de tarefas, pois apenas a oficina de elétrica está trabalhando nos sábados. Com essa mudança o *software* pode otimizar o emprego do recurso e obter melhor aproveitamento das folgas.

Maiores mudanças na relação de horas extras impactam de forma diferente a simultaneidade das tarefas e a apresentada é a melhor solução aplicável.

% concluída	Área	Início	Término	Meta Entrega para Operação	Entrega para Operação	Atraso para Partida em Dias
14%	⊟ Usina: USINA EXEMPLO	17/11/14 07:00	07/04/15 14:00	15/04/15 17:00	07/04/15 14:00	0
0%	⊞ COGERAÇÃO	15/12/14 07:00	01/04/15 11:00	15/04/15 17:00	01/04/15 11:00	0
17%	⊞ EXTRAÇÃO 1	17/11/14 07:00	07/04/15 14:00	15/04/15 17:00	07/04/15 14:00	0
26%	⊞ GERAÇÃO DE VAPOR	17/11/14 07:00	24/03/15 10:00	24/03/15 17:00	24/03/15 10:00	0
0%	⊞ TRANSP_BAGAÇO	15/12/14 07:00	23/03/15 09:00	24/03/15 17:00	23/03/15 09:00	0
31%	⊞ UTILIDADES	17/11/14 07:00	13/03/15 11:00	16/03/15 17:00	13/03/15 11:00	0

Figura 10.27 – Atraso para Partida 0

Exercício para *download*: **Exercício do livro – 10 D** - site www.controlplan.com/publicacoes/manutencao-de-entressafra-planejamento-e-controle

10.5 DELIBERAÇÃO DAS MEDIDAS CORRETIVAS

Com base nas análises feitas anteriormente, o PCM deve se reunir com o supervisor das áreas causadoras de atrasos e avaliar se tais supervisores aprovam a solução sugerida (caso não concordem, o PCM terá que realizar a análise completa de possibilidades de solução, conforme apresentada no capitulo 8).

Cada solução aprovada pelo supervisor deve ser transcrita no plano de ação da unidade, em caráter provisório para ser validada quando da reunião de coordenação. A solução que encontramos, a autorização da realização de trabalhos na unidade em caráter de horas extras, pode e, no nosso caso, vai necessitar também de outras iniciativas de apoio, como transporte e refeição para os funcionários que irão trabalhar nesse regime especial. Todas essas medidas requerem ações gerenciais e assim devem ser incluídas também no plano de ação.

Oficina	Descrição da Ação	Responsável	Suporte	Data Limite	Status
GVAP	Colaboração de Caldeireiro da Extração a partir de 17/11/14	Coordenador da Geração de Vapor	Coordenador da Extração	07/11/2014	OK
GVAP	Contratação de 01 soldador por administração a partir de 17/11/14	Suprimentos (contratação de serviços)	Coordenador da Geração de Vapor	07/11/2014	OK
INST	Contratação Serviços de instrumentação a partir de 17/11/14	Suprimentos (contratação de serviços)	Coordenador de Instrumentação	07/11/2014	OK
ELET	Autorizado a realização de horas extras nos sábados 6, 13 e 20/12/2014	Coordenador da Elétrica	Recursos Humanos	06/12/2014	Pendente
ELET	Providenciar transporte para os funcionários nos sábados 06 e 13/12/2014	Coordenador da Elétrica	Transporte	06/12/2014	Pendente
ELET	Providenciar refeições para os funcionários nos sábados 06, 13 e 20/12/2014	Coordenador da Elétrica	Administrativo	06/12/2014	Pendente

Tabela 10.2 – Plano de ação

Neste momento, o grande objetivo do gerenciamento do projeto, dentro da dimensão cronograma, está atendido.

10.6 ATUALIZAÇÃO DE REALIZADO OU CURVA S

Para lançarmos a evolução do plano de entressafra nesse ciclo iremos copiar os valores reais atualizados no MS Project, área a área, para a planilha do Excel apresentada no capítulo 8.

Transfira essas medidas para sua planilha de Excel de Acompanhamento.

Reuniões	17/nov	01/dez	15/dez	29/dez	12/jan	26/jan	09/fev	23/fev	09/mar	23/mar	06/abr	20/abr
Usina: USINA EXEMPLO	0%	14%	0%	0%	0%	0%	0%	0%	0%	0%	0%	0%
COGERAÇÃO	0%	0%	0%	0%	0%	0%	0%	0%	0%	0%	0%	0%
EXTRAÇÃO 1	0%	18%	0%	0%	0%	0%	0%	0%	0%	0%	0%	0%
GERAÇÃO DE VAPOR	0%	27%	0%	0%	0%	0%	0%	0%	0%	0%	0%	0%
TRANSP_BAGAÇO	0%	0%	0%	0%	0%	0%	0%	0%	0%	0%	0%	0%
UTILIDADES	0%	31%	0%	0%	0%	0%	0%	0%	0%	0%	0%	0%

Medidas Reais

Tabela 10.3 – Planilha de Acompanhamento Curva S "Medidas Reais"

10.6.1 Melhorias no Controle da Entressafra

Análises complementares para melhoria da gestão

Anteriormente apenas demos enfoque a uma das três dimensões do processo de gestão, quando resolvemos os riscos de atraso conforme o Modo de EXIBIÇÃO CP - RISCOS DE ATRASOS apontava. Tais soluções, como tomar as ações necessárias para que todas as áreas possam ser entregues para a operação nas datas apontadas pelo cronograma referência, constituem o resultado básico desejado do gerenciamento do seu projeto.

A análise das outras duas dimensões visa a melhoria do desempenho de oficinas tanto para o ajuste quanto à previsão do percentual concluído por área e o geral da usina, bem como as ações necessárias para que as tarefas que eram para terem sido iniciadas e não foram possam ser executadas o mais breve possível.

Assim, deve ser identificada na "Planilha de Acompanhamento Curva S" a área com o andamento abaixo do previsto e considerada pelo supervisor se tal distorção é significativa o suficiente para requerer ação gerencial. No caso do nosso exemplo, como apenas a área de Geração de Vapor, a supervisão considerou necessária (desnecessária) a inclusão de ações no plano de ação preliminar.

Também deve ser empregado o relatório de CP – CONTROLE DETALHADO, onde iremos identificar as áreas e oficinas com a relação tarefas previstas e tarefas iniciadas, conforme previsão, com indicadores ruins, para que o supervisor possa identificar a causa e se e qual medida gerencial necessita ser aplicada, transcrevendo daí essa ação no Plano de Ação preliminar. No nosso exemplo identificamos que a área Extração tem a oficina de Elétrica com tarefa de Id. 142 não iniciada e que o motivo claro considerado pelo supervisor foi a falta de materiais que já deveriam estar no almoxarifado. Assim, serão também incluídos no Plano de ação.

CP - CONTROLE DETALHADO

	Deveriam ter começado	Iniciadas segundo programação	Percentual de atendimento ao plano	% concluída	Nome	Duração	Início Crono Ref.	Fim Crono Ref.	Início	Término	Trabalho	Equipe
	51	46		14%	⊟ Usina: USINA EXEMPLO	200h	17/11/14 07:00	15/04/15 17:00	17/11/14 07:00	08/04/15 16:00	39.460 hrs	
	0	0		0%	⊞ COGERAÇÃO	180h	15/12/14 07:00	15/04/15 17:00	15/12/14 07:00	08/04/15 16:00	8.463 hrs	
	25	24		17%	⊟ EXTRAÇÃO 1	120h	17/11/14 07:00	15/04/15 17:00	17/11/14 07:00	07/04/15 14:00	16.597 hrs	
	1	1		0%	⊞ Oficina: Sem valor	0h	17/11/14 07:00	15/04/15 17:00	17/11/14 07:00	07/04/15 14:00	0 hrs	
	2	1		24%	⊟ Oficina: ELET	120h	17/11/14 07:00	03/02/15 08:00	17/11/14 07:00	03/02/15 08:00	800 hrs	
141	1	1		85%	Desmontar equipamentos elétricos	80 hrs	17/11/14 07:00	27/11/14 17:00	17/11/14 07:00	03/12/14 10:00	160 hrs	EE-01
142	1	0		0%	Manutenção de equipamentos elétricos	120 hrs	28/11/14 07:00	17/12/14 14:00	03/12/14 10:00	19/12/14 08:00	480 hrs	EE-03
143	0	0		0%	Instalação dos equipamentos eletricos	80 hrs	21/01/15 07:00	03/02/15 08:00	21/01/15 07:00	03/02/15 08:00	160 hrs	EE-01
	20	20		14%	⊞ Oficina: EXTR	100h	17/11/14 07:00	03/04/15 12:00	17/11/14 07:00	07/04/15 14:00	14.997 hrs	
	2	2		49%	⊞ Oficina: INST	100h	17/11/14 07:00	17/12/14 14:00	17/11/14 07:00	17/12/14 14:00	800 hrs	
	24	20		26%	⊞ GERAÇÃO DE VAPOR	200h	17/11/14 07:00	24/03/15 17:00	17/11/14 07:00	20/03/15 11:00	9.356 hrs	
	0	0		0%	⊞ TRANSP_BAGAÇO	100h	15/12/14 07:00	24/03/15 17:00	15/12/14 07:00	23/03/15 09:00	3.994 hrs	
	2	2		31%	⊞ UTILIDADES	120h	17/11/14 07:00	16/03/15 17:00	17/11/14 07:00	13/03/15 11:00	1.050 hrs	

Figura 10.28 – CP – CONTROLE DETALHADO (área/oficina/tarefa)

ELET	Providencias urgentes para a chegada dos materiais elétricos	Coordenador da Elétrica	Suprimentos	04/12/2014	Pendente

Tabela 10.4 – Nova tarefa para o "Plano de ação"

10.7 TEMAS PARA A REUNIÃO DE COORDENAÇÃO

10.7.1 Solução dos Riscos de Atrasos

Apresentação do CP – RISCOS DE ATRASO depois do reagendamento e nivelamento, antes da solução dos atrasos apontados, para que toda a equipe tenha ciência do cenário atual e quais as perspectivas de andamento do projeto, antes das soluções propostas.

Apresentação do Plano de Ação provisório referente à solução dos atrasos, conforme já analisado e debatido com os supervisores das áreas em atraso, para aprovação da gerência e para a ciência e colaboração dos profissionais ou áreas que devem prestar suporte, para a eficácia da ação.

Apresentação do CP – RISCOS DE ATRASO após as soluções dos atrasos conforme constantes dos itens do Plano de Ação recém aprovado, para evidenciar que o novo cronograma aponta atraso 0.

10.7.2 Melhorias na Gestão

Apresentação da "Planilha de Acompanhamento Curva S" atual, para mostrar se e quais áreas encontram-se com andamento abaixo do previsto, o que pode vir a requerer ações gerenciais, se entenderem que tais distorções são significativas. Tais ações têm de ser documentadas no Plano de ação.

Apresentação do CP – CONTROLE DETALHADO com a finalidade de apontar tarefas que deveriam ter sido realizadas e ainda não foram, para identificação de possíveis motivos da não conformidade. Caso a não conformidade requeira uma ação gerencial, essa também deverá ser incluída no Plano de ação.

O Plano de ação conforme aprovado na reunião deve ser enviado a todos os supervisores citados e as áreas necessárias de suporte.

Com a repetição periódica desse ciclo de processo, a gerência tem condições de manter a entressafra sob rígido controle lembrando, porém, que para isso, é essencial:

- A qualidade das informações passadas;
- A regularidade da repetição do ciclo de gestão;
- O engajamento e cooperação de todos os profissionais para o sucesso do plano.